MANFRED KITTEL

Die zwei Gesichter der Zerstörung

Forschungen zur Geschichte ethnischer Vertreibung

Herausgegeben im Auftrag der
Kulturstiftung der deutschen Vertriebenen
von Manfred Kittel

Band 1

Die zwei Gesichter der Zerstörung

Raphael Lemkins UN-Genozidkonvention
und die Vertreibung der Deutschen

Von

Manfred Kittel

Duncker & Humblot · Berlin

Bibliografische Information der Deutschen Nationalbibliothek
Die Deutsche Nationalbibliothek verzeichnet diese Publikation in
der Deutschen Nationalbibliografie; detaillierte bibliografische Daten
sind im Internet über http://dnb.d-nb.de abrufbar.

Umschlag: Sudetendeutsche besteigen
am Bahnhof Modrany in der Tschechoslowakei einen Zug
zur Deportation in die amerikanische Besatzungszone,
16. Mai 1946
(© ullstein bild – CTK)

Alle Rechte vorbehalten
© 2023 Duncker & Humblot GmbH, Berlin
Satz: L101 Mediengestaltung, Fürstenwalde
Druck: CPI Books GmbH, Leck
Printed in Germany

ISSN 2941-3648 (Print)
ISSN 2941-3656 (Online)
ISBN 978-3-428-18905-2 (Print)
ISBN 978-3-428-58905-0 (E-Book)

Gedruckt auf alterungsbeständigem (säurefreiem) Papier
entsprechend ISO 9706 ♾

Internet: http://www.duncker-humblot.de

Geleitwort

Die Kulturstiftung der deutschen Vertriebenen für Wissenschaft und Forschung veröffentlicht im Verlag Duncker & Humblot seit vielen Jahren wichtige Bücher in den zwei Reihen „Staats- und völkerrechtliche Abhandlungen der Studiengruppe für Politik und Völkerrecht" sowie „Literarische Landschaften" des historischen deutschen Ostens. Eine allgemein historische Reihe dagegen hatte die Kulturstiftung bislang nicht, so dass Publikationen zu diesem Themenfeld als „Historische Beiträge" oft von ihr selbst verlegt wurden.

Im Rahmen der Neuaufstellung der Stiftung nach dem Beschluss des Deutschen Bundestages von 2020 sollen nun auch die (zeit-)geschichtlichen Themen stärker konturiert werden, die in der Arbeit der Stiftung seit langem und mit wachsender Tendenz einen hohen Stellenwert haben. Zu diesem Zweck wird eine neue Reihe eingerichtet: „Forschungen zur Geschichte ethnischer Vertreibung" (FGV). Hier werden künftig Studien, Dokumentationen und Tagungsbände zur Geschichte, Vor- und Nachgeschichte der Vertreibung der Deutschen aus Ost-Mitteleuropa 1945, aber auch zur Historie anderer europäischer und weltweiter Vertreibungsgebiete veröffentlicht. Die Zeitgeschichte nimmt dabei einen besonders wichtigen Platz ein, doch ist die Reihe auch offen für Beiträge zur langen Vorgeschichte von Vertreibungen in Gestalt nationaler/ethnischer Konflikte mit Wurzeln weit vor dem 20. Jahrhundert.

Ich freue mich, dass der Regensburger Neuhistoriker Manfred Kittel, der die FGV-Reihe angeregt hatte, uns auch gleich ein erstes spannendes Manuskript zur Verfügung stellen konnte. Es verdankt sich seiner jahrelangen Beschäftigung mit dem Vater der UN-Genozidkonvention von 1948, Raphael Lemkin, und mit dessen bislang wenig bekannter Haltung zur Vertreibung der Deutschen. Erste Thesen dazu hatte der Verfasser bereits in einem vielbeachteten Beitrag in der Frankfurter Allgemeinen Zeitung im Juli 2021 veröffentlicht. Für den vorliegenden Band der FVG sind diese weiter ausgearbeitet, exemplifiziert und vertieft worden. Die Kulturstiftung hofft, damit auch die Erinnerungskultur um Flucht und Vertreibung in ihren Perspektiven zu erweitern.

Bonn, im Juni 2023　　　　　　　　　　　　　　　*Dr. Ernst Gierlich,*
Vorstandsvorsitzender
der Kulturstiftung der deutschen Vertriebenen
für Wissenschaft und Forschung (Bonn/Berlin)

Inhaltsverzeichnis

I.	Unschärfen des Völkermordbegriffs in der deutschen Erinnerungskultur	11
II.	Entstehung und Geist der UN-Genozidkonvention von 1948	17
III.	Raphael Lemkins Distanz zum Ausrottungsbegriff des Nürnberger Militärgerichtshofs	26
IV.	Lemkins Prägung durch den defizitären Minderheitenschutz der Völkerbundszeit	30
V.	Vertreibung als Zerstörung einer „Gruppe als solcher"	41
VI.	Die Rolle Lemkins beim Konventionsbeitritt der Bundesrepublik 1954	44
VII.	Bundestagskonsens 1954: Völkermord als „Zerstörung", nicht „Ausrottung" einer Gruppe	53
VIII.	Konventionsbeitritt ohne Konsequenzen: Verzicht auf die systematische Ermittlung von Vertreibungsverbrechen	58
IX.	Folgen von Verjährungsdebatten und Ostverträgen	66
X.	Zunehmende Gleichsetzung von Völkermord und Holocaust und Randposition der Vertreibung in der neuen Genozidforschung seit den 1980er Jahren	74
XI.	Rechtsradikale Instrumentalisierungen und linke Verengungen des Genoziddiskurses	84
XII.	Zwischen sachlicher Kritik und moralpolitischer Zensur: Lemkins Genozidverständnis und die Genozidforscher	92
XIII.	Die „ethnischen Säuberungen" auf dem Balkan nach 1991 und der breite Begriff des Völkermords in der deutschen und internationalen Rechtsprechung	101
XIV.	Kolonialhistorischer Wandel des Genozidbegriffs und Anerkennung des Völkermordes an den Herero 2021	107
XV.	Zur Frage der subjektiven und objektiven Komponente des Genozidtatbestands bei der Vertreibung der Deutschen	115
XVI.	Jüngste Völkermorddebatten um Polen und die Ukraine	127
XVII.	Resümee: Ethnische Vertreibungen als Zerstörungsgenozid	143

Anhang

Dokumente zum Beitritt der Bundesrepublik Deutschland zur UN-Genozidkonvention 1953/54 154

Eckdaten zur Biographie Raphael Lemkins 163

Literaturverzeichnis 164
Personenregister 179

Abkürzungsverzeichnis

AFP	Agence France-Press
Art.	Artikel
AVNOJ	Antifaschistischer Rat der Nationalen Befreiung Jugoslawiens
BArch	Bundesarchiv
BDS	Boycott, Divestment and Sanctions („Boykott, Desinvestitionen und Sanktionen"; Internationale politische Kampagne gegen den Staat Israel)
BdV	Bund der Vertriebenen – Vereinigte Landsmannschaften und Landesverbände
BGH	Bundesgerichtshof
BMdJ	Bundesministerium der Justiz
BR	Bundesrat
BT	Deutscher Bundestag
BVerfG	Bundesverfassungsgericht
BvR	Aktenzeichen einer Verfassungsbeschwerde beim Bundesverfassungsgericht
CDU	Christlich-Demokratische Union Deutschlands
CSSR	Tschechoslowakische Sozialistische Republik
CSU	Christlich-Soziale Union in Bayern
DLF	Deutschlandfunk
DNVP	Deutschnationale Volkspartei
DOD	Deutscher Ostdienst
DP	Deutsche Partei
DS	Drucksache
EP	Europäisches Parlament
FAZ	Frankfurter Allgemeine Zeitung
FDP	Freie Demokratische Partei Deutschlands
FPÖ	Freiheitliche Partei Österreichs
FR	Frankfurter Rundschau
FVV	Flucht, Vertreibung, Versöhnung (Bundesstiftung)
EGMR	Europäischer Gerichtshof für Menschenrechte
GUS	Gemeinschaft Unabhängiger Staaten
GWU	Geschichte in Wissenschaft und Unterricht

IDG	Institut für Diaspora- und Genozidforschung
IS	Islamischer Staat
JStGH	Internationaler Strafgerichtshof für das ehemalige Jugoslawien
KP	Kommunistische Partei
KPD	Kommunistische Partei Deutschlands
KPdSU	Kommunistische Partei der Sowjetunion
NMRZ	Nürnberger Menschenrechtszentrum
NS	Nationalsozialismus
NSDAP	Nationalsozialistische Deutsche Arbeiterpartei
OLG	Oberlandesgericht
ParlArch	Parlamentsarchiv des Deutschen Bundestags
PEU	Paneuropa-Union
PiS	Prawo i Sprawiedliwość (Partei „Recht und Gerechtigkeit")
RUB	Ruhr Universität Bochum
SBZ	Sowjetische Besatzungszone
SFVV	Stiftung Flucht, Vertreibung, Versöhnung
SL	Sudetendeutsche Landsmannschaft
SPD	Sozialdemokratische Partei Deutschlands
StGB	Strafgesetzbuch
StPO	Strafprozessordnung
StR	Strafrecht
SZ	Süddeutsche Zeitung
RIA Novosti	Russische Agentur für internationale Informationen
Rn	Randnummer
Rz	Randziffer
UdSSR	Union der Sozialistischen Sowjetrepubliken
UN	United Nations
UNHCR	United Nations High Commissioner for Refugees (Hochkommissar der Vereinten Nationen für Flüchtlinge)
UNO	United Nations Organisation
US	United States
USA	United States of America
VfZ	Vierteljahrshefte für Zeitgeschichte
WP	Wahlperiode
ZDF	Zweites Deutsches Fernsehen
ZgV	Zentrum gegen Vertreibungen
ZK	Zentralkomitee
ZvD	Zentralverband der vertriebenen Deutschen

„Since the goal of genocide is to destroy groups as such, it behooves the historians to rescue these groups from oblivion, even if only in history and memory."[1]

I. Unschärfen des Völkermordbegriffs in der deutschen Erinnerungskultur

Der Begriff des Völkermordes ist in Deutschland, wo die Hitler-Diktatur während des Zweiten Weltkrieges den Holocaust an den europäischen Juden kaltblütig geplant und mit beispielloser Systematik durchgeführt hatte, über lange Zeit vor allem mit diesem einen monströsen staatlichen Großverbrechen verknüpft gewesen. Seit das ganze Ausmaß des Zivilisationsbruches Ende der 1970er Jahre in der (bundes-)deutschen Erinnerungskultur ankam, gab es eine insofern verständliche und wachsende Scheu, den Begriff auf andere Verbrechen gegen die Menschheit, zumal solche mit Bezug zur deutschen Nationalgeschichte, anzuwenden.

Im Juni 2016 erkannte der Bundestag aber den Genozid an den Armeniern durch das mit Deutschland verbündete Osmanische Reich im Ersten Weltkrieg offiziell an. Ende Mai 2021 wiederholte sich ein ähnliches historisch-politisches Bekenntnis hinsichtlich des Völkermordes in den Jahren ab 1904 an Herero und Nama in der deutschen Kolonie Südwestafrika. Der Außenminister einer Großen Koalition legte es nach Paraphierung eines deutsch-namibischen Wiedergutmachungsabkommens ab, indem er das Geschichtsbild von Bundesregierung und Bundestag erklärte.[2] Ende November 2022 schließlich erkannte der Bundestag auch die stalinistische Politik des „Holodomors", den Hungermord am ukrainischen Volk in den Jahren 1932/33, als Genozid

---

[1] *Bartov*, Genocide and the Holocaust, S. 21.

[2] Die Regierung und das Parlament in Deutschland, auf dessen „Wunsch" sich SPD-Außenminister Heiko Maas am 28. Mai 2021 ausdrücklich bezog, würden „diese Ereignisse jetzt auch offiziell" als „Völkermord bezeichnen". Pressemitteilung des Auswärtigen Amtes, 28. Mai 2021 (Online): „Außenminister Maas zum Abschluss der Verhandlungen mit Namibia". In den Jahren vorher hatten die Regierung in Beantwortung parlamentarischer Anfragen oder auch der Bundestagspräsident im Zeitungsinterview den Begriff bereits verwendet. Vgl. auch Die Zeit (Online), 28. Mai 2021: „Deutschland erkennt Kolonialverbrechen als Völkermord an".

an.³ Und bereits im Januar 2023 folgte hinsichtlich der Verbrechen des Islamischen Staates (IS) an der ethnisch-religiösen Gruppe der Jesiden im Nordirak seit 2014 ein ähnlicher, wenngleich öffentlich weniger stark wahrgenommener Schritt.⁴

Diese jüngeren Positionierungen werfen Fragen nach einer älteren Entscheidung des Bundestages vom Juni 1954 auf, die ein weiteres historisches Ereignis betraf: die Vertreibung von an die 15 Millionen Deutschen aus dem Osten und der östlichen Mitte Europas nach dem Zweiten Weltkrieg. Das Parlament hatte 1954 in Bonn, als es über den Beitritt der Bundesrepublik zur UN-Genozidkonvention diskutierte, auch diese große Vertreibung in breitem Konsens ausdrücklich als Völkermord im Sinne der Übereinkunft der Vereinten Nationen eingeordnet. Wesentlichen Einfluss auf die Entscheidung hatte Raphael Lemkin genommen, der polnisch-jüdische Vordenker der UN-Konvention, der die „Austreibung" der Deutschen unmissverständlich als Zerstörung nationaler Gruppen als solcher und damit Genozid bewertete.⁵ Nur sind diese Sachverhalte aufgrund der in den 1960er Jahren einsetzenden Verdrängungs- und Relativierungsprozesse im gesamtgesellschaftlichen Umgang mit dem Thema Flucht und Vertreibung⁶ maßgeblichen Akteuren in der

---

³ „Bundestag bezeichnet Holodomor als Völkermord", FAZ, 1. Dezember 2022. Zu den Hintergründen des Beschlusses: FAZ, 26. November 2022 („Bundestag will Holodomor als Genozid an Ukrainern anerkennen").

⁴ Auf Antrag der Fraktionen der Ampel-Regierung und der CDU/CSU-Fraktion erkannte der Bundestag die vom IS verübten „Verbrechen an den Jesiden als Völkermord" an. FAZ, 20. Januar 2023 („Verbrechen an den Jesiden war Völkermord").

⁵ Memorandum Lemkins für den Rechtsausschuss des Bundestages (8. Januar 1954), S. 6. ParlArch, Gesetzesdokumentation II/51 A, Dokument 11.

⁶ Bis heute werden diese Prozesse von manchen bestritten, etwa von *Röger*, Flucht, S. 103, die zwischen dem Konstatieren von Verdrängungs- und Relativierungstendenzen und dem Behaupten eines Tabus keine großen Unterschiede macht und Kräften wie der Springer-Presse (Bild-Zeitung und Die Welt) attestiert, an der „Erschaffung eines Vertreibungstabus im kollektiven Mediensprechakt" gearbeitet zu haben. Der objektivste Blick auf das Thema bietet sich wohl wie so oft von seiner finanziellen Seite her. Hier zeigt sich, dass selbst in der ostpolitisch noch nicht ganz anderen Situation der 1960er Jahre Bund und Länder zusammen gerade so viel Geld für die Zwecke des Kulturparagraphen 96 des Bundesvertriebenengesetzes per annum aufbrachten wie allein das Auswärtige Amt (1968) für die Rettung des ägyptischen Tempels Abu-Simbel (6 Millionen DM). Nach einem starken Anstieg der Mittel in der Kanzlerschaft Helmut Kohls in den 1990er Jahren, erfolgte nach 1998 eine Kürzung um fast 50 Prozent (vgl. *Kittel*, Vertreibung der Vertriebenen?, S. 87, sowie *Koschyk*, Der neue Stellenwert, S. 142). Im 2,39 Milliarden Euro umfassenden Kultur- und Medienetat des 2022 verabschiedeten Staatshaushalts waren für den aktiven Erhalt der Kulturen der Vertreibungsgebiete nach § 96 Bundesvertriebenengesetz 0,82% dieser Summe vorgesehen. Vgl. die Kritik des BdV-Präsidenten Bernd Fabritius an einer damit verbundenen Kürzung der Mittel auf unter 20 Millionen Euro mit dem Hinweis, dass zwischenzeitlich „rund ein Drittel der Deutschen […] familiär" mit dem

Politik und in der Öffentlichkeit der Bundesrepublik bei den Erklärungen zwischen 2016 und 2022 nicht mehr hinreichend präsent gewesen.

Und noch etwas blieb dabei außer Betracht. Abgeordnete unterschiedlicher Parteien, die dem Aufsichtsgremium der erst sehr spät (2008) gegründeten Bundesstiftung Flucht, Vertreibung, Versöhnung (SFVV) angehörten,[7] hatten noch 2012 gemeinsam eine Konzeption für die geplante Dauerausstellung der Stiftung mitgetragen, die von einem am Holocaust orientierten Völkermordbegriff ausging und die Vertreibung der Deutschen ebenso wie andere „ethnische Säuberungen"[8] insofern explizit davon unterschied. Die „Unvergleichbarkeit"[9] mit der Shoah war dabei zentraler Grund, die Vertreibungen von 1945 nicht auch – so wie noch 1954 im Bundestag – nach der weiten UN-Definition unter Völkermord zu subsumieren. Wie die Stiftungskonzeption darüber hinaus begründete, gehe es bei Vertreibungen in erster Linie darum, eine Bevölkerungsgruppe „von einem bestimmten Gebiet" zu entfernen, nicht aber, wie beim Genozid, um die „Ermordung möglichst aller Angehörigen einer Gruppe".[10]

Die Formel ist für die international vergleichende geschichtswissenschaftliche Analyse derartiger Ereignisse ein prinzipiell brauchbares, wenngleich nicht stets trennscharfes Hilfsinstrument. Die Unterscheidung hatte mit Rücksicht auf die erinnerungskulturelle Gesamtlage im Jahr 2012 und die ohnehin starken Spannungen im politischen Umfeld des Stiftungsprojekts indes darauf verzichtet, auch die völkerrechtliche Dimension des Genozidbegriffes umfassend einzubeziehen. Dieser ist, weil der Tatbestand des Völkermordes keineswegs mit Ermordung und physischer Ausrottung gleichzusetzen ist, ungleich komplexer, als der Gremienkonsens an der Bundesstiftung 2012 es noch einmal nahelegte.[11]

Vertreibungsschicksal verbunden seien. Sudetendeutsche Zeitung, 3. Februar 2023 („Sudetendeutscher Rat warnt vor Kürzungen …").

[7] Zur Entstehungsgeschichte der Stiftung bis Ende 2008 *Becker*, Geschichtspolitik, S. 399–491, *Regente*, Flucht, v.a. S. 369 ff., oder – allerdings sehr einseitig – *Röger*, Flucht, S. 125–134.

[8] Der sich erst in den 1990er Jahren durchsetzende Begriff wird im Folgenden – avant la lettre – auch bereits synonym für Vertreibungen aus ethnischen Gründen im Zeitalter des Zweiten Weltkrieges verwendet.

[9] Anführungszeichen sind hier deshalb gesetzt, weil die Einordnung als „singulär" den vorherigen Vergleich mit im weitesten Sinne ähnlichen Ereignissen offensichtlich gerade voraussetzt. Vgl. dazu auch *Shaw*, What is Genocide, S. 38 ff.

[10] Konzeption für die Arbeit der Stiftung Flucht, Vertreibung, Versöhnung und Leitlinien für die geplante Dauerausstellung, Berlin 2012, S. 12 (Privatarchiv des Verfassers).

[11] Auf den Völkermordbegriff der UN-Konvention und des Bundestages von 1954 Bezug zu nehmen, konnte allerdings auch nicht Aufgabe einer Stiftungskonzeption sein, auf die sich die erinnerungspolitisch ohnehin weit auseinanderliegenden Kräfte

Die Verschiebung der erinnerungskulturellen Messlatten des Völkermordes in Deutschland durch die offiziellen Erklärungen von 2016 bis 2022/23 gibt nun Anlass, auch den älteren Diskurs über einen Genozidcharakter der Vertreibung der Deutschen aus dem östlichen Europa[12] neu zu betrachten. Zumal die Debatten auch schon vorher, bei Unterbelichtung völkerrechtlicher und menschenrechtlicher Aspekte, mitunter allzu eng geschichtspolitisch geführt wurden.[13] Wie zu zeigen sein wird, sind Diskussionen zum Thema Genozid aber nur mit direkter Rückbindung an die richtungsweisende UN-Konvention von 1948 sinnvoll zu bestreiten, die den Begriff überhaupt erst im Bewusstsein der Welt verankerte.

Im Folgenden werfen wir demnach einen vertreibungshistorisch fokussierten Blick auf Entstehung, rechtliche Würdigung sowie Wirkungs- und Diskursgeschichte der UN-Völkermordkonvention von 1948: Von ihrer Ausarbeitung durch die gerade gegründeten Vereinten Nationen 1946 bis 1948 über die Beitrittsdebatten im Bundestag 1954, den tatsächlichen Umgang mit Vertreibungsverbrechen und die Phase der Gleichsetzung von Völkermord und Holocaust seit den späten 1970er Jahren bis hin zu verstärkten Diskussionen über „ethnische Säuberungen" und Genozid während der Balkankriege ab 1991/92 und schließlich zur Anerkennung des Herero-Genozids durch die Bundesrepublik 2021 aufgrund eines abermaligen Wandels des Völkermordbegriffs im Zuge global boomender Kolonialgeschichtspolitik. Das Themenspektrum wird durch ein Kapitel ergänzt, das sich einerseits neueren Diskursen in Polen nach der Jahrtausendwende, zum anderen den Folgen des jüngsten, unseres Erachtens genozidalen Überfalls von Wladimir Putins Russland auf die Ukraine am 24. Februar 2022 widmet.

Neben Entwicklungen im Völkerrecht, in der historischen, politologischen und soziologischen Forschung steht im Hauptblickfeld, wie sich (Geschichts-)Politiker, Verbandsvertreter, Wissenschaftler, Journalisten oder Publizisten in der bundesdeutschen Öffentlichkeit zum Thema Genozid verhielten. Um rechtsradikale Instrumentalisierungsversuche geht es dabei ebenso wie um linke Gegenreaktionen. Fluchtpunkt der Erörterung ist eine vergleichende Analyse, inwieweit die Konvention der Vereinten Nationen wirklich auf den Hererokrieg und/oder die Vertreibungen von 1945 anwendbar ist – bzw. ge-

---

in den Gremien damals irgendwie einigen mussten. Vgl. dazu auch den „Rückblick auf die Startphase" der Bundesstiftung: *Kittel*, Zur Einführung.

[12] Theodor Schieder spricht in seiner mehrbändigen Quellensammlung (vgl. Dokumentation der Vertreibung) von „Ost-Mitteleuropa", um sowohl Gebiete im östlichen Mitteleuropa wie in (Süd-)Osteuropa zu benennen.

[13] Zum Konzept der Geschichtspolitik – allerdings unter allzu starker Betonung der Bedeutung des 17. Juni 1953 – vgl. *Wolfrum*, Geschichtspolitik, sowie vor allem *Schmidt*, Vom publizistischen Kampfbegriff.

wesen wäre, da ja beide Ereignisse aus der Zeit vor Inkrafttreten der UN-Übereinkunft datieren.

Ein besonderes Augenmerk gilt Raphael Lemkin, zu dessen Rolle 1954 auch bislang kaum oder gar nicht beachtete Dokumente im Parlamentsarchiv des Deutschen Bundestages herangezogen wurden.[14] Dabei geht es im Kern um zwei Fragen: Entwickelte sich im gesellschaftlichen Klima der Bundesrepublik seit den 1960er Jahren eine generelle Amnesie in Bezug auf Lemkins Urteil über die Vertreibung oder sind bei näherer Betrachtung vielleicht doch Ausnahmen zu erkennen? Wie genau kam es vor allem dazu, dass das, was Lemkin mit Genozid ursprünglich meinte, die auch nur „teilweise" Zerstörung einer „nationalen Gruppe" in ihrer sozialen Einheit und Geschlossenheit, sich im Laufe des Diskurses streckenweise auf die Absicht der physischen Ausrottung ganzer Völker respektive der „Ermordung" möglichst vieler ihrer Angehörigen verengte?

Und das obwohl Absichten dieser Art einem Täter meist schwerer nachgewiesen und ergo öffentlich stigmatisiert werden können; oft erst dann, wenn es eigentlich schon zu spät ist. Das menschenrechtliche Potential eines engen Verständnisses von Völkermord ist begrenzter. Dagegen besitzt der originäre Genozidbegriff Lemkins nicht zuletzt den Vorteil, eher bereits präventiv zum Schutz ethnischer oder religiöser Gruppen „als solcher" gegen drohende oder laufende Angriffe eingesetzt werden zu können, selbst wenn diese nicht auf eine vollständige körperliche Ausrottung abzielen.

Das vorliegende Buch hat also ein menschenrechtliches Anliegen – mit erinnerungskulturellen Implikationen. Denn Lemkin sensibilisiert uns auch dafür, dass die Vertreibung der Deutschen – um es mit zwei neu vorgeschlagenen Begriffen zu formulieren – zwar gewiss kein „Ausrottungsgenozid" war, aber doch als „Zerstörungsgenozid" zu bewerten ist. In beiden Fällen besteht die Absicht der Täter darin, eine nationale oder religiöse Gruppe als solche zu zerstören, doch während sie beim ersten Typ darauf abzielen, zu diesem Zweck möglichst viele oder gar alle Angehörigen der verfolgten Gruppe auch physisch zu vernichten, sind Tötungen und andere Verbrechen beim zweiten Typ nur – meist allerdings keineswegs seltene – Begleithand-

---

14 So etwa die aufschlussreichen Protokolle der Sitzungen des Rechtsausschusses. Eine von mehreren Denkschriften Lemkins für den Bundestag ist im Anhang eines – auf Quellen im Politischen Archiv des Auswärtigen Amtes gestützten – Aufsatzes von Piotr Madajczyk im Deutsch-Polnischen Jahrbuch abgedruckt (*Madajczyk*, Raphael Lemkin, S. 54–57), ohne dass sie dort allerdings eingehender unter der Fragestellung von Lemkins Positionierung zur Vertreibung der Deutschen beleuchtet würde. Diese Forschungslücke ist auch durch die auf US-amerikanischem Archivmaterial zu Lemkin basierende Darstellung bei *Weinke*, Gewalt, S. 163–170, sowie *Kraft*, Raphael Lemkin, bislang nicht gefüllt worden.

lungen zum Zwecke der ganz im Vordergrund stehenden räumlichen Beseitigung der Gruppe oder zumindest der Auflösung ihrer Identität. Manchmal wie bei der armenischen Katastrophe von 1915/16 („Aghet") gehen Zerstörungs- und Ausrotttungsgenozid auch ineinander über.

Die den Diskurs zeitweilig begleitende Debatte, ob aus einer genozidalen Charakterisierung der Vertreibung der Deutschen „Schlüsse für den Eigentumsentzug"[15] in Richtung der seinerzeit vertreibenden Staaten zu ziehen wären, kann 75 Jahre danach kaum mehr sinnvoll – etwa in Form von Entschädigungsforderungen – nach außen geführt werden. Sie hätte besser schon früher stärker nach innen geführt werden sollen, um so vielleicht auch noch kursierende Legenden zum bundesdeutschen Lastenausgleich auszuräumen, der materiell keineswegs alles heilte, sondern im Schnitt nur 10 bis 20% des verlorenen Vermögens, bei größerem Besitz nur wenige Prozent „entschädigte".[16] Die rechtsethisch gewiss noch wichtigere Frage einer Strafverfolgung von Hunderttausenden bis heute ungeahndeten Vertreibungsverbrechen gegen Leib und Leben stellt sich angesichts des Zeitablaufs und des heutigen Alters von Opfern und Tätern in den Jahren 1945/46 in der Praxis ohnehin nicht mehr.[17]

---

[15] *Ermacora*, Die sudetendeutschen Fragen, S. 262.

[16] Zu den Interferenzen zwischen real exerziertem Lastenausgleich und grundgesetzlich geschütztem Menschenrecht auf Eigentum vgl. *Kittel*, Stiefkinder, S. 632. Vertiefend *Gornig/Horn/Murswiek*, Eigentumsrecht.

[17] Ob die UN-Konvention von 1948 wegen des bekannten Rechtsprinzips „nullum crimen sine lege" für Völkermorde in den Jahren vorher prinzipiell nicht greifen kann, ist weniger eindeutig als es dem Laien prima vista scheinen mag. Laut *Blumenwitz* etwa (Rechtsgutachten, S. 26) ist der Genozidtatbestand der Konvention dem völkerrechtlichen Gewohnheitsrecht entnommen; er habe daher auch bereits vor Schaffung der Konvention Geltung gehabt.

II. Entstehung und Geist der UN-Genozidkonvention von 1948

Es würde überraschen, wenn die an der UNO-Gründung nach dem Zweiten Weltkrieg führend beteiligten Großmächte UdSSR, USA und das Vereinigte Königreich von Großbritannien mit der Völkermordkonvention 1948 auch die von ihnen erst drei Jahre zuvor vereinbarte – und noch gar nicht ganz abgeschlossene – Vertreibung der Deutschen rechtlich hätten in Frage stellen wollen. Auf dem Weg zur UN-Konvention sind tatsächlich Sorgen dieser Art seitens der Unterzeichner der Potsdamer „Transfer"-Beschlüsse vom 2. August 1945 belegt, etwa der USA, wo man fürchtete, dass vorgeschlagene erste Genoziddefinitionen „auf erzwungene Überführungen von Minderheitengruppen ausgeweitet werden" könnten, „wie sie von Mitgliedern der Vereinten Nationen bereits vorgenommen worden sind".[18] Auch die Sowjetunion wollte es vermeiden, auf die von ihr selbst und ihren neuen Zwangsverbündeten durchgeführten Vertreibungen ab 1945 erhöhte Aufmerksamkeit zu ziehen oder gar wegen „des Genozides an den Wolgadeutschen, Krimtataren, Kalmücken und vielen anderen Völkern in der Sowjetunion" vor 1945 angeklagt zu werden.[19] Im Herbst 1948 stellte sich Moskau erfolgreich gegen eine Initiative Syriens im UN-Rechtsausschuss, dem sog. Sixth Committee, erzwungenen Heimatverlust explizit in die Konvention aufzunehmen.[20] In London hielt man es ebenfalls für nicht im „britischen Interesse" liegend, „jüngste politische Lösungen" durch Vorschläge der syrischen Art infrage zu stellen und die Regierung seiner Majestät des mehrfachen Völkermords zu zeihen.[21] Es ging dabei potenziell nicht nur um die Massenvertreibung von Deutschen aus polnisch oder tschechisch werdenden Gebieten oder von Muslimen, Hindus und Sikhs bei der jüngsten „Partition of India", sondern auch noch um die aktuelle Teilung des bis dato britischen Mandatsgebietes Palästina samt der Ende 1947 beginnenden „Nakba"[22] eines Teils der arabischen Bevölkerung.

---

18 *Schabas*, Der Genozid, S. 258.
19 *Madajczyk*, Raphael Lemkin, S. 48, mit Bezug auf ein späteres Memorandum aus dem Auswärtigen Amt zu dem Thema.
20 *Moses*, The Problems of Genocide, S. 224f.
21 Ebd., S. 225f.
22 Mit dem arabischen Wort für „Unglück" wurden bereits zeitgenössisch Flucht und Vertreibung Hunderttausender Palästinenser aus nunmehr israelisch werdenden Gebieten bezeichnet.

II. Entstehung und Geist der UN-Genozidkonvention von 1948

Bei späterer Befassung mit vorbereitenden Papieren zur UN-Konvention gelangten Rechtsexperten in den 1990er Jahren zur Überzeugung, dass die dort verwendete Sprache trotz der klaren Ablehnung des syrischen Vorschlags reichlich Platz lasse, „to characterize expulsion, at least as it has occured in many circumstances, as genocide".[23] Dies hing vor allem damit zusammen, dass die Großmächte die UN-Konvention eben nicht im Alleingang hatten vorbereiten und beschließen können. Die am 11. Dezember 1946 einstimmig verabschiedete Resolution 96, die Genozid als ein Verbrechen nach Völkerrecht bezeichnet und den Beginn des Weges zur Konvention markiert, verdankte sich nicht zuletzt einer Anfrage der Delegationen Indiens, Kubas und Panamas.[24] Auch viele andere lateinamerikanische Länder standen lange auf ihrer Seite[25] ebenso wie afrikanische, die Genozide in der Zeit der Kolonialisierung durch die Europäer geächtet sehen wollten.[26]

Im ersten Konventionsentwurf, dem des UN-Sekretariats, war der Einfluss des als Berater engagierten Raphael Lemkin noch besonders deutlich zu spüren gewesen. Der Jurist hatte den Begriff Genozid in einer Studie zur „Herrschaft der Achsenmächte im besetzten Europa" 1944 aus dem altgriechischen „genos" und dem lateinischen „caedere" kompiliert. „Genos" meint eine meist verwandtschaftlich definierte Gemeinschaft, ein Geschlecht, eine Familie oder einen Stamm; „caedere" lässt sich mit töten, fällen oder vernichten übersetzen. Ein ganzes Volk im landläufigen Sinn ist, anders als die deutsche Variante „Völkermord" es nahelegt, unter „genos" also nicht notwendiger Weise zu verstehen,[27] sondern eher eine kleinere „Gruppe". Schon Lemkin hatte klargestellt: „[...] genocide does not necessarily mean the immediate destruction of a nation [...]. It is intended rather to signify a coordinated plan of different actions aiming at the destruction of essential foundations of the life of *national groups,*[28] with the aim of annihilating the groups themselves."[29]

---

[23] So *Quigley*, The Genocide Convention, S. 194, mit Bezug auf die Position der International Law Commission 1996; vgl. auch ebd., S. 192.

[24] *Blumenwitz*, Rechtsgutachten, S. 26.

[25] *Moses*, The Problems, S. 203.

[26] *Irvin-Erickson*, Raphaël Lemkin, S. 152. Im Ad-hoc-Ausschuss, der im Frühjahr 1948 einen von der Menschenrechtsabteilung des UN-Generalsekretariats besorgten ersten Entwurf weiterentwickelte, waren sieben Staaten vertreten: China, Frankreich, der Libanon, Polen, die UdSSR, die USA und Venezuela. *Schabas*, Der Genozid, S. 77 f.

[27] Dafür gibt es im Griechischen die Begriffe des „ethnos" oder – eher im Sinne von Staatsvolk – „demos". „Genozid" wird im folgenden Text also nur im Blick auf seine üblich gewordene Übersetzung und aus darstellerischen Gründen weiterhin synonym für den Begriff „Völkermord" verwendet.

[28] Hervorhebung M. K.

[29] *Lemkin*, Axis Rule in Occupied Europe, S. 79.

II. Entstehung und Geist der UN-Genozidkonvention von 1948

Da es ihm nicht nur um die schlagartige physische Vernichtung einer Gruppe ging, sondern auch um deren gegebenenfalls längerfristige Zerstörung durch Entzug ihrer Lebensgrundlagen, setzte Lemkin gegen einen französischen und einen rumänischen Rechtsprofessor, Henri Donnedieu de Vabres und Vespasian Pella, im ersten Konventionsentwurf durch, auch kulturellen Völkermord zu verankern.[30] Noch im zweiten Aufschlag, also dem eines sog. Ad-hoc-Komitees, blieb der Passus erhalten, wobei die Vertreter Frankreichs und der USA von den übrigen fünf Mitgliedern überstimmt worden waren.[31] Laut dieser Fassung konnte auch das „Verbot des Gebrauchs der Sprache der Gruppe im täglichen Verkehr oder in Schulen", ja sogar die „Verhinderung der Nutzung von Bibliotheken" und anderer kultureller Einrichtungen „einer nationalen, rassischen oder religiösen Gruppe" unter Völkermord fallen, wenn dabei nur die Absicht bestand, die Gruppe zu zerstören. Der Ad-hoc-Ausschuss nannte das expressis verbis „kulturellen Völkermord".[32] Der Sekretariatsentwurf hatte vorher – ohne diese Überschrift und zwischen den im zweiten Entwurf als „physischer und biologischer" bzw. „kultureller" Völkermord bezeichneten Taten[33] – auch noch eigens die „Zerstörung der spezifischen Merkmale der Gruppe durch [...] erzwungene und systematische *Vertreibung*[34] von Personen, die die Kultur einer Gruppe repräsentieren", erwähnt.[35]

Lemkin hatte schon in den Diskussionen zum Sekretariatsentwurf mit Pella und de Vabres beteuert, bei aller Emphase auf die kulturellen Aspekte von Gruppenzerstörung sein Konzept nie explizit in einen kulturellen und einen physischen Genozid aufspalten haben zu wollen. Das Konzept eines eigenen kulturellen Genozids hätten vielmehr die USA und Frankreich erfunden, um in Abgrenzung davon Völkermord „as closely as possible to the Hitler case" zu definieren und um gleichzeitig sicherzustellen, dass die neue UN-Konvention nicht auf Handlungen ihrer eigenen Regierungen würde angewendet werden können.[36] Lemkin kämpfte dagegen für eine Konvention,

---

30 Grundlegend zu Lemkins Einfluss in dieser Phase: *Cooper*, Raphael Lemkin, S. 88–110.
31 *Schabas*, Der Genozid, S. 94.
32 Vgl. den Text des Ad-hoc-Ausschuss-Entwurfes bei *Schabas*, Der Genozid, S. 717.
33 Zur Entstehung dieser Version im zweiten Entwurf vgl. *Irvin-Erickson*, Raphaël Lemkin, S. 183.
34 Hervorhebung M. K.
35 Text des Sekretariatsentwurfs bei *Schabas*, Der Genozid, S. 711; die Stellen im Ad-hoc-Ausschuss ebd., S. 716f. Das bei Schabas mit „Vertreibung" übersetzte Wort lautet im englischen Text „exile", was man auch mit „Exil" oder „Verbannung" wiedergeben könnte. Vgl. *Paul*, Kritische Analyse, S. 42.
36 *Irvin-Erickson*, Raphaël Lemkin, S. 161.

die nicht nur „der Nazi-Erfahrung" entsprach: Juristen könnten ganz generell „ein Verbrechen nicht anhand von einem Beispiel beschreiben", die Formulierung müsse vielmehr „für alle Zeiten, Situationen und Kulturen gültig sein".[37]

Der Rechtsausschuss der Generalversammlung änderte aber schließlich auf der Zielgeraden der internen Konventionsberatungen, Druck vor allem seitens der Westmächte weichend,[38] den bis dahin vorliegenden „Ad-hoc"-Entwurf doch noch und strich die Passagen zum „kulturellen Völkermord" aus dem Papier.[39] Zum einen war argumentiert worden, dieser solle besser an anderer Stelle als menschenrechtliches Thema eigens breiter behandelt werden; zum anderen hatte es Bedenken etwa auch der Philippinen gegeben, damit würden Versuche kriminalisiert, Nationen durch sprachliche Homogenisierung zu integrieren.[40] Die fragliche Stelle in der von der UN-Generalversammlung am 9. Dezember 1948 einstimmig angenommenen Völkermordkonvention ließ dann aber nicht nur „kulturellen Völkermord" und „systematische Vertreibung" weg, sondern verzichtete auch darauf, weiterhin explizit von einem „physischen und biologischen" Völkermord zu sprechen. Schon im Ausschuss waren Anträge zurückgewiesen worden, im Artikel II ausdrücklich von „physischer" Zerstörung von Gruppen zu sprechen. Der Vertreter Neuseelands etwa hatte erfolgreich dagegen argumentiert, weil es geschichtliche Beispiele für Völkermord gebe, wo nur die „älteren Mitglieder einer Gruppe getötet und die jüngeren auf verschiedene Weise zu einer ihnen fremden Ideologie umerzogen worden" seien.[41]

Auch was den Wegfall des expliziten kulturellen Genozidbegriffs angeht, lohnt sich ein näherer Blick. Denn nachdem sich der ukrainische Delegierte[42] im Rechtsausschuss am 2. Oktober 1948 – unter Verweis auf bestimmte NS-Verbrechen in seinem Land – vehement für dessen Beibehaltung ausgespro-

---

[37] Ebd., S. 177.

[38] Vgl. *Cooper* (Raphael Lemkin, S. 275), der dies vor allem auch auf Bestrebungen US-amerikanischer Bürgerrechtler zurückführt, ihr Land eines Genozids an der schwarzen Bevölkerung anzuklagen. Zur Ablehnung des kulturellen Genozidbegriffs durch die UN-Generalversammlung vgl. nach wie vor auch: *Drost*, The Crime of State, S. 58.

[39] Auch die prominente Rolle des kulturellen Völkermords neben dem physisch-biologischen lässt ein wenig an der Deutung van den Heriks zweifeln, dass die ganze Konvention vor allem rückwärts auf den Holocaust, statt auf die Verhütung künftiger Völkermorde gerichtet war. Vgl. *van den Herik*, The Meaning, S. 51 ff.

[40] *Schabas*, Der Genozid, S. 102, 242 ff.

[41] ParlArch, Gesetzesdokumentation II/51 B, Abschrift Auswärtiges Amt, Betr.: Entstehung des Art. 2 der Genocide-Konvention, 30.4.1954.

[42] Die Ukraine zählte wie Weißrussland zu den gesonderten Gründungsmitgliedern der Vereinten Nationen, ein Status, den Moskau am liebsten allen 16 Teilrepubliken der UdSSR hatte zuteilwerden lassen wollen.

chen und die gegenteilige Position Frankreichs und Großbritanniens kritisiert hatte, war zumindest noch einmal ausdrücklich „allgemein anerkannt" worden, dass Genozid die „extermination of a group of people" beabsichtige; ein Ziel, das entweder „by exterminating all the members of the group" oder „by destroying its characteristics" erreicht werden könne.[43] Im Ergebnis lief das also doch auf einen weiteren, auch Vertreibungen zumindest faktisch oft mit umfassenden Zerstörungsbegriff hinaus. Lemkin selbst tröstete sich in der schlechten Nacht nach Streichung des kulturellen Genozids im Rechtsausschuss zudem damit, dass die „Zerstörung einer Gruppe" schließlich auch die „Vernichtung ihres kulturellen Erbes" beinhalte.[44] Da es ihm im Kern um diese Sache gegangen war, nicht um einen eigenen Terminus dafür, konnte er tatsächlich mit der Entscheidung des Rechtsausschusses leben.

„In dieser Konvention", so lautete schließlich – und lautet bis heute – die ziemlich offene Formulierung im Artikel II der Ende 1948 verabschiedeten Fassung, „bedeutet Völkermord eine der folgenden Handlungen, die in der Absicht begangen wird, eine nationale, ethnische, rassische oder religiöse Gruppe als solche ganz oder teilweise zu zerstören".[45] Zur hier vorgenommenen Ausdifferenzierung in ethnische, rassische und religiöse Gruppen hat William A. Schabas in einem jüngeren Standardwerk[46] bemerkt, dass diese lediglich den zentralen Begriff der „nationalen Gruppe" ausgefüllt hätten, an den der von Problemem „nationaler Minderheiten" in der Zwischenkriegszeit geprägte Lemkin dachte.[47] Als „Handlungen" werden in der Konvention sodann fünf Tatbestände benannt: „(a) Tötung von Mitgliedern der Gruppe; (b) Verursachung von schwerem körperlichem oder seelischem Schaden an Mitgliedern der Gruppe; (c) vorsätzliche Auferlegung von Lebensbedingungen für die Gruppe, die geeignet sind, ihre körperliche Zerstörung ganz oder teilweise herbeizuführen", sowie unter Punkt d und e die „Verhängung von Maßnahmen, die auf Geburtenverhinderung innerhalb der Gruppe gerichtet sind", bzw. die „gewaltsame Überführung von Kindern der Gruppe in eine andere Gruppe".[48]

„Die Verfasser" der UN-Konvention, so argumentiert Schabas, hätten „bewußt" die „Zwangsvertreibung aus der Heimat der Gruppe", also „ethnische

---

[43] *Abtahi/Webb*, The Genocide Convention, S. 1319; vgl. auch ebd., S. 1318.
[44] *Frieze*, Totally Unofficial, S. 173.
[45] *Schabas*, Der Genozid, S. 721.
[46] *Van den Herik*, The Meaning, S. 57, klassifiziert Schabas sogar als die „Autorität des Völkermordrechts".
[47] *Schabas*, Der Genozid, S. 142, 153. Zum Verhältnis zwischen „nationaler" und „ethnischer" Gruppe und den Gründen ihrer getrennten Aufführung in der Konvention vgl. auch *Veiter*, Nationalitätenkonflikt, S. 201.
[48] *Schabas*, Der Genozid, S. 721.

Säuberungen", von den Völkermordhandlungen ausgeschlossen, ebenso kulturellen Völkermord und Annexionspolitik zwecks Zerstückelung souveräner Staaten.[49] Die Konvention beträfe nach Schabas also allein die „Ausrottung ethnischer Minderheiten": „ethnische Säuberung" dagegen sei nur darauf ausgerichtet, eine Bevölkerung zu verschleppen, nicht sie zu zerstören.[50] In dieser Logik habe dann etwa auch das Bezirksgericht Jerusalem 1961 den SS-Holocaust-Organisator Adolf Eichmann vom Vorwurf des Völkermordes für die Zeit vor August 1941, als man jüdische Bürger in Deutschland meist „nur" zum Auswandern zwang, freigesprochen.

Was Schabas zwar erwähnt, aber wohl nicht konsequent genug würdigt, ist allerdings, dass das israelische Gericht in seinem Urteil weiters ausführte: Schwerer seelischer und körperlicher Schaden an Mitgliedern einer Gruppe könne auch durch „Versklavung, Aushungerung, *Deportation* und Verfolgung [...]" verursacht werden.[51] Nun meint Deportation zwar im Deutschen üblicherweise eher innerstaatliche Vertreibung,[52] weit von „ethnischer Säuberung" ist sie aber nicht entfernt – schon gar nicht im englischen Begriffsverständnis von „deportation".[53] Auch der US-amerikanische Rechtsprofessor John B. Quigley hält den Fall Eichmann vor dem Jerusalemer Gericht für weniger eindeutig als Schabas: Vertreibung stehe nach dem Urteil aus Israel jedenfalls „nicht im Widerspruch zu einer Zerstörungsabsicht".[54]

Nicht recht nachvollziehbar ist ferner, wenn Schabas auf dem Ausschluss von Vertreibungen aus der UN-Konvention insistiert, indem er auf einen einschlägigen Kommentar zum Sekretariatsentwurf verweist. Dort heißt es zwar tatsächlich, „Massenverschleppungen von Bevölkerungen aus einer Gegend in eine andere" stellten keinen Völkermord dar, aber gleichzeitig eben auch: sie würden „jedoch zum Völkermord werden, wenn die Besetzung mit Umständen einherginge, die zum Tod eines Teils oder der gesamten verschleppten Bevölkerung führten (wenn beispielsweise die Menschen aus ihren Wohnungen vertrieben und gezwungen würden, lange Strecken in ein Land zu gehen, wo sie Hunger, Durst, Hitze, Kälte und Seuchen ausgesetzt wären)."[55] Schabas deutet dies als unausgesprochene Anspielung auf das

---

[49] Letzteres habe 1993 auch der Internationale Gerichtshof festgestellt. *Schabas*, Der Genozid, S. 237.

[50] Ebd., S. 24.

[51] Ebd., S. 213, vgl. auch ebd., S. 265. Kursivsetzung M. K.

[52] Aber auch das Schicksal der nach Kriegsende 1945 zur Zwangsarbeit in die Sowjetunion verschleppten Deutschen aus den Staats- und Siedlungsgebieten im Osten wird gemeinhin unter diesem Begriff behandelt.

[53] Hier sei damit auch die „zwangsweise Verbringung" von Menschen „in fremdes Gebiet" gemeint. *Hübner*, Das Verbrechen, S. 174.

[54] *Quigley*, The Genocide Convention, S. 192.

[55] *Schabas*, Der Genozid, S. 259.

Schicksal der Armenier, was durchaus plausibel scheint. Doch wer sich näher mit bestimmten Kapiteln etwa der Vertreibung der Deutschen beschäftigt, wird sofort auch deren Ähnlichkeit mit dem im Sekretariatsentwurf formulierten Gedanken erkennen – selbst wenn das „Gehen" hier oft durch ein „Fahren" unter teils tödlichen Transportbedingungen ersetzt wurde.[56]

Halten wir demnach fest: „Die" Verfasser der Konvention und ihre Motive sind – wie Schabas selbst mehrfach sehr gut belegt – keineswegs mit letzter Eindeutigkeit zu identifizieren. In den Reihen der zahlreichen Mitwirkenden gab es vielmehr sehr unterschiedliche Sichtweisen. Sie reichten von der Einstufung nicht nur „ethnischer Säuberungen", sondern bereits „kultureller" genozidaler Handlungen als Völkermord bis zur strikten Beschränkung auf physisch-biologischen Genozid. Vor allem aber kann keine Würdigung der UN-Konvention davon absehen, dass ihr „Vater",[57] Lemkin selbst, wie unten noch näher zu beleuchten sein wird, mehrfach dezidiert dafür plädierte, Vertreibungen unter den Begriff des Völkermordes zu fassen.[58]

Die im Dezember 1948 verabschiedete Konvention war das Ergebnis eines klassischen diplomatischen Kompromisses.[59] Denn hinsichtlich des Grads ihres Widerstandes gegen Lemkins weites Genozidkonzept steckten die Siegermächte in einem gewissen Dilemma: Sie konnten in der Morgenröte der Vereinten Nationen die Ausbildung eines „internationalen Gewissens", zu dem auch eine breit akzeptierte Genozidkonvention beitragen sollte, nicht allzu schroff blockieren. Für die USA mit ihrem Anspruch auf „moralische Führerschaft" in der Staatenwelt galt dies erst recht.[60] So blieb den Groß-

---

[56] Schabas hingegen ist kein Spezialist für die Vertreibungen am Ende des Zweiten Weltkriegs. Er beschreibt sie als gewaltsame Entfernung „ethnisch deutsche[r] Bevölkerungen [...] aus Westpolen", während es sich tatsächlich in erster Linie um die „ethnische Säuberung" preußisch-deutscher Staatsgebiete von Schlesien bis Ostpreußen – und nicht von Teilen Polens – von ihren deutschen Bürgern handelte. *Schabas*, Der Genozid, S. 258.

[57] So nannte ihn bereits zeitgenössisch etwa der CSU-Abgeordnete Seidl im Rechtsausschuss des Bundestages. ParlArch, Gesetzesdokumentation II/51 A, Dok. 20, Anhang 1 (Auszug aus dem Sten. Protokoll der 13. Sitzung des Ausschusses für Rechtswesen und Verfassungsrecht vom 3.5.1954, S. 5). Der pakistanische Außenminister Zafrullah Khan hatte noch am Tag der Konventionsverabschiedung in Paris davon gesprochen, dass dieses neue Gesetz als die „Lemkin-Konvention" bezeichnet werden solle. *Power*, A Problem, S. 59.

[58] Dies räumt sogar *Paul*, Kritische Analyse, S. 295, ein, die einen rein physisch-biologischen Genozidbegriff vertritt.

[59] *Rabinbach*, Begriffe, S. 49, attestiert der Konvention mit Bezug auf eine Analyse des Philosophen Berel Lang infolgedessen „bemerkenswert unpräzise Parameter". Das gelte „für die Abgrenzung von ‚Absicht' und ‚Folge (Wirkung)', für die definitorische Abgrenzung von ‚physischer' und ‚kultureller' Zerstörung und für die Größenordnung, die einen Massenmord zum ‚Völkermord' werden lässt".

[60] *Moses*, The Problems, S. 204, 225.

mächten nur der Versuch, die Definition des Völkermords möglichst restriktiv in ihrem Sinne ausfallen zu lassen, was ihnen indes nur unvollständig gelang. Der „natürliche Wortsinn"[61] des UN-Textes, wie ihn Jahrzehnte später auch etwa das deutsche Bundesverfassungsgericht wahrnahm, erlaubte es vielmehr, darunter nicht nur Ausrottungs-, sondern auch Zerstörungsgenozide zu fassen.

Der Kompromisscharakter der Konvention[62] zeigt sich noch an einem anderen wichtigen Punkt: Die Zerstörung „politischer" Gruppen wurde auf Betreiben vor allem Sowjetrusslands und seiner Satrapen nicht eigens erwähnt.[63] Denn die kommunistische Seite, von der litauischen Exilregierung im November 1947 des Genozids durch Deportation und Zwangsarbeit angeklagt,[64] legte großen Wert darauf, den Völkermordbegriff gleichsam „organisch [...] mit Faschismus-Nazismus" zu verbinden.[65] Das konnte auch insofern kaum überraschen, als die monströsen stalinistischen Massenmorde eher nicht „rassistisch" motiviert gewesen waren (sondern im Kontext des kommunistischen Klassenkampfs standen) oder sich zumindest anders als rein ethnopolitisch erklären ließen. Um die Verabschiedung der Konvention dennoch so bald wie möglich zu erreichen und sie für viele Staaten ratifizierungsfähig zu halten, stimmten schließlich auch die USA für die Streichung der „politischen" Gruppen aus dem Text, was sich langfristig als eine seiner großen Blößen erweisen sollte.

Erst knapp drei Jahre später, im Sommer 1951, nahm sich zumindest die neue Genfer Flüchtlingskonvention nicht nur der Flüchtlinge an, die wegen ihrer Rasse, Religion und Nationalität verfolgt wurden, sondern auch solchen, bei denen die Zugehörigkeit zu einer bestimmten sozialen Gruppe oder die politische Überzeugung zur Flucht geführt hatten. Das Abkommen erkannte zwar kein bedingungsloses „Recht auf Asyl" an, regelte aber im Einzelnen, welchen rechtlichen Schutz – bis hin zum Prinzip der Nichtabschiebung (Refoulement) – seine Vertragsstaaten bestimmten Flüchtlingen zu gewähren hatten: nämlich jenen, die infolge von Ereignissen *vor* dem 1. Januar 1951 dazu geworden waren. Obwohl diese (1967 aufgehobene) zeitliche Beschränkung ebenso wie eine räumliche auf Europa zeigten, dass auch die UN-Flüchtlingskonvention im Kontext des vergangenen Weltkrieges stand, half sie neben Überlebenden jener Genozide, wie sie 1948 definiert worden

---

[61] BVerfG, 2 BvR 1290/99, Rz. 22.

[62] So auch die Einschätzung von *Omer Bartov*, Blinde Flecke, FAZ, 13.10.2021, Seite N 3.

[63] *Yvonne Robel*, Verhandlungssache Genozid, S. 48; vgl. auch *Moses*, The Problems, S. 227, und *Weiss-Wendt*, The Soviet Union, S. 190 ff.

[64] *Weiss-Wendt*, Documents, Bd. 1, S. 37.

[65] *Schabas*, Der Genozid, S. 182, 187 f.

waren, nun darüber hinaus Opfern politischer Verfolgung.[66] Und sie war statt auf Gruppen auf „jede Person" bezogen, die sich „aus der begründeten Furcht vor Verfolgung"[67] außerhalb ihres Heimatstaates aufhielt. Da die Konvention auf Flüchtlinge fokussierte, die nicht die Staatsbürgerschaft des aufnehmenden Staates besaßen (bzw. staatenlos waren), gewann sie für den größeren Teil der bereits vor Jahren zwangsweise im Westen aufgenommenen deutschen Vertriebenen aus den östlichen Teilen des untergegangenen Reiches allerdings keine reale Bedeutung mehr.

---

[66] Vgl. *Zimmermann*, The 1951 Convention; *Selm*, The Refugee Convention.
[67] *UNHCR*, Zur Lage, S. 25.

III. Raphael Lemkins Distanz zum Ausrottungsbegriff des Nürnberger Militärgerichtshofs

Anders als beim Ausschluss politischer Genozide vermochten sich die Sowjets und einige in Lemkins Augen mit ihnen verbündete „Nürnberger Juristen" aus dem Westen an einer anderen Stelle nicht durchzusetzen, die für den künftigen Völkermordbegriff entscheidend war[68]: Beim Versuch, die UN-Konvention von vorneherein „auf der Basis der Statuten und des Urteils des Nürnberger Tribunals" gegen die NS-Hauptkriegsverbrecher zu erarbeiten. Am 20. November 1947 hatten die sowjetischen Vertreter im UN-Rechtsausschuss ausdrücklich vorgeschlagen, „an Stelle einer besonderen Konvention über die Verhütung und Bestrafung von Völkermord" einfach die Nürnberger Statuten „zum geltenden Recht zu erklären" und alles Weitere darauf aufzubauen. Sie erfuhren Unterstützung vom Rechtsberater des US-State Department, Adrian Fisher, der dem früheren Nürnberger Richter Francis Biddle nahestand, sowie vor allem auch von dem Labour-Politiker und britischen Chefankläger in Nürnberg, Sir Hartley Shawcross, der als Hauptdelegierter Großbritanniens bei den UN über einigen Einfluss verfügte. Lemkin hatte ihn persönlich im Verdacht, maßgeblich hinter der Haltung der britischen Regierung und damit für eine Völkermordkonvention „in Anlehnung an die Statuten und Beschlüsse des Nürnberger Gerichtshofs" zu stehen.[69]

---

[68] Vgl. *Weinke*, Gewalt, S. 164, derzufolge Lemkin die „Nürnberger" gar für eine Art Fünfte Kolonne Moskaus hielt.

[69] So hatte es Lordkanzler Viscount William Jowitt am 10. November 1948 im Oberhaus noch einmal bekundet. Memorandum Lemkins („Abänderungsvorschläge zum Gesetzentwurf über den Beitritt der Bundesrepublik zur Konvention vom 9. Dezember 1948 über die Verhütung und Bestrafung des Völkermordes") für den Rechtsausschuss des Bundestages (8. Januar 1954), S. 2f. ParlArch, Gesetzesdokumentation II/51 A, Dokument 11, Anlage 3. Wie Lemkin dabei übersah, dass Shawcross in seinem Widerstand gegen den Genozid-Ansatz „von London instruiert" war, intern dagegen durchaus für die Zustimmung des Vereinigten Königreichs kämpfte, zeigt dagegen *Irvin-Erickson*, Raphaël Lemkin, S. 157; vgl. auch ebd., S. 174. Im Memorandum Lemkins vgl. zum sowjetischen Vorstoß im UN-Rechtsausschuss (als Anlage 2) den Artikel aus der Wochenzeitschrift „America", Nr. 22, vom 30. August 1952, S. 514. Zur Richterbank und zum sonstigen Personal der Nürnberger „Prozessgemeinde" siehe den Überblick von Weinke, Die Nürnberger Prozesse, S. 31–35; zum Komplex Lemkin und Nürnberg: *Barett*, Raphael Lemkin, S. 35 ff.

III. Raphael Lemkins Distanz zum Ausrottungsbegriff

„Im harten Ringen" gelang es Lemkin dennoch, mit Hilfe zweier Präsidenten der UN-Generalversammlung, zunächst des Brasilianers Oswaldo Aranha, 1948 dann des Australiers Herbert Vere Evatt, einem seiner zentralen Anliegen zum Durchbruch zu verhelfen: An Stelle der „Übernahme militärischer Strafmaßnahmen, die [in Nürnberg, MK] vom Sieger einer unterworfenen Nation aufgezwungen wurden", sollte die Völkermordkonvention auf der freiwilligen „Annahme von Rechtsnormen" basieren.[70] Die UN-Entscheidung gegen einen „Nürnberger" Weg war vor allem auch deshalb von Belang, weil in der früheren Stadt der NSDAP-Parteitage die Straftat der „Ausrottung" als „Verbrechen gegen die Menschlichkeit" (bzw. gegen die „Menschheit"[71]) eng an den Zustand eines Angriffskrieges geknüpft worden war. Lemkin und seine Unterstützer hingegen wollten viel weiter gehen und „alle Arten von Völkermord in allen Teilen der Welt und zu allen Zeiten", also auch zu Zeiten formalen Friedens, ahnden können.[72]

Lemkin selbst hatte vor Ort in Nürnberg und vorher schon in Washington und London Überzeugungsarbeit geleistet. Denn er wollte erreichen, dass die Kläger Völkermord zu einem der Hauptanklagepunkte machten. Dem Militärtribunal war es aber wichtiger, einen Angriffskrieg zu verurteilen als in erster Linie den Massenmord an Juden und anderen.[73] Trotz der Skepsis der Briten und auch des Hauptanklagevertreters der USA, Robert H. Jackson, auf den Lemkin allerdings einwirken konnte,[74] fand mit amerikanischer Unterstützung schließlich „systematischer Genozid" zumindest im Kontext der „Vernichtung rassischer und nationaler Gruppen"[75] Aufnahme in die gemeinsame Anklageschrift vom Oktober 1945.[76] Das sei, wie Lemkin vielleicht

---

[70] ParlArch, Gesetzesdokumentation II/51 A, Dokument 11, Anlage 3: Memorandum Lemkins für den Rechtsausschuss des Bundestages (8. Januar 1954), S. 1 f. Vgl. auch *Cooper*, Lemkin, S. 274.

[71] Mit Hannah Arendt kann man die Übersetzung von „crimes against humanity" als „Verbrechen gegen die Menschlichkeit" für euphemistisch halten.

[72] Memorandum Lemkins für den Rechtsausschuss des Bundestages (8. Januar 1954), in: ParlArch, Gesetzesdokumentation II/51 A, Dokument 11, Anlage 3, S. 1 u. 5.

[73] *Naimark*, Genozid, S. 10.

[74] *Cooper*, Raphael Lemkin, S. 65. Auf britischer Seite war neben Shawcross mit G. D. Roberts auch ein weiterer Vertreter der Anklage gegen Lemkins Ansatz.

[75] *Power*, A Problem from Hell, S. 50.

[76] Explizit war dabei von „Juden, Polen, Zigeuner[n]" die Rede. *Taylor*, Die Nürnberger Prozesse, S. 132. Allerdings war das für „Verbrechen gegen die Menschlichkeit" zuständige französische Anklageteam, dem eigentlich die Aufgabe zugefallen wäre, den Massenmord an Juden und anderen „in den Mittelpunkt ihrer Anklage zu rücken", ganz im Gegenteil darum bemüht gewesen, diese Themen auszuklammern. Eine nähere Beleuchtung des Holocausts hätte nämlich auch Fragen nach der Beteiligung Vichy-Frankreichs an der nationalsozialistischen Vernichtungspolitik aufgeworfen. Vgl. *Weinke*, Die Nürnberger Prozesse, S. 49.

etwas zweckoptimistisch an die menschenrechtlich engagierte Frau des US-Präsidenten schrieb, eine solide Basis für die Anerkennung des Völkermordes „as an international evil", ja überhaupt für das Existenzrecht nationaler, rassischer und religiöser Gruppen.[77]

Die begriffskonservativen Nürnberger Juristen räumten dem „merkwürdigen" Genozidterminus aber dann während des Verfahrens doch nur eine marginale Rolle ein.[78] Neben Jackson erwähnten ihn explizit vor allem der Stellvertreter des britischen Anklägers, Sir David Maxwell Fyfe, während des Kreuzverhörs des einstigen „Reichsprotektors" von Böhmen und Mähren, Konstantin von Neurath, mit Bezug auf die NS-Politik gegen die tschechische Intelligenz,[79] oder im Schlussvortrag der französische Ankläger Auguste Champetier de Ribes.[80] Das Nürnberger Urteil am 1. Oktober 1946 kam dagegen ohne den Begriff Lemkins aus, und so wurde dieser Tag zum „schwärzesten [...] seines Lebens".[81]

Der Jurist verstand es aber bald darauf „fast im Alleingang"[82], ein neues internationales Forum, die im Oktober 1945 gegründeten Vereinten Nationen, für seine Ziele zu nutzen – mit dem erwähnten Zwischenergebnis der UN-Völkermord-Resolution 96 vom Dezember 1946. Die Sowjetunion und nicht minder Großbritannien verhielten sich zwar obstruktiv. Doch Lemkin gewann neben der Unterstützung vieler kleinerer Länder vor allem auch Mitstreiter in der (US-amerikanischen) Öffentlichkeit, die vom Jüdischen Weltkongress über Vertreter christlicher Kirchen bis zu Menschenrechtsaktivisten und sogar bis hinein ins State Department reichten. Auch viele einflussreiche Journalisten in den USA und weltweit ließen sich zunehmend von der „humani-

---

[77] *Cooper*, Raphael Lemkin, S. 72.

[78] *Moses*, The Problems, S. 202. Der Brite Shawcross gab zwar durchaus Bekenntnisse zur Nützlichkeit des Genozidbegriffs als analytisches Werkzeug ab, bevorzugte aber den Terminus der „crimes against humanity". *Cooper*, Raphael Lemkin, S. 71.

[79] *Korey*, An Epitaph, S. 25; *Irvin-Erickson*, Raphaël Lemkin, S. 143 f.

[80] Die systematische NS-Vernichtungspolitik gegen bestimmte nationale oder religiöse Gruppen, so der französische Jurist, stünde in der Geschichte der Christenheit so beispiellos dar, dass „der Begriff ‚Genozid' geprägt werden musste, um es zu definieren". *Paul*, Kritische Analyse, S. 30.

[81] *Cooper*, Raphael Lemkin, S. 77. Lemkin, der sich vorher bis zur Erschöpfung für seine Genozidkonzeption engagiert hatte, wurde anschließend krank und musste erst einmal in ein Militärhospital eingeliefert werden. Zu Lemkins vergeblichem Versuch, hinter den Kulissen im August 1946 auf das Urteil dahingehend einzuwirken, doch noch den Genozidbegriff zu verwenden, vgl. *Irvin-Erickson*, Raphaël Lemkin S. 148.

[82] So das sehr euphorische Urteil seines Biographen *Cooper*, Raphael Lemkin, S. 273. Zum Folgenden ebd., S. 274.

tären Aura"[83] des Völkermordbegriffs beeindrucken und begannen, den Genozid als „crime of the crimes" anzuerkennen.

Für Lemkin blieb der in Nürnberg noch dominierende Terminus der Ausrottung „eine ad hoc-Schoepfung für ein militärisches Strafgericht einem besiegten Volke gegenüber", während Genozid als „universaler Rechtsbegriff" sogar bereits ohne gesetzliche Grundlage „als Wort [...] in sich eine sittliche Verurteilung von unverantwortlichen Handlungen" enthalte. Bei der Vorbereitung der UN-Konvention setzte sich dieser Wortstreit fort, als der frühere „Nürnberger" Donnedieu de Vabres als Mitglied eines Expertengremiums – nunmehr allerdings vergeblich – versuchte, den Begriff „Völkermord" durch „Ausrottung" zu ersetzen bzw. dem „Neologismus" Genozid den bereits „bisher anerkannte[n]" (Nürnberger) Begriff des „Verbrechens gegen die Menschlichkeit" entgegenzustellen.[84] Letzterer war seit dem 19. Jahrhundert in den „Verrechtlichungsdebatten" zu entsprechenden Schreckenstaten immer wieder aufgetaucht. Er konnte einen Lemkin aber schon deswegen nicht vollends zufrieden stellen, weil hier die zunehmend auch an „Zivilisten", nicht mehr nur an Militärpersonen begangenen Verbrechen in den Mittelpunkt rückten,[85] wohingegen der Schutz nationaler „Gruppen" als solcher dahinter zurücktrat.

---

[83] *Moses*, The Problems, S. 202.
[84] ParlArch, Gesetzesdokumentation II/51 A, Dokument 11, Anlage 3: Memorandum Lemkins für den Rechtsausschuss des Bundestages (8. Januar 1954), S. 6.
[85] Vgl. *Lingen*, Crimes, S. 189, 337 ff.

IV. Lemkins Prägung durch
den defizitären Minderheitenschutz der Völkerbundszeit

So vielschichtig bis widersprüchlich die Absichten „der" (vielen) Konventionsautoren waren – die Beweggründe Lemkins liegen klar zutage. Dass der Holocaust bei einem Menschen, der darin einen großen Teil seiner Familie verloren hatte,[86] eine wesentliche Rolle spielte, ist mehr als offensichtlich: Am Abend nach der Verabschiedung der UN-Konvention sprach Lemkin tief berührt von einem „Epitaph auf dem Grab seiner Mutter".[87] Und doch bedurfte es nicht der Shoah, um für den 1900 in eine „polonisierte jüdische Familie"[88] zwischen Białystok und Baranawitschy hineingeborenen Lemkin den „Schutz ‚kleiner Nationen' "[89] zum Lebensthema werden zu lassen.

Vom antisemitischen Pogrom in Białystok 1906 – noch zu Zeiten zaristischer Herrschaft – hatte der kleine Junge auf dem Bauernhof seiner Eltern im Weiler Bezwodne früh erfahren,[90] Bücher zur Christenverfolgung im alten Rom, zum Schicksal der Mauren im Spanien der Inquisition oder zum Los der protestantischen Hugenotten in Frankreich verschlungen.[91] Beeinflusst auch von Gedanken Johann Gottfried Herders zum Ursprung der Sprachen und zur Geschichte der Nationen[92] glaubte Lemkin an die Einzigartigkeit menschlicher Kulturen und die Notwendigkeit ihres Schutzes, ob es sich dabei um jiddische Schtetl oder die Ureinwohner beider Amerikas handelte. Speziell Sprachen liebte er wegen ihrer Eignung, „nationale Nuancen auszudrücken",[93] und hatte sich bereits früh sieben davon angeeignet, als er im polnischen Lemberg 1920 folgerichtig philologische Studien aufnahm. Erst das Berliner Attentat auf einen der jungtürkischen Hauptverantwortlichen des Massenmordes an den Armeniern bewog ihn im Jahr darauf, das Studienfach zu wechseln und sich der Jurisprudenz zu verschreiben. Denn mit seinem Gerechtigkeitsgefühl war es schwer vereinbar, dass zwar der ar-

---

[86] *Cooper*, Lemkin, S. 72.
[87] *Power*, A Problem, S. 60.
[88] *Kornat*, Rafał Lemkin's Formative Years, S. 59.
[89] *Moses*, The Problems, S. 140.
[90] *Totten/Theriault*, The United Nations Genocide Convention, S. 3.
[91] So schreibt Lemkin in seinen Erinnerungen. *Frieze*, Totally Unofficial, S. 1.
[92] *Irvin-Erickson*, Raphaël Lemkin, S. 200.
[93] *Frieze*, Totally Unofficial, S. XXII.

IV. Lemkins Prägung durch den Minderheitenschutz der Völkerbundszeit

menische Attentäter vor ein Gericht gestellt wurde, die Verantwortlichen für die Verbrechen an den Armeniern dagegen nicht.[94]

Lemkins weitere politische Sozialisation erfolgte in einem Zwischenkriegspolen, das jenseits Marschall Józef Piłsudskis, den Lemkin bis zum Putsch von 1926 geschätzt hatte, stark auch von Roman Dmowskis antisemitischer und generell minderheitenfeindlicher „Endecja" (Nationaldemokratie) geprägt war.[95] Lemkins zeitweiliger Lebensmittelpunkt, die Region Lemberg, war damals einer der Brennpunkte des polnisch-ukrainischen Nationalitätenkonflikts: Ohne dass das vom Sejm in Warschau im September 1922 für einige ukrainischsprachige Teile der polnischen Republik in Ostgalizien beschlossene Autonomiestatut realisiert worden wäre, hatte die Konferenz der Botschafter der Siegermächte des Weltkrieges im März 1923 endgültig die völkerrechtliche Zugehörigkeit des Gebietes zu Polen anerkannt. Fortgesetzte Konflikte um Themen wie Schule und Zweisprachigkeit führten 1928 aber zu regelrechten „Lemberger Pogromen" und einer Völkerbundspetition des Ukrainischen Vereins in Berlin wegen einer, wie es hieß, polnischen „Vernichtungspolitik gegenüber den Ukrainern".[96]

Das Minderheitenschutzsystem des Völkerbundes war jedenfalls ein dauernder Begleiter des jungen Lemkin, der 1926 in Lemberg zum Doktor der Rechte promoviert wurde. Dies galt umso mehr, als der nach dem Krieg über den gefährdeten Nationalitäten im östlichen Europa aufgespannte rechtlich-politische Schutzschirm sich stark an dem Muster des von den Alliierten im Juni 1919 mit Polen geschlossenen „Kleinen Versailler Vertrages" orientierte. Der Ansatz des Vökerbundes bewährte sich allerdings nicht. Zum einen erwiesen sich die Beschwerdeverfahren vor dem Völkerbundrat als ziemlich zahnlos, zum anderen und vor allem kannte das System keinen Gruppenschutz, sondern im Wesentlichen nur individuellen Beistand.

Die Protektion bezog sich auf das, was wir heute Menschenrechte nennen, nicht auf ethnische Gruppen als solche. Diese erlangten trotz entsprechender Forderungen etwa aus der sudetendeutschen Sozialdemokratie nie Beschwerderecht. Besonders enthüllend war eine Äußerung des britischen Außenministers Sir Austen Chamberlain 1925 gewesen, wonach der Schutz der Minderheiten ohnehin nur dazu diene, deren Mitglieder „stufenweise darauf vorzubereiten, in der nationalen Gemeinschaft aufzugehen, der sie angehören".[97]

---

[94] *Power*, A Problem, S. 21; Lingen, Crimes, S. 145.
[95] *Irvin-Erickson*, Raphaël Lemkin, S. 31 f.; Dmowski propagierte, Polen müsse seine Juden loswerden – in ähnlicher Weise wie die Spanier es im 15. Jahrhundert praktiziert hätten.
[96] *Scheuermann*, Minderheitenschutz, S. 112 ff., Zitate S. 134. Zur Zeitgeschichte des multiethnischen Lemberg vgl. vertiefend Mick, Kriegserfahrungen.
[97] *Hilpold*, Minderheitenschutz, S. 171.

32 IV. Lemkins Prägung durch den Minderheitenschutz der Völkerbundszeit

Ein Gutachten des Ständigen Internationalen Gerichtshofs in Den Haag zum Streit um griechische Minderheitenschulen in Albanien kam 1935 – zwei Jahre vor dem Ende des Völkerbundes – zu spät: Ethnische und sprachliche Minderheiten, so hatte es dort geheißen, müssten nicht nur formelle Gleichberechtigung genießen, sondern auch „ihre ethnischen Eigenschaften, ihre Traditionen und ihre nationalen Charakteristika bewahren können".[98]

Lemkin sah das individualrechtlich orientierte Völkerbundsystem – ähnlich wie ein anderer Vordenker des Völkerrechts, der aus einer jüdisch-galizischen Familie stammende österreichisch-britische Jurist Hersch Lauterpacht – ziemlich kritisch: In vielen Fällen flagranter Verletzung der Schutzbestimmungen habe es versagt und unterdrückten Minderheiten nicht zu helfen vermocht.[99] Lemkins Überzeugungen von der Notwendigkeit des Schutzes nationaler Gruppen als solcher wurzelten dabei nicht in „herderian ontology"[100], nicht in atavistischen Nationstheorien „organischer oder romantischer Nationalisten"[101], sondern in Positionen zur nationalen Kulturautonomie ethnischer Gruppen, die österreichische Austromarxisten wie der jüdische Wiener Sozialdemokrat Otto Bauer und sein südmährischer Genosse Karl Renner im habsburgischen Vielvölkerreich entwickelt hatten. Das „Schützen nationaler Vielfalt" sahen sie für die Entwicklung des demokratischen Sozialismus in der Welt als unerlässlich an.[102] Die Zugehörigkeit zu bestimmten Nationen indes, die sie als historische Prozesse verstanden, hatte dabei auf freier individueller Entscheidung zu beruhen.

Eine linke Gegenposition – später wortmächtig auch von Lauterpacht vertreten[103] – kritisiert das Konzept nationaler Kulturautonomie als eine „Form von Gruppenrechten", die das höhere liberale Prinzip der „universellen politischen Gleichheit aller Bürger" fundamental verletze. Derlei Kritik übersah aber schon nach Auffassung Bauers und Renners, dass selbst moderne „liberale" Staaten nur allzu oft zentralisierende Einheiten bildeten, in denen fak-

---

98 *Veiter*, Nationalitätenkonflikt, S. 23 f., 27 f., Zitat S. 28.

99 *Irvin-Erickson*, Raphaël Lemkin, S. 33, 59. Instruktiv zu Lauterpacht auch das zweite Kapitel bei *Sands*, East West Street, S. 57–114.

100 *Irvin-Erickson*, Raphaël Lemkin, S. 67, mit Bezug auf *Segesser/Gessler*, Raphael Lemkin. Vgl. auch *Butcher*, A synchronized attack.

101 *Irvin-Erickson*, Raphaël Lemkin, S. 68; vgl. auch die Kritik von *Holmes* (The Matador's Cape), S. 166, Lemkins „nationaler Kosmopolitismus" sei eine „anachronistische Rückkehr zu ‚mittelalterlicher organischer Metaphorik' oder fundamentaler Verwirrung".

102 *Irvin-Erickson*, Raphaël Lemkin, S. 61.

103 Ebd., S. 142. Als abgewogene Position zu den „Verdiensten beider Argumentationslinien" vgl. *Sands*, East West Street, S. 385. Auch wenn es bedenkliche Unterscheidungen zwischen „wir und ihr" befördere: „the sense of group identity is a fact" (ebd., S. 380 f.).

tisch die „ethnonationale Identität dominierender Gruppen" zum Synonym für den Gesamtstaat wurde – zum politischen, ökonomischen und kulturellen Nachteil „minoritärer Gruppen".[104] Die Wahl, sich als Bürger in diesem Staat der Mehrheit vollständig anzupassen, war dabei in Wirklichkeit gar keine Option mehr. Den Individuen der minoritären Gruppe wurde die Assimilation vielmehr aufgezwungen, wenn sie ihre bürgerlichen Rechte und ihren Wohlstand sichern wollten.[105] Renner galt Kulturautonomie deshalb im glatten Gegenteil zu der an ihr geübten Kritik als „fundamental liberales Prinzip". Es bewahre doch gerade die Fähigkeit rationaler Individuen, wirklich frei zu wählen, welcher nationalen Gruppe sie anzugehören wünschten. Hier lag auch „das Herz von Lemkins Überzeugung, eine liberale Position zu vertreten", wenn er für den Schutz national-kultureller Gruppen – auch mittels eines Genozidverbotes – kämpfte.[106]

Darin bestärkt hatten Lemkin auch die Ansichten des bedeutenden russisch-jüdischen Historikers Simon Dubnow. Dem engagierten Anwalt kultureller Rechte der Juden im Reich des Zaren, wo viele am Ende des 19. Jahrhunderts diskriminiert, zur Auswanderung nach Palästina oder Amerika gedrängt und dezimiert worden waren, fühlte sich Lemkin verbunden. Nationale Kulturautonomie schien beiden eine Antwort gerade auch auf die Lage der jüdischen Minderheiten im östlichen Europa sein zu können, um das Fortbestehen von Schulen oder Synagogen zu sichern.[107] Selbst unter den dramatischen Umständen seiner Flucht aus dem nationalsozialistisch besetzten Polen ließ es sich Lemkin, folgt man seinen Erinnerungen, Anfang 1940 nicht nehmen, Dubnow, der eineinhalb Jahre später einer Massentötung im Wald von Rumbula zum Opfer fallen sollte, im lettischen Riga noch einen Besuch abzustatten. Über das dabei geführte Gespräch berichtete Lemkin später, Dubnow habe sein Ziel unterstützt, „die Zerstörung nationaler kultureller Gruppen zu ächten".[108]

Wie für Dubnow konnten für Lemkin Juden auch ohne gemeinsame Sprache, Vorfahren oder geographische Heimat eine Nation sein, wenn sie sich nur selbst als Nation wahrnahmen: als eine „family of mind".[109] Doch Lemkins „deep Jewish identity" war, wie das zweite Kapitel seiner Memoiren zeigt, nicht nur ein subjektives Bekenntnis im Sinne des Nationstheoretikers

---

[104] *Nimni*, Marxism, S. 177, vgl. auch *Irvin-Erickson*, Raphaël Lemkin, S. 63.
[105] *Irvin-Erickson*, Raphaël Lemkin, S. 63.
[106] Ebd., S. 64; vgl. auch ebd., S. 141. 1950 schrieb Lemkin dem zwischenzeitlich zum österreichischen Bundeskanzler avancierten Renner auch persönlich, wie sehr dessen Gedanken „zur Bedeutung nationaler Gruppen" sein Werk inspiriert hätten. *Irvin-Erickson*, Raphaël Lemkin, S. 64.
[107] Ebd., S. 59.
[108] Ebd., S. 60.
[109] Ebd., S. 66.

Ernest Renan, sondern hatte „objektive" Wurzeln: „in culture, rituals, literature, and observations of the religion".[110] Nationen und nationale bzw. ethnische Gruppen als „geistige Familien" – um zu verstehen, worum es Lemkin ging, wenn er die „Zerstörung von Gruppen als solchen" geißelte, muss man sich immer wieder die Ausgangspunkte seines Nationsbegriffs vergegenwärtigen. Er war wie viele ostmitteleuropäische Juden dieser Zeit[111] zweifelsohne ein „group rights thinker"[112], aber eben einer, dem es dabei auch und gerade um die Menschenrechte ging,[113] um das Recht von Individuen, „ihre eigenen Traditionen zu praktizieren und ihrer eigenen Subjektivität Ausdruck zu verleihen".[114] Lemkin hatte ein besonderes Gespür dafür, dass „universalistische Menschenrechte und partikularistische Gruppenrechte miteinander zu vereinen" waren[115] und dass objektiver und subjektiver Nationsbegriff in einem komplexeren Verhältnis zueinander stehen, als schreckliche Vereinfacher dies mitunter postulieren.[116]

So sehr Lemkin von emanzipatorischen Elementen der Herderschen Geisteswelt beeinflusst war, so entschieden wandte er sich gleichzeitig gegen jene Ansätze, die im 19. Jahrhundert den religiös überhöhten Volksbegriff des Ostpreußen in einen organisch-exklusiven Blut- und Boden-Nationalismus pervertiert hatten: einen Nationalismus, der später in erheblichem Umfang dazu benutzt wurde, „Völkermord zu rechtfertigen".[117] Lemkin blieb sich

---

[110] *Freeze*, Totally Unofficial, S. XXIV.
[111] Vgl. *Lingen*, Crimes, S. 181; *Moses*, Raphael Lemkin, S. 22.
[112] *Irvin-Erickson*, Raphaël Lemkin, S. 3.
[113] Vgl. auch *Cooper*, Raphael Lemkin, S. 66, 276.
[114] *Irvin-Erickson*, Raphaël Lemkin, S. 3. Vgl. dazu auch die geistesverwandte Definition dessen, was „eine der wesentlichsten Grundlagen des Volksgruppenrechts" sei, durch den Regensburger Völkerrechtler *Otto Kimminich* (Der Beitrag, S. 18): „das individuelle Recht des Einzelmenschen, sich zu einer bestimmten Volksgruppe zu bekennen".
[115] So hat es *Annette Weinke*, Gewalt, S. 117, formuliert.
[116] Lemkins Denken bietet damit auch ein anschauliches Gegenargument zu nach 1945 aufkommenden Tendenzen, politisch eher konservative Verfechter eines besseren europäischen (Volks-)Gruppenrechts in Südtirol oder Bayern (vgl. *Prehn*, Max Hildebert Boehm, S. 450) vom demokratischen Legitimitätspodest hinunterzustoßen und gleich unter „Faschismus"-Verdacht zu stellen. Vgl. etwa *Salzborn* (Ethnisierung der Politik, S. 36), der behauptet, Ordnungsvorstellungen der „Volksgruppen"-Theoretiker und Ethnopolitiker sowie insbesondere das Instrument des „Volksgruppenrechts" seien als „gefährliches Einfallstor rechtsextremer Ideologie in den gesellschaftlichen Diskurs im Kontext von Globalisierung, europäischer Integration und der damit wachsenden Bedeutung der europäischen Entscheidungsebene" anzusehen. Der Begriff der „Volksgruppe" war indes, anders als oft suggeriert, keine NS-Erfindung, sondern wurde u.a. (1921/22) von dem liberalen Politiker und späteren FDP-Bundespräsidenten Theodor Heuss geprägt. *Veiter*, Nationalitätenkonflikt, S. 25.
[117] *Irvin-Erickson*, Raphaël Lemkin, S. 6, 67f., 200 (Zitat).

IV. Lemkins Prägung durch den Minderheitenschutz der Völkerbundszeit

aber genauso bewusst, dass auch „liberale Nationalstaaten Genozid begehen können", wenn sie darauf insistieren, dass „die Aufgabe partikularer Identitäten eine Vorbedingung für den Erhalt liberaler Rechte und politischer Gleichheit" sei.[118] Als ein Lemkin verbundener österreichischer Ökonom ihm einmal vorhielt, Gruppen zu „natürlichen Objekten" zu erhöhen, indem er sie – statt der Individuen – zu fundamentalen Bausteinen der Welt erkläre, was „zwar nicht immer bei Hitler" ende, aber doch zu ihm hinführe, entgegnete der Jurist sinngemäß: Die gewaltsame Zerstörung von Gruppen zu ächten, bedeute nicht, diesen auch ewige Existenz ohne jegliche Veränderungen zu garantieren.[119]

Lemkin hatte nach seiner Promotion eine Tätigkeit in der polnischen Justiz aufgenommen, wobei sich der junge Warschauer Staatsanwalt (seit 1929) auch zunehmend mit Fragen des internationalen Strafrechts beschäftigte. Er war sich seiner Ziele bereits recht sicher, als im Herbst 1933 in Madrid die Jahrestagung des vom Völkerbund geförderten Internationalen Büros für die Vereinheitlichung des Strafrechts stattfand, in dem Lemkin Polen vertrat. Nach der Machtübernahme Hitlers, dessen Schriften hinsichtlich der zu erwartenden deutschen Außenpolitik Lemkin kannte und sehr ernst nahm,[120] hielt er die Zeit für gekommen, schon länger in ihm herangereifte Ideen im Rahmen der Konferenz öffentlich zu machen. Er reichte ein Papier ein, das die Regierungen verpflichten sollte, gegen eine geplante „Zerstörung ethnischer, nationaler und religiöser Gruppen" einzuschreiten.[121] Denn was im vergangenen Weltkrieg mit den Armeniern passiert sei, könne gerade infolge des Aufstiegs des Nationalsozialismus erneut geschehen.[122] Lemkin unterschied dabei zwischen zwei Verbrechensarten: „the crime of barbarity and the crime of vandalism. The first consisted of destroying a national or religious collectivity; the second consisted of destroying works of culture, which represented the specific genius of these national and religious groups. I wanted to preserve both", kommentierte Lemkin seinen Ansatz später, „the physical existence and the spiritual life of these collectivities."[123]

Nachdem eine antisemitische polnische Zeitung Lemkin wegen seines Positionspapiers vorgeworfen hatte, sich doch nur um den Schutz der eigenen „Rasse" zu sorgen, sah sich der Justizminister in Warschau veranlasst,

---

[118] Ebd., S. 201.
[119] Bei dem Ökonomen handelte es sich um Hans alias Leopold Kohr. *Irvin-Erickson*, Raphaël Lemkin, S. 68.
[120] Vgl. *Korey*, Lemkin's Passion, S. 79, sowie *Lemkin*, Axis rule, S. XI und XIII.
[121] *Power*, A Problem, S. 21; vgl. auch *Frieze*, Totally Unofficial, S. 21 f.
[122] *Power*, A Problem, S. 19.
[123] *Frieze*, Totally Unofficial, S. 22.

Lemkin die Reise nach Madrid zu untersagen.[124] Der junge Staatsanwalt fuhr auf eigene Kosten trotzdem und wusste auch dafür zu sorgen, dass sein Papier den Teilnehmern der Konferenz vorlag,[125] ohne damit aber angesichts fortschreitender Auflösungserscheinungen im Völkerbund viele Unterstützer zu finden. In ihrem mit einem Pulitzer-Preis ausgezeichneten Werk über Amerika im Zeitalter des Genozids beschreibt Samantha Power, wie Lemkin nun auf Druck des polnischen Außenministers Józef Beck, der damals bereits am Nichtangriffspakt mit Deutschland (vom Januar 1934) bastelte, wegen der „Beleidigung unserer deutschen Freunde" und fortgesetzter Kritik an Hitler entlassen wurde.[126] Ab 1934 verdiente Lemkin seinen Lebensunterhalt als Rechtsanwalt schwerpunktmäßig mit Steuerstrafsachen in Warschau.[127]

Als Lemkin später im amerikanischen Exil Anfang der 1940er Jahre an seinem Hauptwerk zur „Herrschaft der Achsenmächte" in Europa forschte, hatte sich der Kern seiner Grundüberzeugungen hinsichtlich des Gruppenschutzes nicht verändert. Die von der NS-Besatzungsmacht angewandten „Techniken des Genozids" untersuchte der Jurist weit ausdifferenziert in ihrer politischen, sozialen, kulturellen, ökonomischen, biologischen, physischen, religiösen und schließlich moralischen Dimension. Genozid, so formulierte Lemkin unmissverständlich, sei „directed against the national group as an entity, and the actions involved are directed against individuals, not in their individual capacity, but as members of the national group".[128] Ebenso klar thematisierte er das Problem der ethnischen Vertreibungen: Germanisierung oder Italianisierung seien viel zu begrenzte Begriffe für einen Prozess, bei dem die Bevölkerung in einem physischen Sinn angegriffen und weggeschafft werde, um sie durch Neuansiedler aus jener Nation zu ersetzen, von der die Unterdrückung ausgehe.[129] Als Beispiel nannte Lemkin hier die Ent-

---

[124] Ebd., S. XII, sowie S. 23.

[125] *Aschke*, Staatssouveränität, S. 13.

[126] *Power*, A Problem, S. 22. Die Darstellung wird von dem Rechts- und Politikwissenschaftler Ryszard Szawłowski, der eine umfangreiche „intellektuelle Biographie" zu dem „Polnischen Juristen, Schöpfer des Begriffs ‚Genozid' (Völkermord) sowie Initiator und Hauptarchitekt der UN-Völkermordkonvention vom 9. Dezember 1948" vorgelegt hat (*Szawłowski*, Rafał Lemkin) bezweifelt (*Szawłowski*, Raphael Lemkin's Life Journey, S. 34f.), wobei dessen Relativierung antisemitischer Tendenzen in Polen (ebd., S. 36ff.), die bekanntlich bis zu regierungsamtlichen Planungen für eine Vertreibung von Juden nach Madagaskar reichten, seinerseits Fragen aufwirft. Vgl. dazu auch *Timothy Snyder*, Anmerkungen, S. 52. Zu Lemkins kritischer Haltung gegenüber dem deutsch-polnischen Pakt von 1934 vgl. *Frieze*, Totally Unofficial, S. 22.

[127] Vgl. *Aschke*, Staatssouveränität, S. 13, demzufolge Lemkin vorher selbst um Entlassung aus dem Staatsdienst nachgesucht hatte.

[128] *Lemkin*, Axis rule, S. 79.

[129] Ebd., S. 80.

fernung von westpolnischer Bevölkerung durch die NS-Behörden, um im „Reichsgau Wartheland" Platz für deutsche Umsiedler aus dem Baltikum, Bessarabien oder Ostpolen zu machen.[130]

Alles in allem lässt sich ein Befund der beiden Genozidforscher Michael A. McDonnell und A. Dirk Moses bestätigen: Der „intellektuelle Durchbruch", der zum Konzept des Genozids führte, erfolgte bei Lemkin schon vor dem Holocaust. Für seine Erkenntnisprozesse spielten aber nicht nur frühmoderner und moderner Kolonialismus eine Rolle.[131] Wichtig hierfür waren neben der armenischen Katastrophe von 1915/16 gerade auch die Erfahrungen Lemkins mit dem mangelhaften Schutz jüdischer und anderer Minderheiten in den 1920 und 1930er Jahren[132] bis hin zu zeitgenössischen Massakern an assyrischen Christen[133] im Königreich Irak.

Auch nach 1945 hatte Lemkin bei seinem völkerrechtlichen Engagement trotz der unmittelbar zurückliegenden Shoah und des Schicksals seiner Familie keineswegs ausschließlich jüdische Opfer im Blick.[134] Womöglich trug dazu bei, dass osteuropäische Exilpolitiker jüdischen Organisationen ausdrücklich davon abrieten, auch nur einen solchen Anschein zu erwecken.[135] In veröffentlichten wie unveröffentlichten Texten, etwa im Manuskript „The Hitler case", zeichnete Lemkin das jüdische Schicksal nicht als ein irgendwie „spezielles", von der NS-Vernichtungspolitik gegen andere Gruppen wie Russen oder Polen prinzipiell zu trennendes.[136] Genozid, das waren für ihn „not only the gas chambers in the Holocaust, it was intended group destruction".[137] In Entwürfen für ein geplantes Buch zur Geschichte des Genozids schrieb der Jurist auf dieser Argumentationslinie in kaum zu überbietender Deutlichkeit (1947): Völkermord sei gerade kein „außergewöhnliches

---

130 Ebd., S. 83. Zur Einordnung von Lemkins Studie vgl. auch *Weinke*, Gewalt, S. 121 ff., für die „Axis rule" auf eine Kennzeichnung der NS-Besatzungspolitik als „koloniale Ordnung neuen Typs" hinausläuft. Angesichts der in diesem Kontext zu sehenden Verbrechensarten hätte die Haager Landkriegsordnung nicht mehr ausgereicht.
131 *McDonnell/Moses*, Raphael Lemkin, S. 57.
132 Zur Beziehung zwischen Lemkins Gruppenbegriff und den Minderheitenschutzabkommen der Zwischenkriegszeit in völkerrechtlicher Perspektive vgl. auch *Oliveira Santos*, Der Bedeutungsgehalt, S. 32–40.
133 Vgl. *Weinke*, Gewalt, S. 117.
134 Vgl. auch die Beobachtung *Lingens*, Crimes, S. 231, dass der Holocaust in Lemkins 700-Seiten Buch zur Achsenherrschaft quantitativ „auffällig unterbelichtet" bleibe, wobei qualitativ durchaus seine „Besonderheit […] als völkerrechtlicher Präzedenzfall" betont werde.
135 *Weinke*, Gewalt, S. 120.
136 *Stone*, Raphael Lemkin, S. 97, 101 f.
137 *Frieze*, Totally Unofficial, Introduction, S. XVI.

Phänomen", es trete in Beziehungen zwischen Gruppen vielmehr „mit einiger Regelmäßigkeit" auf.[138]

A. Dirk Moses hat kürzlich – wenn wir richtig sehen, abweichend von früheren eigenen Befunden – die These aufgestellt, Lemkin sei „offensichtlich" davon ausgegangen, „dass biologische Angriffe eine unentbehrliche Komponente des Völkermords seien". Damit habe der zionistisch gesinnte Jurist das Schicksal der geflohenen bzw. vertriebenen arabischen Bevölkerung Palästinas 1947/48 von dem der Juden infolge der „Nazi-Politik" abheben können. Moses neuer Ansatz will allerdings nicht recht überzeugen, ebensowenig die damit verbundene Schlussfolgerung, die UN hätten mit der Konvention vom Dezember 1948 den Ansatz des Jüdischen Weltkongresses übernommen, „Völkermord dem Holocaust ähneln zu lassen".[139] Lemkins oben geschilderte Probleme mit dem Begriff der „Ausrottung" widersprechen der Deutung von Moses nicht weniger als Lemkins unten noch zu vertiefende Bemühungen, die Vertreibung der Deutschen als Völkermord einzustufen.

Die Argumentation von Moses will sich auch nicht ganz in seine These fügen, wonach die UN-Konvention zwar in einem gewissen Kontrast zu Lemkins breitem Genozidansatz stehe, aber doch auch einiges von Lemkins „deliberate ambiguity" aufgenommen habe: Nämlich dessen Ziel, die „genozidale Absicht" bereits auf die bloße „Zerstörung" einer Gruppe zu beziehen.[140] Lemkin kann aber wohl kaum ausschließlich auf eine physisch-biologische Zerstörung (sprich: Ausrottung) von Gruppen im Sinne größtmöglicher Ähnlichkeit mit der Shoah abgezielt haben, wenn sein Ansatz andererseits „absichtlich zweideutig" war.[141]

Um die plötzlich so heftige Lemkin-Kritik von Moses einordnen zu können, muss man den Ausgangspunkt seiner „Problems of Genocide" etwas näher betrachten. Der australische Forscher fürchtet nämlich neuerdings, dass die „Idee" des Genozids unser Denken über „zivile Zerstörung" deformiere und uns blind werden lasse für bestimmte militärische Arten der Tötung von Zivilisten etwa qua Flächenbombardierung oder infolge von „Kollateralschäden" durch Raketen und heutzutage auch durch Drohnenangriffe, die selbst von westlichen Regierungen akzeptiert würden. Das Gegenargument, es sei dabei immerhin nicht Ziel des Angreifers, „Völker zu zerstören", akzeptiert

---

138 *Moses*, Weltgeschichte und Holocaust, S. 200.

139 Die deutsche Übersetzung der Zitate aus A. Dirk Moses Buch, The Problems of Genocide, passim, ist hier dem Artikel von *Omer Bartov*, Blinde Flecke, entnommen. Vgl. auch *Bartov*, Blind Spots of Genocide.

140 *Moses*, The Problems, S. 238.

141 Und er könnte dann auch nicht geradezu „genial opportunistisch" (*Moses*, The Problems, S. 203) gewesen sein, indem er kraft seines weiten Genozidbegriffs jüdische und nicht-jüdische Opfer der NS-Zeit zusammenzufügen verstand.

Moses nicht, weil das am Schicksal der Opfer prinzipiell nichts ändere.[142] Der „Fetisch des Genozids" als „crime of crimes", so spitzt Moses seine Kritik weiter zu, würde viele andere Formen der Massengewalt gegen Zivilisten letztlich sogar „eher lizenzieren als ächten".[143] Lemkin verübelt er dabei insbesondere, dass dieser 1944 mit seinem Genozidbegriff, statt auf die damals bereits sichtbaren Methoden moderner Kriegführung durch strategisches Bombardieren oder Hungerblockaden gegen Zivilisten zu reagieren, auf ethnische bzw. nationale Gruppen als „Opfer massiver Hassverbrechen" fokussiert habe. Und auch hier sei das Movens von Lemkin „sein Zionismus" und seine Affinität zur „vulnerablen kulturellen Identität" kleiner Nationen gewesen.[144]

Um am Denkmal Lemkins rütteln und ihm die konzeptuelle Vermengung biologischer und kultureller Dimensionen von Nation vorhalten zu können,[145] taucht Moses dessen zionistische Phase in ein möglichst grelles Licht. Habe in Lemkins Familie nicht eine „tief ritualisierte Erinnerungskultur" geherrscht, in der die „kollektive Verfolgung" der Juden als anhaltende Bedrohung im Mittelpunkt stand? Habe nicht Lemkin selbst es (1925) als „bitteren Gedanken" bezeichnet, dass viele Juden dem Hebräischen als ihrer „national language" so indifferent gegenüberstünden. Ja, habe der junge Jurist nicht sogar die Ermordung eines für antisemitische Pogrome während des russischen Bürgerkrieges verantwortlichen ukrainischen Nationalistenführers in Paris durch den aus Bessarabien stammenden jüdischen Dichter und Anarchisten Scholom Schwartzbard 1926 ein „schönes Verbrechen" genannt?[146] Laut Moses hat Lemkin sein „lebenslanges zionistisches Engagement für eine jüdische Eigenstaatlichkeit in Palästina" in seiner Autobiographie aber später weg-„stilisiert" und so getan, als sei es ihm von jeher besonders um die kleinen christlichen Völker gegangen.[147]

Nun sind die zionistischen Überzeugungen Lemkins in den 1920er Jahren durch Forschungen James Loefflers in der Tat hinreichend gut belegt.[148] Doch dafür, dass sich daran bis in die 1940er Jahre hinein nichts geändert haben soll, erbringt Moses keinen Beweis. Wenn er herausstellt, wie sehr

---

142 *Moses*, The Problems, S. 1.
143 Ebd., S. 11 f.
144 Ebd., S. 18.
145 Ebd., S. 149.
146 Ebd., S. 140, 142, 143, sowie *Loeffler*, Becoming Cleopatra, S. 343, 348. Wie sehr das Attentat auf den ukrainischen Exilpolitiker Symon Petljura Lemkins Aufmerksamkeit fesselte, schildert auch *Kornat*, Rafał Lemkin's Formative Years, S. 61 f.
147 *Moses*, The Problems, S. 137, 144.
148 *Loeffler*, Becoming Cleopatra; vgl. auch *Loeffler*, The Law, sowie *ders.*, Rooted Cosmopolitan.

Lemkin das Hebräische gegenüber dem Jiddischen bevorzugte,[149] steht das doch eher im Kontrast zu eigenen früheren Einschätzungen, die Lemkins Nähe zu den säkular-sozialistischen „Bundisten" betonten.[150] Denn die auf den Allgemeinen Jüdischen Arbeiterbund im spätzaristischen Russland zurückgehende Organisation lehnte eine Wiederbelebung des Hebräischen gerade ab und warb für das Jiddische.

Wo immer Lemkin hier genau stand, eines bleibt festzuhalten. Es war nicht allzu schwer, als junger Mensch mit jüdischen Wurzeln im Osteuropa der Zwischenkriegszeit zum Zionisten zu werden. Wenn Lemkin eine jüdische Staatsbildung in Palästina damit rechtfertigte, dass die arabische Gesellschaft dort zu wenig entwickelt sei, um sie als Nation qualifizieren zu können,[151] so ist das kritikwürdig. Dennoch konnte man sich zweifelsohne auch vom Ausgangspunkt jüdischer Gruppenrechte her zum Generalanwalt gefährdeter Nationalitäten weltweit entwickeln.[152] Lemkin ging es jedenfalls schon in einer Denkschrift, die er als Berater der US-Regierung dem Präsidenten Franklin D. Roosevelt während des Krieges vorlegen konnte, um den künftigen Schutz ethnischer Minderheiten in ganz Europa. Washington solle dieses Anliegen zu einem seiner vordringlichen Kriegsziele machen.[153]

---

[149] *Moses*, The Problems, S. 147.

[150] So auch *Omer Bartov*, Blinde Flecke, demzufolge Moses sich mit „der Veröffentlichung dieses Buches den Teppich unter seinen eigenen Füßen weggezogen" habe.

[151] *Moses*, The Problems, S. 357.

[152] Die in manchem widersprüchlichen Thesen von Moses hat *Omer Bartov* (Blinde Flecke) als neuen Revisionismus auf der Suche nach einer Alternative zwischen „einem nicht mehr existierenden Kommunismus und einem diskreditierten Kapitalismus" gedeutet. Heruntergebrochen auf den Nahost-Konflikt sei für Moses das zionistische Genozidkonzept Lemkins bis heute „eine direkte Ursache der palästinensischen Unterdrückung", weil es den Arabern „die Rolle von Schurken in einem globalen Drama über die Verhinderung von Völkermord als ‚zweitem Holocaust'" zuweise.

[153] *Power*, A Problem, S. 28. Zu Lemkins Prägungen in der Zwischenkriegszeit jetzt auch *Carmichael*, Raphael Lemkin.

V. Vertreibung als Zerstörung einer „Gruppe als solcher"

Eines der wichtigsten Themen der Exegese der UN-Konvention ist bis heute der Zerstörungsbegriff in seinen vielfältigen Facetten.[154] Dabei geht es juristisch um die Frage, ob „Zerstörung", die im ersten Teil von Artikel II „Bestandteil der Absicht ist", der im zweiten Teil von Artikel II stellenweise „definierten physischen oder biologischen Zerstörung entsprechen muß". Schließlich könne ein Staat, so meint etwa Schabas, auch die Absicht haben, eine Gruppe durch Beseitigung ihrer politischen Strukturen, Wirtschaft und Kultur zu zerstören, „nicht aber ihre physische Existenz im Sinne von Massentötungen oder ähnlichen Handlungen". Im Zuge solcher Maßnahmen „könnte es" vielleicht sogar nur zufällig auch vorkommen, dass „Mitglieder der Gruppe getötet würden". Werde „die Zerstörung einer Gruppe unter dieser weitgefaßten Perspektive gesehen", so argumentiert hier selbst der stark am physisch-biologischen Genozidbegriff orientierte Schabas, „würden diese Tötungen [...] der Definition von Völkermord entsprechen, obgleich nicht die Zerstörung der Gruppe durch Tötung die Absicht ist".[155] Der „Wortlaut der UN-Konvention" lasse diese Auslegung zu und könne „sogar die Ausweitung der Konvention auf Fälle wie ‚ethnische Säuberungen' erleichtern".[156]

Das bemerkenswerte Fazit des bekannten Völkerrechtlers wird durch einen weiteren Punkt noch klarer, den er hinzufügt. Ein Gericht, das sich „die großzügigere Auffassung" zu eigen machen wolle – sprich: die Definition als Zerstörungsgenozid –, „könnte sich [...] auf den Text selbst stützen, auf die Ziele der Konvention" sowie auf die „Notwendigkeit einer dynamischen Auslegung von Rechtsurkunden zum Schutz der Menschenrechte". Schabas verweist obendrein auf einen juristischen Grundsatz, wonach der „Rückgriff auf die vorbereitende Arbeit zu einer Konvention", auch wenn sie bei der UN-Genoziddefinition seines Erachtens die Ausrottungsthese stützt, „nur autorisiert" sei, wenn „durch den gewöhnlichen Sinn der Bestimmung, in ihrem Kontext und im Licht ihres Zieles und Zwecks betrachtet, die Bestimmung ‚mehrdeutig oder dunkel'" bleibe.[157] Das aber wird man von der UN-Völkermordkonvention kaum pauschal behaupten können.

---
[154] Einen guten Überblick dazu bieten *Totten/Theriault*, The United Nations Genocide Convention, S. 20 ff., 44.
[155] *Schabas*, Der Genozid, S. 304 f.
[156] Ebd., S. 305.
[157] Ebd., S. 306.

Das Wiener Übereinkommen über das Recht der Verträge hielt diesen Rückgriffsgrundsatz zwar erst 1985 direkt fest.[158] Doch man ging bereits 1954, als in der Bundesrepublik über den Beitritt zur UN-Konvention diskutiert wurde, nach einiger Nachhilfe durch Lemkin offensichtlich vom „gewöhnlichen Sinn der Bestimmung" bzw. von ihrem Wortlaut aus: von einer weiten, Vertreibungen mitumfassenden Definition von Völkermord. Dies wird später umso mehr zu vertiefen sein, als die Linie eines engeren, auf physische „Ausrottung" bezogenen Genozidbegriffs während der Diskussionen im Plenum des Bundestages und im Rechtsausschuss 1954 alternativ ebenfalls eingehendst erörtert, aber letztlich dann klar und deutlich verworfen wurde.

In Würdigung der offiziellen Aufzeichnungen zur Entstehungsgeschichte der UN-Konvention (*Travaux préparatoires*) sollte zudem stärker als bei Schabas berücksichtigt werden, dass das zusammen mit dem Exodus der Deutschen aus dem Osten größte Vertreibungsgeschehen dieser Zeit in Genf immer wieder thematisiert worden war: In den kritischen Tagen im Herbst 1948, als die Briten mit dem Argument Stimmung gegen eine Genozidentschließung machten, das praktisch einzige Mittel gegen drohenden Völkermord wäre doch Krieg, stand im Rechtsausschuss Begum Ikramullah aus Pakistan für die Konvention auf und sagte, diese werde auch „mit dem Blut und den Tränen von über einer Million Muslimen geschrieben", die unmittelbar vorher „im Genozid während der Teilung Indiens ums Leben kamen".[159] Angesichts der schönen Frau im Sari, deren Werben für eine UN-Übereinkunft tiefen Eindruck hinterlassen sollte, kam es Lemkin vor, als sei „ein Engel" in den schmucklosen Verhandlungsraum geschwebt.[160]

Die Präsenz des Themas ethnischer Vertreibungen in den Konventionsdebatten trug ihren Teil dazu bei, dass die offizielle Haltung der amerikanischen und britischen Regierung, Genozid und Vertreibung klar zu trennen, in den Zivilgesellschaften beider Länder keineswegs unumstritten blieb. Der britische Philosoph Bertrand Russell hatte auch schon früher, gleich im Herbst 1945, die Öffentlichkeit mehrfach aufgerüttelt, weil derzeit „offensichtlich vorsätzlich versucht" werde, „viele Millionen Deutsche zu vernichten [im Original: „exterminate"], nicht durch Gas, sondern indem man sie ihres Zu-

---

[158] BGBl. 1985 II, S. 927. Vgl. auch *Schabas*, Der Genozid, S. 306.
[159] *Irvin-Erickson*, Raphaël Lemkin, S. 179.
[160] Ebd., S. 180. Schon im Februar 1948 war Pakistans Außenminister Khan von Lemkin angesichts der britischen Widerstände gegen sein Genozidkonzept veranlasst worden, Indien des Völkermords an seinen Muslimen zu bezichtigen, was auch „die Briten in das Verbrechen verwickelte". Ebd., S. 170. Der ägyptische Delegierte stimmte nicht nur der pakistanischen Position zu, sondern sprach auch noch von „zionistischen Massakern in palästinensischen Dörfern vor dem Mai 1948". *Irvin-Erickson*, Raphaël Lemkin, S. 185.

hauses und ihrer Nahrung beraubt und sie dem langsamen und quälenden Hungertod" überlasse, dazu sogar vormalige NS-Konzentrationslager wie Theresienstadt[161] weiter nutzend. Zu den Zuständen in vielen Vertriebenentransporten aus „Polen" und andernorts schrieb Russel: „Many are dead when they reach Berlin". Manche Helfer würden die Zustände am Bahnhof dort als „Belsen all over again" schildern, wo die Toten per Karren vom Gleis weggebracht würden.[162]

Bereits ein Jahr nach den Potsdamer Vertreibungsbeschlüssen bemerkte ein Rezensent jüdisch-ungarischer Herkunft zu Lemkins „Herrschaft der Achsenmächte" im „American Journal of Sociology", der „hochentwickelte Rechtsapparat" der Studie könne nicht nur gegen die besiegten Nazis, sondern auch gegen die Alliierten zum Einsatz kommen, weil deren Praktiken „tatsächlich sogar die schlimmsten Nazi-Exzesse inkludierten": „‚genocide', the mass extinction of civilians, is the fate of millions of Germans driven, under inhuman conditions, from their homes in East-Central-Europe".[163] Anfang 1950 war schließlich selbst im US-Senat bei einer Anhörung zur Ratifizierung der UN-Konvention von einer „genozidale[n] Absicht" oder zumindest einer „genozidale[n] Fahrlässigkeit" der US-Staatsführung während der Potsdamer Konferenz 1945 die Rede.[164]

---

[161] Oft wird übersehen, dass es sich dabei nicht um eine Weiternutzung des zeitweiligen „Vorzeige-Ghettos" für Juden in der Garnisonsstadt handelte, sondern um die erneute Verwendung der Kleinen Festung, in der überwiegend tschechische Widerständler eingesperrt gewesen waren.

[162] The Times, 19. Oktober 1945, sowie New Leader, vom 8. Dezember 1945, zit. bei *Shaw*, What is genocide, S. 55. Zur historischen Einordnung der Vorgänge Douglas, „Ordnungsgemäße Überführung", S. 152.

[163] So *Shaw*, What is Genocide, S. 54, mit Bezug auf Melchior Palyi. Vgl. später etwa auch eine Einschätzung des Abgeordneten im US-Repräsentantenhaus, B. Carroll Reece, dass die Vertreibung der Deutschen „das Verbrechen des Völkermords" einschließe. *Ermacora*, Die sudetendeutschen Fragen, S. 122.

[164] So äußerte sich James Finucane vom Nationalen Rat für Kriegsverhütung laut *Schabas*, Der Genozid, S. 258. Doch sei Finucane, so *Moses* (The Problems, S. 399), von den Senatoren nur „freundlich ignoriert worden". Zum Hintergrund der Debatten im US-Senat vgl. auch *Cooper*, Raphael Lemkin, S. 194 ff., sowie *LeBlanc*, The United States, S. 39 ff.

VI. Die Rolle Lemkins beim Konventionsbeitritt der Bundesrepublik 1954

Nachdem die Bundesrepublik von den Vereinten Nationen 1950 aufgefordert worden war, der 1951 rechtsverbindlich werdenden Völkermordkonvention ebenfalls beizutreten, hatte das Bundesjustizministerium mit Vorarbeiten begonnen, um den erforderlichen Schritt an geltendes innerdeutsches Recht anzupassen. Aus der Begründung des ersten Gesetzentwurfs war ersichtlich, dass die in Art. II der Konvention definierte Zerstörung bestimmter Gruppen als „Vernichtung" im Sinne von „Ausrottung" verstanden werden sollte.[165] In dieser Logik ergab sich für die Juristen im Regierungsapparat dann freilich selbst ein Widerspruch zu den im selben UN-Artikel „aufgeführten Ausrottungshandlungen" von Tötung über Körperverletzung und Verursachung schwerer seelischer Schäden bis zu Kindesverschleppung, die zwar „bereits vorhandene Tatbestände" des StGB erfüllten, „dem besonderen Unrechtsgehalt des Ausrottungsverbrechens" aber nicht alle gleichermaßen gerecht würden.

Der Entwurf gedachte dies mit einer neuen Vorschrift in einem § 220a StGB zu ändern, der „alle Begehungsformen der Ausrottung" als „Verbrechen und Vergehen wider das Leben" zusammenfasste.[166] Völkermord sollten laut Gesetzentwurf mehrere vorsätzliche Handlungen sein, die in der Absicht unternommen wurden, „eine Bevölkerungsgruppe, die durch Abstammung, Herkunft oder Glauben ihrer Mitglieder bestimmt ist, ganz oder teilweise auszurotten". Weshalb die UN-Konvention von Gruppen „*als solchen*"[167] gesprochen hatte – nämlich, um anzuzeigen, dass das essentielle Element des Völkermords der Angriff auf Gruppenmitglieder nicht wegen ihrer „individuellen Identität" ist, sondern wegen ihrer schieren Zugehörigkeit zu der angegriffenen Gruppe[168] –, wollte sich den Autoren des Gesetzentwurfs bei ihrer Fokussierung auf die „Ausrottung" ebenfalls nicht recht erschließen, weshalb sie die beiden Worte als vermeintlich überflüssig beiseiteließen.

---

[165] In der Begründung war im Wortlaut statt der Substantive adjektivisch von „vernichten" und „ausrotten" die Rede. ParlArch, Gesetzesdokumentation II/51 A, Dokument 4: Entwurf eines Gesetzes […], S. 2 ff., Zitat S. 4.

[166] Ebd., S. 4.

[167] Hervorhebung M. K.

[168] Vgl. *Blumenwitz*, Rechtsgutachten, S. 34 f.

VI. Die Rolle Lemkins beim Konventionsbeitritt der Bundesrepublik 1954

Der in New York lebende Lemkin hatte sich im Sommer 1953 erstmals per Interview mit einer deutschen Tageszeitung in den schleppenden Bonner Ratifikationsprozess eingeschaltet, zu einem Zeitpunkt, als der Gesetzentwurf, über zweieinhalb Jahre nach der Aufforderung aus New York, immer noch nicht vorgelegen hatte.[169] Lemkin monierte dies ausdrücklich. Doch sein Engagement für ein bundesdeutsches Beitrittsgesetz, das nicht zuletzt „die strafrechtliche Ahndung von Verfolgungsmaßnahmen an den deutschen Minderheiten in Ost- und Ostmitteleuropa" ermöglichen sollte, traf in den Ministerien bei etlichen (Völker-)Rechtsexperten auf Skepsis, sei es wegen der schwierigen praktischen Anwendbarkeit auf Vertreibungsverbrechen unter den Umständen des Kalten Krieges,[170] sei es weil ein intensiveres Thematisieren dieses Komplexes womöglich Anlass gegeben hätte, im Gegenzug neues Licht auf damalige Aktivitäten der Bundesregierung zur vorzeitigen Freilassung „Nürnberger" und anderer Kriegsverbrecher zu werfen.[171]

Erst nach der Bundestagswahl im Herbst 1953, einer parlamentarischen Anfrage der weiterhin zur Adenauer-Koalition zählenden rechtskonservativen Deutschen Partei und „Forderungen der Vertriebenenverbände" kam nun Bewegung in die Sache.[172] Am 17. November 1953 stimmte das Bundeskabinett dem gemeinsamen Gesetzentwurf von Justizministerium und Auswärtigem Amt endlich zu.[173] Als Lemkin aber innewurde, welcher Text da Mitte Dezember 1953 den Bundesrat passierte,[174] legte er „als Verfasser der Konvention" im Januar 1954 umgehend beim Vorsitzenden des Rechtsausschusses des Bundestages, Matthias Hoogen (CDU), Protest ein.

Die Übernahme des Begriffs der „Ausrottung" in das deutsche StGB, für Lemkin letztlich ein „gezielter Sabotageversuch linker Menschenrechtsaktivisten"[175], würde für die Bundesrepublik erhebliche Nachteile zeitigen. Der

---

[169] Zu seinem Gespräch mit dem Berliner Tagesspiegel am 16. August 1953 sowie zu einem späteren offenen Brief an Adenauer (vom Januar 1954) vgl. *Kraft*, Völkermorde im 20. Jahrhundert, S. 107, sowie *Kraft*, Raphael Lemkin, S. 172f. Die Vertriebenenkorrespondenz (30. Januar 1954, S. 7) druckte Lemkins Brief, in dem sich der New Yorker Jurist sehr tief vor dem Bundeskanzler verbeugte und ihm mitteilte, sich das „Studium aller Phasen der Völkermorde in Vergangenheit und Gegenwart und die Bekämpfung, Verhütung und Bestrafung dieser Verbrechen […] zur Lebensaufgabe gemacht" zu haben, in voller Länge ab.

[170] Vgl. *Weinke*, Geschichte, S. 168f., die von „sogenannten ‚Vertreibungsverbrechen'" spricht.

[171] Mitten im Bundestagswahlkampf hatte Adenauer etwa im Juli 1953 den bekannten Waffen-SS-General Kurt Meyer im Gefängnis in Werl besucht.

[172] Vgl. *Weinke*, Geschichte, S. 166, 170 (Zitat).

[173] BArch, Die Kabinettsprotokolle der Bundesregierung (Online): 8. Kabinettssitzung am 8. November 1953, Top 6.

[174] Drucksache BR 495/53 vom 18. Dezember 1953.

[175] *Weinke*, Geschichte, S. 167.

„Ausrottungsbegriff" bedeute nämlich „eine Verengung" des 1948 durchgesetzten „internationalen Begriffes des Völkermordes" und würde im Falle seiner Einführung „eine bedeutende Rechtsungleichheit" zwischen innerdeutscher und „äußerer Gültigkeit" der Völkermordkonvention schaffen. Die „Verengung" würde zudem die Anwendung der Konvention „zur Unterstützung wesentlicher Anliegen der Bundesrepublik Deutschland in dieser Frage (Austreibung im Osten, Zwangsarbeitslager,[176] etc.) – die zwar den Tatbestand des Völkermordes, nicht aber den der Ausrottung erfüllen – praktisch unmöglich machen." Moskau habe doch genau deswegen den engeren „Ausrottungsbegriff" schon in der Zeit der Konventionsberatungen 1947/48 so favorisiert; und es wäre, so Lemkin sinngemäß, geradezu paradox, der sowjetischen Position „auf dem Weg der Einführung ins Deutsche Strafgesetzbuch doch noch Anerkennung und Erfolg zuteil werden" zu lassen.[177]

Lemkin vermisste auch die Worte von der zu zerstörenden Gruppe „als solcher" im Gesetzentwurf der Bundesregierung schmerzlich, weil sie „einen wichtigen Unterschied zwischen dem Begriff ‚Völkermord' und dem Nürnberger Begriff ‚Verbrechen gegen die Menschlichkeit' bilden" würden. Die Formulierung „teilweise zu zerstören", so klärte Lemkin den bundesdeutschen Rechtsausschuss in diesem Zusammenhang weiter auf, sei deshalb in die Konvention aufgenommen worden,[178] weil z. B. die baltischen Nationen, ihrer geistigen Führung beraubt, nach 1940 „als Gruppen zerstört" worden seien – „ein Factum, der [sic!] unter den Begriff des Völkermordes fällt" –, aber eben „keineswegs ausgerottet". Der enge Begriff der „Ausrottung" widerspreche jedenfalls nicht nur dem Wortlaut, sondern auch „dem Geist der Konvention".[179] Der bundesdeutsche Gesetzentwurf, davon zeigte sich Lemkin überzeugt, würde gleichsam nur die Todesopfer der Vertreibung geschützt haben, nicht aber die, die am Leben geblieben seien.[180]

Acht Wochen nach seinem Januar-Papier präzisierte Lemkin in einem weiteren Memorandum für den Rechtsausschuss, dass der Konventionspassus über die Auferlegung von zur körperlichen Zerstörung führenden Lebensbedingungen „vor allem im Hinblick auf die Verhältnisse in manchen Ostgebieten wie auch in den sowjetischen Zwangsarbeitslagern" formuliert worden

---

[176] Damit waren die sowjetrussischen Lager gemeint, in denen damals, fast zehn Jahre nach Kriegsende, noch immer tausende ehemalige Soldaten der deutschen Wehrmacht gefangen gehalten wurden.

[177] Memorandum Lemkins für den Rechtsausschuss des Bundestages (8. Januar 1954), S. 6 f. ParlArch, Gesetzesdokumentation II/51 A, Dokument 11.

[178] Zu den Hintergründen die klassische Darstellung von Robinson, The Genocide Convention, S. 63.

[179] Memorandum Lemkins für den Rechtsausschuss des Bundestages (8. Januar 1954), S. 5. ParlArch, Gesetzesdokumentation II/51 A, Dokument 11.

[180] *Weiss-Wendt*, Documents, Bd. 2, S. 158.

VI. Die Rolle Lemkins beim Konventionsbeitritt der Bundesrepublik 1954

sei. Die Verhältnisse dort seien „bewusst auf eine langsame, kontinuierliche Zerstörung einzelner menschlicher Organe" zugeschnitten. Dies erfülle bereits „den Tatbestand des Völkermordes nach Artikel II, Absatz ‚c'" der UN-Konvention, nicht aber den des entsprechenden Artikels im aktuellen Gesetzentwurf der Bundesregierung.[181]

Dessen Unanwendbarkeit „in der Frage der Austreibung im Osten" demonstrierte Lemkin dann anhand von „Untaten", die eine jüngst erschienene Publikation („Dokumente zur Austreibung der Sudeten-Deutschen"[182]) geschildert hatte: „Verweigerung medizinischer Hilfe, Unterernährung, Überarbeitung, Entziehung von Beheizung, unzulängliche Bekleidung, erzwungene Ausweisung von Kranken aus Krankenhäusern [...] und auch Enteignung des Gesamtvermögens [...]". Nach dem vorliegenden Gesetzentwurf könnten diese Handlungen, anders als gemäß UN-Konvention, „nicht mehr als strafbar angesehen werden".[183] Lemkin ließ erkennen, dass er dies umso mehr bedauern würde, als die tschechoslowakischen Beneš-Dekrete vom 19. Mai und 21. Juni 1945 die Sudetendeutschen als „deutsche nationale Gruppe" bezeichnet hätten.[184] Dies habe „die böswillige Absicht der Benes[sic!]"-Regierung unterstrichen und deren „strafrechtliche Verantwortung gemäss [sic!] Völkermord-Konvention am besten" bewiesen. Zwischen dem „klaren Wortlaut" der UN-Konvention „und den Verbrechen Benes [sic!]" solle der deutsche Gesetzentwurf im Nachhinein keine „unklare und unzulängliche Formel" einschieben.[185]

Ein weiteres Argument Lemkins griff den unmittelbaren Anlass seines neuerlichen Memorandums auf: die Beziehungen zwischen dem bundesdeutschen Gesetzesverfahren und aktuellen Plänen von weiter gegen Lemkin ar-

---

[181] ParlArch, Gesetzesdokumentation II/51 A, Dokument 12, Anlage 4: Memorandum (Lemkins) über „Die Beziehungen zwischen dem Deutschen Gesetzentwurf und [...]", 10. März 1954, S. 6.

[182] Vgl. *Turnwald*, Dokumente zur Austreibung (1951).

[183] ParlArch, Gesetzesdokumentation II/51 A, Dokument 12, Anlage 4: Memorandum (Lemkins) über „Die Beziehungen zwischen dem Deutschen Gesetzentwurf und [...]", 10. März 1954, S. 7.

[184] Das Beneš-Dekret Nr. 5 vom 19. Mai 1945 hatte „Personen deutscher oder madjarischer Nationalität" pauschal als „staatlich unzuverlässig" klassifiziert und ihr Vermögen „unter nationale Verwaltung" gestellt; das Dekret Nr. 12 vom 21. Juni ordnete dann die entschädigungslose Enteignung der deutschen und ungarischen Landwirte an, soweit sie nicht aktiv im Widerstand gegen den Nationalsozialismus tätig gewesen waren. *Gornig*, Völkerrecht, S. 50 f.

[185] ParlArch, Gesetzesdokumentation II/51 A, Dokument 12, Anlage 4: Memorandum (Lemkins) über „Die Beziehungen zwischen dem Deutschen Gesetzentwurf und [...]", vom 10. März 1954, S. 5. *Ermacora* (Sudetendeutsche Fragen, S. 260) irrte also, als er schrieb, Lemkin habe noch nicht den Mut besessen, „Vertreibungsvorgänge gegenüber den Sudetendeutschen als Völkermord zu bezeichnen".

beitenden „Nürnberger Juristen" aller vier Siegermächte.[186] Diese wollten bei den Vereinten Nationen immer noch die Grundsätze des „Nürnberger Rechts" zum internationalen Gewohnheitsrecht erklären lassen, Völkermord mit den „Verbrechen gegen die Menschlichkeit" verschmelzen und durch deren Verbindung mit einer (militärischen) Aggression die Verantwortung für diese Verbrechen – Lemkins Ansicht nach – begrenzen. Damit wäre aber, so fürchtete er, nicht nur der „juristisch retrograde[n] Nürnberger Konzeption wieder zum Sieg verholfen" worden; sondern es würde, weil „infolge der Billigungsbeschlüsse der Potsdamer Konferenz die Leiden der Deutschen in Zentral- und Osteuropa formell nicht auf die Aggression anderer Staaten zurückgeführt werden" könnten, auch eine „internationale Rechtsschutzlosigkeit für die vertriebenen Deutschen" daraus resultieren.[187]

Parallel zum Memorandum schrieb der rührige Lemkin auch noch dem CDU-Abgeordneten und Jura-Professor Eduard Wahl und machte ihm deutlich, dass dem vorliegenden Gesetzentwurf der Bundesregierung offensichtlich bereits eine „unrichtig[e] und ungenau[e]" Übersetzung der Konvention ins Deutsche zugrunde liege. Das englische Wort „destroy" bzw. „destruction" sei mit „Vernichtung" (statt Zerstörung) wiedergegeben worden. Es habe sich also „ein Begriff des Verschwindens […] eingeschlichen, der dem englischen: annihilation" entspreche.[188] Lemkin aber hatte schon in der Zeit der ersten Debatten um den Konventionsentwurf das Wort „destruction" gegenüber „extermination" bevorzugt, weil es für ihn so viel wie „kaputt machen" (to cripple) bedeutete. Genozid, so schrieb er 1946, sei „the criminal intent to destroy or cripple permanently a human group".[189]

---

[186] Zur Einordnung *Weiss-Wendt*, Documents, Bd. 2, S. 167–196 („Genocide Convention vs. Nuremberg Principles"); vgl. auch *Madajczyk*, Raphael Lemkin, S. 49 f., der in diesem Zusammenhang von einem Brief Lemkins an Außenminister Walter Hallstein berichtet.

[187] ParlArch, Gesetzesdokumentation II/51 A, Dokument Nr. 11, Anlage 4: Memorandum Lemkins vom 10. März 1954, S. 4. Auch in den folgenden Jahren verfolgte Lemkin mit Argusaugen sämtliche Ansätze im Rahmen der UNO, „die Völkermordkonvention durch die Nürnberger Verbrechen gegen die Menschlichkeit zu ersetzen" oder zumindest die Definition des Völkermordes zu verändern. Vgl. etwa seine Memoranden an den Auswärtigen Ausschuss des Deutschen Bundestages 1957, wo Lemkin davor warnte, dass der „Nürnberger Begriff ‚Ausrottung' die Überhand" gewinne. Denn eine derart revidierte Völkermordkonvention könne Deutschland „kaum in Bezug auf die Taten gegen die Deutschen in den Nachbarländern anwenden", weil die Deutschen dort „als nationale oder ethnische Gruppe zerstört, nicht aber ausgerottet" worden seien. ParlArch, Gesetzesdokumentation II/51 B: Jürgen C. Weichert an den Ausschuss für Auswärtige Angelegenheiten, 28. Mai 1957, sowie das Papier „UNO-Pläne zur Ersetzung der Völkermordkonvention […].". Vgl. dazu auch *Madajczyk*, Raphael Lemkin, S. 57 ff.

[188] ParlArch, Gesetzesdokumentation II/51 B: Brief Lemkins an Eduard Wahl, 4. Mai 1954.

VI. Die Rolle Lemkins beim Konventionsbeitritt der Bundesrepublik 1954

„Als Verfasser der Völkermord-Konvention" versicherte der New Yorker Jurist dem CDU-Rechtspolitiker Wahl deshalb, dass „ich den Begriff ‚Zerstörung' (ohne Adjektiv)[190] speziell für den Zweck eingeführt habe, um die Beeinträchtigung des soziologischen Gefüges der Gruppe *als solcher*[191] hervorzuheben". Denn die Zerstörung einer nationalen, religiösen, rassischen oder ethnischen Gruppe habe sich historisch auch als möglich erwiesen, „ohne dass Mitglieder der Gruppe verschwinden". Die Begriffe des „Nürnberger Rechtes" kritisierte Lemkin in diesem Zuge erneut wegen ihrer „ausschließlich physischen Natur". Dort sei etwa auch der Begriff der „schweren seelischen Schäden", der in der UN-Konvention stehe, nicht zu finden. „Nun bin ich sehr besorgt", so schloss Lemkin seine Argumentation, „dass gerade dieser Begriff, der durch die Leiden von 11 Millionen vertriebener Deutscher illustriert wird, im Deutschen [sic!] Gesetzentwurf fehlt".[192] Bereits in seinem ersten Memorandum hatte Lemkin unterstrichen: Die „geistige und seelische Verfassung der Ausgetriebenen" hätte in der UN-Konvention geradezu „die ratio legis für die besondere Aufzählung seelischer Schäden unter den Tatbeständen des Völkermordes" gebildet.[193]

Neben seinen Memoranden, einem Treffen mit einer fraktionsübergreifenden Bundestagsdelegation in New York[194] und wohl über 50 Briefen an Entscheidungsträger[195] war Lemkin auch weiter publizistisch aktiv, um die deutsche Öffentlichkeit für die Bedeutung des geplanten Beitritts der Bundesrepublik zur Völkermordkonvention zu sensibilisieren. Die „Deutsche Zeitung und Wirtschaftszeitung" brachte im März 1954 einen Leserbrief von ihm, der vor

---

[189] *Lemkin*, Genocide as a Crime under International Law, S. 147. In dieser Logik agierte Lemkin nur noch halb, wenn er zum Rassismus gegen Afroamerikaner in den USA (1953) bemerkte, Diskriminierung bedeute nicht Zerstörung: „ungleich zu sein ist nicht dasselbe wie tot zu sein". *Elder*, What you see, S. 43.

[190] Damit meinte Lemkin wohl: ohne den Zusatz „physische" oder „biologische" Zerstörung.

[191] Hervorhebung M. K. Vgl. dazu auch die auf US-amerikanische Quellen gestützte Darstellung bei *Weinke*, Gewalt, S. 168.

[192] ParlArch, Gesetzesdokumentation II/51 B: Brief Lemkins an Eduard Wahl, 4. Mai 1954.

[193] Diese seelischen Schäden als Folge „allgemeiner Behandlungsmethoden, wie Hunger" und anderer Lebensbedingungen, würden auch „ohne schwere äußere Körperverletzungen" bewirkt. ParlArch, Gesetzesdokumentation II/51 A, Dokument 11, Anlage 3, S. 8: Memorandum Lemkins vom 8. Januar 1954.

[194] Vgl. dazu *Weinke*, Gewalt, S. 168. Bei dem Treffen hatte Lemkin 1953 u. a. mit Eugen Gerstenmaier (CDU), Carlo Schmid (SPD) sowie Erich Mende (FDP) sprechen können.

[195] Vgl. *Kraft*, Raphael Lemkin, S. 172; siehe etwa auch Lemkins Schreiben an Bundestagspräsidenten Hermann Ehlers am 9. Februar 1954 zu der „von erhabenen philosophischen Gedankengängen geleiteten" ersten Lesung des Gesetzentwurfs im Bundestag. ParlArch, Gesetzesdokumentation II/51 B.

allem ausführlich die falsche Übersetzung der UN-Konvention ins Deutsche im Regierungsentwurf monierte. Der „verengende Terminus ‚Ausrottung' " würde die Konvention „für den Schutz deutscher Interessen in Ost- und Zentraleuropa unbrauchbar" werden lassen. Die deutschen Vertriebenen seien ja „nicht ausgerottet worden, sondern grundsätzlich als nationale und ethnische Gruppen als solche in ihrer Geschlossenheit und in ihrer Einheit zerstört".[196]

Fragt man nach den Motiven für Lemkins massive Einmischung in die bundesdeutsche Rechts- und Vertriebenenpolitik, die ihn nach eigenen Angaben ein Jahr lang beanspruchte, so gilt es, ein Mosaik der Plausibilitäten zusammenzusetzen. Denn das dreizehnte Kapitel des Gliederungsentwurfes seiner Autobiographie hat er nicht mehr schreiben können. Dort wollte er nach Reiseberichten über „neue Gebiete" (in Afrika und Asien) im Rahmen seiner Werbekampagne für die UN-Konvention auch eigens die „ratification by Germany (1953–54)"[197] darstellen. Im stichwortartigen Gliederungsentwurf dazu sind freilich nur die Worte „New arguments" vermerkt, nicht aber welche das waren und ob sie aus – neuen – Überzeugungen erwuchsen oder möglicherweise nur taktisch zum Einsatz gebracht werden sollten. Unstrittig ist jedenfalls, dass ihm ein Konventionsbeitritt der Bundesrepublik Deutschland schon wegen der Dimension der vom „Dritten Reich" verübten Genozide in symbolischer Hinsicht „besonders wichtig" war.[198]

Lemkins Verhältnis zu Deutschland und den Deutschen wird mit dem Wort ambivalent nicht falsch beschrieben sein. Einerseits hatte er nach dem Ersten Weltkrieg u. a. in Heidelberg und Berlin studiert und Deutsch gelernt, was dem außerordentlich Sprachbegabten auf der Basis seiner Kenntnisse des Jiddischen nicht schwerfiel. Andererseits konnte er von den eigenen traumatischen Erfahrungen mit Nazi-Deutschland schlechterdings nicht unbeeinflusst geblieben sein. Er neigte zumindest zeitweilig dazu, Stereotypen gegen Preußen-Deutsche als allesamt „kaltblütige und ruchlose Militaristen" Glauben zu schenken.[199] Im Vorwort zu seinem Buch über die „Achsenherrschaft" hatte er 1944 nicht nur objektiv falsch von einer „großen Mehrheit des deutschen Volkes" geschrieben, die Hitler „durch freie Wahlen an die Macht" gebracht habe,[200] sondern daraus auch den an Ideen des US-Finanzministers Henry

---

[196] Deutsche Zeitung und Wirtschaftszeitung, 20. März 1954 („Falsch übersetzte Völkermord-Konvention"), zit. nach ParlArch, Gesetzesdokumentation II/51 B.

[197] *Frieze*, Totally Unofficial, S. 239. In der Lemkin-Sammlung der New York Public Library finden sich zur Ratifizierung der Konvention durch Länder außerhalb der USA vor allem nur Serienbriefe. *Elder*, What you see, S. 41.

[198] *Corey*, An Epitaph, S. 80.

[199] *Schaller*, Raphael Lemkin's view, S. 90.

[200] Die Reichstagswahlen im März 1933, die auch nur eine Mehrheit für die NSDAP und ihren Regierungspartner DNVP gemeinsam ergeben hatten, wird man schwerlich noch als „frei" bezeichnen können.

Morgenthau erinnernden Schluss gezogen, nach dem Krieg das „aggressive Industriepotential" Deutschlands durch „friedlichere" landwirtschaftliche Strukturen zu ersetzen.[201]

Lemkins insofern erstaunlich deutschfreundliches Engagement in der Zeit der Konventionsdebatten 1953/54 war zum einen auf seine Überzeugung zurückzuführen, die Deutschen hätten sich seit 1945 „grundlegend gewandelt" und den westlichen Teil ihres Landes zu einem „demokratischen Modellstaat" gemacht.[202] Vollends nachvollziehbar wird Lemkins Neupositionierung aber wohl nur vor dem Hintergrund seiner persönlichen Situation im damals immer kälter werdenden Kalten Krieg. Nachdem er seinen (Brot-)Beruf in der universitären Lehre aufgegeben hatte, um sich ganz der Lobbyarbeit für die UN-Konvention widmen zu können, lebte der Idealist vorübergehend zu zwei Dritteln von finanzieller Hilfe ukrainischer und litauischer Exilorganisationen, und das hieß inhaltlich: zunehmend von einem harschen Antikommunismus. Dem Gouverneur von Ohio schrieb Lemkin 1951, Genozid sei das Konzept, das „die höchste moralische Verdammung in unserem kalten Krieg gegen die Sowjetunion" transportiere.[203]

Um Zustimmung zur UN-Konvention zu mobilisieren, war Lemkin auch ansonsten in der Wahl seiner Mittel nicht zimperlich, stets entschlossen, die „aktuelle Relevanz" der Konvention zu demonstrieren. „Ich studiere meine Leute", beschrieb Lemkin einmal seine flexiblen Werbemethoden, „und ich bediene mich des Ansatzes, der am besten zu ihnen passt": „Wenn sie Musik mögen, spreche ich über Musik, aber wir kommen zum Schluss immer auf den Genozid zu sprechen [...]".[204] Der von Lemkin hier ebenfalls erwähnten Praxis des Einschmeichelns begegnet man auch auf seinen bundesdeutschen Pfaden, wenn er etwa dem CDU-Mitglied im Rechtsausschuss Eduard Wahl – wohl in Unkenntnis der belasteten Vokabel – schrieb, „die Vorsehung" habe gewollt, dass „Sie Herr Professor, der große Jurist Deutschlands, einer der Berichterstatter der Völkermord-Konvention sind".[205]

Ob Lemkins deutsches Engagement 1954 aber wirklich vor allem damit zu erklären ist, dass er geradezu „genial opportunistisch"[206] veranlagt war, scheint zweifelhaft. Gewiss hat er den antikommunistischen Zeitgeist, der ihn selbst politisch trug, auch für seine Zwecke benutzt. Da die machtpoli-

---

[201] Lemkin, Axis rule, S. XIII und XIV. Laut *Segesser/Gessler*, Raphael Lemkin, S. 462, gingen Lemkins Pläne für Nachkriegsdeutschland damals „sogar weiter als die Ideen Henry Morgenthaus".
[202] *Kraft*, Raphael Lemkin, S. 174.
[203] *Weiss-Wendt*, Hostage of Politics, S. 113. Vgl. auch *Weinke*, Gewalt, S. 164.
[204] *Weiss-Wendt*, Hostage of Politics, S. 113.
[205] ParlArch, Gesetzesdokumentation II 51/B: Lemkin an Wahl, 4. Mai 1954.
[206] *Moses*, The Problems, S. 202.

tisch entscheidende Rolle bei der Vertreibung der Deutschen aber in der Tat Stalins Sowjetunion gespielt hatte, brauchte es für diese Argumentationslinie gar keine opportunistisch überdehnte Flexibilität. Erst recht nicht würde sich im Übrigen in einen solchen „negativen" Erklärungsansatz fügen, wie scharf Lemkin Mitte der 1950er Jahre – offensichtlich keineswegs antikommunistisch motiviert – auch einen Genozid der französischen Kolonialmacht im Krieg gegen den sozialistisch orientierten „Front de Libération Nationale" in Algerien geißelte (nicht auf dem Wege von Massenmorden, aber in Form psychischer Traumata infolge von Folter, Hungersnöten etc.) und deshalb sogar mit dem Sprecher der Arabischen Liga, Muhammad H. El-Farra, kooperierte.[207]

Das generelle Verdikt, Lemkin habe in seinem Bemühen um möglichst zahlreiche Ratifikanten „seiner" UN-Konvention deren allzu starke Verwässerung verschuldet („when everything is genocide nothing is genocide"),[208] scheint uns zumindest im Blick auf den Beitritt der Bundesrepublik nicht zuzutreffen. Dazu lag Lemkins Engagement für die vertriebenen Deutschen viel zu sehr auf der Linie von bereits lange vor 1939 gewachsenen Grundüberzeugungen, wonach die Zerstörung „nationaler Gruppen" auch ohne deren weitgehende physische Vernichtung als Völkermord zu brandmarken sei.

---

[207] *Irvin-Erickson*, Raphaël Lemkin, S. 217 f.
[208] *Weiss-Wendt*, Hostage of Politics, S. 112 f.

VII. Bundestagskonsens 1954: Völkermord als „Zerstörung", nicht „Ausrottung" einer Gruppe

Die gründlichste Diskussion des Gesetzentwurfs im federführenden Rechtsausschuss des Bundestages – der Auswärtige Ausschuss war nur mitberatend tätig[209] – fand am 3. Mai 1954 bereits ganz unter dem Eindruck Lemkinscher „Eingaben" statt, in Sonderheit seines Memorandums vom Januar. Der New Yorker Professor verfügte schließlich, laut dem berichterstattenden CSU-Abgeordneten Franz Seidl, „als Mitverfasser der Konvention über besondere Sachkenntnisse".[210] Seidl legte dem Ausschuss deshalb auch bereits eine Neufassung des Gesetzentwurfs vor, bei der das Justizministerium Formulierungshilfe geleistet hatte. Nicht nur Seidl, auch die Vertreter der sozialdemokratischen Opposition hatte Lemkin mit seinen Argumenten so gut wie vollständig überzeugt. „Zwischen Zerstörung und Vernichtung bezw. Ausrottung", so Seidl, bestehe nun einmal ein Unterschied. Wenn man eine Bevölkerungsgruppe zerstört habe, „könnten die Menschen physisch noch bestehen, ohne jedoch noch eine Bevölkerungsgruppe zu bilden".[211] Die SPD-Abgeordneten Frieda Nadig und Adolf Arndt traten ebenfalls dafür ein, das Wort „Ausrottung" nicht zu verwenden und sich im Übrigen weitgehend an den Wortlaut der UN-Konvention zu halten.[212] Die interessanteste Nuancierung nahm Seidl selbst vor, als er ausführte, dass z. B. die Verschleppung von Kindern von einer Gruppe in eine andere genau genommen „mit ‚Mord' nichts zu tun" habe. „Sprachlich richtiger", so Seidl, wäre es demnach gewesen, bereits in der Konvention statt von „Völkermord" von „Völkervernichtung" zu sprechen. Dennoch könne man, da nun einmal im internationalen Recht das Wort „Genocide" üblich geworden sei, dessen übersetzte

---

[209] Der Auswärtige Ausschuß, Sitzungsprotokolle 1953–1957, S. 137f. (Sitzung vom 9. Februar 1954). Dort waren vor allem Bedenken im Sinne Lemkins laut geworden, weil sich die Terminologie des Gesetzentwurfs „nicht nah genug an den Text der Konvention anlehne"; dies sollte dem federführenden Rechtsausschuss mitgeteilt werden.

[210] Protokoll der 13. Sitzung des Ausschusses für Rechtswesen und Verfassungsrecht, ParlArch, Gesetzesdokumentation II/51 A, Dokument Nr. 11, S. 3.

[211] Ebd., S. 5.

[212] Ebd., S. 7, 10.

Version („Völkermord") jetzt „ohne Bedenken ins deutsche Strafgesetzbuch einfügen".[213]

Im Plenum des Bundestages hatte bereits bei der ersten Lesung des Gesetzes am 21. Januar 1954 breiter Konsens geherrscht. FDP-Bundesjustizminister Fritz Neumayer wies in der Debatte ausdrücklich darauf hin, dass nicht nur „die eigentliche Ermordung von Angehörigen nationaler, ethnischer, rassischer oder religiöser Gruppen" per UN-Konvention verhütet bzw. bestraft werden solle. Auch bereits Handlungen, die in der Absicht unternommen werden, „eine Gruppe ganz oder teilweise zu zerstören", würden als „Völkermord im Sinne dieses Abkommens" gelten.[214]

Carlo Schmid begründete für die SPD-Fraktion die Zustimmung zur Konvention an erster Stelle mit der auf Geheiß der NS-Gewaltherrschaft erfolgten „Hinmordung von Millionen von Juden und Hunderttausenden Angehöriger anderer Völker", die „den deutschen Namen mit Schande bedeckt" hätten. Im direkten Anschluss an diese Aussage sagte Schmid, der im Vorjahr Lemkin in den USA auch persönlich kennengelernt hatte, wörtlich: „Die gewaltsame, gegen jedes Menschenrecht erfolgte Vertreibung von Millionen Menschen deutschen Volkstums" habe „zur fast völligen Vernichtung deutscher Volksgruppen geführt [...]". Es müsse „alles getan werden, um die Wiederkehr solcher Untaten zu verhindern".

Ebenso wie der Sprecher der SPD rief Heinrich Höfler für die CDU/CSU-Fraktion an erster Stelle die Vernichtung der Juden und von „Bürgern fremder Völker" in Erinnerung. Höfler kam aus der katholischen Zentrumspartei Badens und hatte dem Freiburger Widerstandskreis gegen den Nationalsozialismus nahegestanden.[215] Als weiteres Beispiel für Völkermord nannte der CDU-Politiker sodann die Vertreibung der Deutschen, an die man anlässlich des Beitritts zur UN-Konvention gleichfalls „mit tiefem Schmerz" zurückdenke.[216] Die Reihenfolge von Höflers Aufzählung hatte offensichtlich nicht nur chronologische Gründe.

Anders war das nur bei den Sprechern der kleineren rechten Parteien, zu denen damals auch ein Teil der Freien Demokraten zu zählen war. Die FDP-Abgeordnete Herta Ilk ließ zum Beispiel besonders deutlich durchblicken, dass sie dieser UN-Konvention überhaupt nur dann zustimmen könne, wenn

---

213 Ebd., S. 4f.
214 Stenographische Aufzeichnungen des Deutschen Bundestages, 2. WP, 10. Sitzung vom 21. Januar 1954, S. 291.
215 Umstritten ist dagegen Höflers Einsatz für deutsche Kriegsgefangene, unter ihnen auch solche mit NS-Belastung, im Dienste des Caritasverbandes nach 1945. Vgl. *Bohr*, Die Kriegsverbrecherlobby, S. 40.
216 Stenographische Aufzeichnungen des Deutschen Bundestages, 2. WP, 10. Sitzung vom 21. Januar 1954, S. 292.

VII. Bundestagskonsens 1954

wir „unter dem Begriff des Völkermordes [...] auch eine Austreibung ganzer Volksteile – unter besonders erschwerten Bedingungen, ja vielleicht überhaupt grundsätzlich – subsumieren [...]. Dabei denken wir", so Ilk, „zunächst an den schweren Verlust, den unsere deutschen Menschen erlitten haben, die unter unmenschlichen Verhältnissen aus dem Osten vertrieben wurden".[217]

Die zweite und zugleich dritte Beratung des Gesetzes am 8. Juli 1954 nutzte der Abgeordnete Seidl vor allem, um klarzustellen, dass es sich bei den von Lemkin Anfang des Jahres kritisierten Punkten nur um Pannen gehandelt habe: Weder in den Ausschüssen noch seitens der Bundesregierung habe je die Absicht bestanden, „der Nürnberger Rechtsprechung irgendwie Vorschub zu leisten." Unter dem Beifall „des ganzen Hohen Hauses" lobte Seidl vielmehr ausdrücklich den New Yorker Juristen „für seine selbstlose Arbeit bei der Schaffung der Konvention in dem jetzigen Geiste".[218] 1956 sollte Lemkins Wirken auch noch mit dem Bundesverdienstkreuz gewürdigt werden. Ihm sei es zu verdanken, dass mittels der UN-Konvention „erstmalig auch die Vertreibungsverbrechen in den deutschen Ostgebieten unter internationale Ächtung fallen" würden.[219]

Den Höhepunkt der Plenardebatte 1954 hatte aber die Rede des Abgeordneten Jakob Altmaier im Namen der SPD-Fraktion markiert. Der Bäckermeistersohn aus dem südhessischen Flörsheim am Main hatte als sozialdemokratischer Journalist wegen seiner jüdischen Herkunft 1933 vor dem NS-Regime fliehen müssen, war nach dem Krieg remigriert und gehörte im zweiten Deutschen Bundestag zu der sehr kleinen Gruppe von drei jüdischen

---

[217] Ebd., S. 292. Sprecher der Deutschen Partei schlossen sich dem Bundestagskonsens zwar ebenfalls an, gaben aber auch seltsame Bemerkungen über „alte Rechnungen" zu Protokoll, die überflüssigerweise noch einmal aufgemacht worden seien.

[218] Stenographische Aufzeichnungen des Deutschen Bundestages, 2. WP, 37. Sitzung vom 8. Juli 1954, S. 1764. Die noch in der Zeit vor dem Ende des Besatzungsstatuts 1955 erfolgende Arbeit der Beamten im Bundesjustizministerium, die sich bei ihrem Gesetzentwurf zunächst an den – in Bonn eigentlich nicht sonderlich beliebten – Auffassungen der „Nürnberger Juristen" der Siegermächte orientiert hatten, wäre eine eigene Untersuchung wert. Ansätze dazu bei *Weinke*, Gewalt, S. 163, die es für bemerkenswert hält, dass man in den beteiligten Ressorts ab 1950 rasch für den Beitritt zur Konvention eintrat. In der Vertriebenenpresse wurde die anfängliche Verwendung des Begriffs „Ausrottung" an Stelle von „Zerstörung" auf einen bloßen „Übertragungsfehler" im Regierungsapparat zurückgeführt. Vertriebenenkorrespondenz, 20. April 1954, S. 11.

[219] Mit diesem Argument begründete der deutsche Generalkonsul in New York die Preisverleihung an Lemkin. Vertriebenenkorrespondenz, 14. Januar 1956, S. 5. Den Friedensnobelpreis, für den Lemkin mehrfach nominiert war, hat er dagegen nicht erhalten, vielleicht auch deshalb nicht, so mutmaßen manche (*Elder*, What you see, S. 47f.), weil er mehr und mehr das Image eines Träumers oder gar Fanatikers gehabt habe, der „Tag und Nacht über Genozid" nachdachte.

(SPD-)Abgeordneten.[220] Altmaier erinnerte gleich eingangs seiner Rede an das Schicksal der Armenier in den Jahren 1915/16, aber auch positiv an die Rolle einiger Deutscher wie Johannes Lepsius, die sich für die Armenier eingesetzt hatten. Gerade deshalb fand es Altmaier so unerträglich, dass dann beim Völkermord an den Juden Deutsche zu „Frevlern" geworden seien. Und dieses Unrecht habe „weiteres Unrecht" erzeugt: „Die Austreibung der Deutschen aus ihrer [...] Heimat", so Altmaier wörtlich, „war ein Völkermord".[221] Überraschend wird Altmaiers Rede nur finden, wer nicht um die generelle (geschichts-)politische Linie der Sozialdemokratie in der Ära Adenauer weiß, keinesfalls zu einer Spezialinteressenvertretung ehemals NS-Verfolgter und Emigranten zu werden,[222] sondern möglichst auch die Befindlichkeiten anderer großer Wählergruppen, etwa von Millionen Heimatvertriebenen, im Auge zu behalten.[223]

Das vom Bundestag ohne nennenswerte Kontroversen verabschiedete Gesetz über den Beitritt der Bundesrepublik zur UN-Völkermordkonvention stand am 12. August 1954 im Bundesgesetzblatt. Das Delikt des Völkermordes wurde damit als § 220a im Strafgesetzbuch verankert. Der einzige auffälligere Unterschied zwischen den dortigen Formulierungen und der UN-Konvention bestand darin, dass für das StGB das Fremdwort „ethnisch" in Bezug auf die vier zu schützenden Gruppen übersetzt wurde. Im § 220a war nunmehr von nationalen, rassischen, religiösen „oder durch ihr Volkstum bestimmte[n] Gruppen" die Rede.[224]

Noch vor den letzten Lesungen im Bundestag war es dem Vorsitzenden des Zentralverbandes der vertriebenen Deutschen (ZvD), Linus Kather, Mitte Juni 1954 „ein Herzensbedürfnis" gewesen, Lemkin für dessen entscheidendes Einwirken auf den Rechtsausschuss zu danken. Die „Verwässerung des Begriffes ‚Völkermord' verhütet" zu haben, sei eine „historische Tat [...], die

---

[220] Altmaier war vergangenheitspolitisch aus nachvollziehbaren Gründen sehr sensibel, kritisierte etwa, wenn NS-belastetes Personal im Auswärtigen Amt wieder auftauchte, und gilt auch als einer der Wegbereiter des deutsch-israelischen Wiedergutmachungsabkommens. Vgl. *Moß*, Jakob Altmaier, S. 201, 203, 223, sowie *Albrecht*, Jeanette Wolff.

[221] Stenographische Aufzeichnungen des Deutschen Bundestages, 2. WP, 37. Sitzung vom 8. Juli 1954, S. 1766. Vermutungen, Altmaier sei mit seiner Wortwahl Lemkins Konzeption des „kulturellen Genozids" gefolgt (*Kraft*, Raphael Lemkin, S. 173), treffen wohl kaum zu; er folgte vielmehr dem breiten Ansatz des Vaters der UN-Konvention hinsichtlich der Zerstörung von „Gruppen als solchen".

[222] Vgl. dazu die über ihren zentralen Untersuchungsgegenstand hinaus für das Klima der „Vergangenheitsbewältigung" in der Bundesrepublik aufschlussreiche Studie von *Meyer*, Die SPD und die NS-Vergangenheit, hier v. a. S. 9 u. 518.

[223] Vgl. auch das SPD-Kapitel in *Kittel*, Stiefkinder, S. 331 ff.

[224] Bundesgesetzblatt, Teil II, 12. August 1954, Nr. 15, S. 729 (ParlArch, Gesetzesdokumentation II/51 A, Dokument Nr. 20).

Ihnen die deutschen Heimatvertriebenen nicht vergessen werden".[225] „Ausrottung", so hatte Kathers Verbandsblatt vorher erläutert, wäre eine „Begriffsverengung" gewesen, „die dem Tatbestand der unrechtmäßigen Austreibung der Ostdeutschen juristisch in keiner Weise Rechnung" getragen hätte.[226] Für den Brief des ZvD-Vorsitzenden bedankte sich Lemkin seinerseits „tief gerührt" mit den Worten: „Wir können einander gut verstehen, da wir beide die Sache der leidenden Menschheit vertreten".[227]

---

[225] Vertriebenenkorrespondenz, 18. Juni 1954, S. 8.
[226] Vertriebenenkorrespondenz, 4. Juni 1954, S. 15.
[227] Vertriebenenkorrespondenz, 22. Juli 1954, S. 7.

VIII. Konventionsbeitritt ohne Konsequenzen: Verzicht auf die systematische Ermittlung von Vertreibungsverbrechen

Die vom Bundestag 1954 anerkannte UN-Konvention entfaltete in den folgenden Jahrzehnten des Kalten Krieges kaum praktische Bedeutung. Die freie Welt und das kommunistische Lager blockierten sich auch auf diesem Gebiet wechselseitig. Arbeiten an Grundlinien des materiellen Völkerstrafrechts, die eine International Law Commission der UN 1947 begonnen hatte, ruhten.[228] Besonders spät, erst 1989, vollzogen die USA auf Drängen von Präsident Ronald Reagan die vorher vom US-Senat über Jahrzehnte verhinderte Ratifizierung der UN-Konvention.[229]

Bei den von der Bundesrepublik in Anknüpfung an die Nürnberger Nachfolgeprozesse seit den frühen 1950er Jahren weitergeführten, mit Gründung einer Zentralstelle in Ludwigsburg 1958 forcierten Verfahren gegen NS-Straftäter spielte die Völkermordkonvention keine Rolle. Die Anklagen erfolgten aufgrund bekannter Tatbestände des StGB wie Mord oder Totschlag (§§ 211 u. 212),[230] nachdem sich der Gesetzgeber auch nicht entschließen konnte, „die strafrechtlichen Vorgaben der alliierten Militärgerichte", insbesondere den Tatbestand der Verbrechen gegen die Menschlichkeit, zu übernehmen.[231] Im öffentlichen Diskurs gab es zwar weiterhin Völkermord, man denke nur an die Ereignisse in Biafra Ende der 1960er Jahre,[232] aber keine Völkermörder – zumindest keine von einem internationalen Tribunal wegen Genozids Angeklagte, weil sich die Staatengemeinschaft auf ein gemeinsames strafrechtliches Vorgehen und die dazu notwendigen Institutionen nicht zu verständigen vermochte.

---

228 *Herdegen*, Völkerrecht, S. 476.

229 Eine wichtige Rolle für das lange Zögern spielten dabei Befürchtungen hinsichtlich der Einordnung der Rassenkonflikte im eigenen Land. *Barth*, Genozid, S. 16. Vgl. auch *Kuper*, The United States.

230 *Werle/Jeßberger*, Völkerstrafrecht, S. 434.

231 *Reichel*, Vergangenheitsbewältigung, S. 195.

232 Die Zeit, 11. Oktober 1968 („Völkermord vor aller Augen. Ein Appell an die Bundesregierung", von *Günter Grass*). Vgl. auch die Titelgeschichte im „Spiegel" vom 19. August 1968 („Biafra. Todesurteil für ein Volk"). Ob die nigerianische Regierung sich mit ihrer Hungerblockade gegen die abtrünnige Provinz Biafra wirklich eines Genozids schuldig machte, ist allerdings umstritten. Vgl. dazu jetzt auch *Moses*, The Problems, S. 443 ff.

VIII. Konventionsbeitritt ohne Konsequenzen

Anders als bei NS-Verbrechen wurde bei Verbrechen, die sich im Zuge der Vertreibung ereignet hatten, nicht einmal ansatzweise der Versuch unternommen, die Täter auf der Grundlage des herkömmlichen Strafrechts systematisch zu ermitteln. Von der sowjetischen Siegermacht und ihren ostmitteleuropäischen (Zwangs-)Komplizen war auch von vornherein kaum zu erwarten gewesen, dass sie einzelne Delikte wie Mord oder Vergewaltigung im Rahmen eines von ihnen staatlich betriebenen Großverbrechens justiziell ahndeten. Ganz im Gegenteil sorgten konkrete justizpolitische Maßnahmen wie das tschechoslowakische Gesetz vom 8. Mai 1946 („über die Rechtmäßigkeit von Handlungen, welche mit dem Kampf um die Wiedergewinnung der Freiheit der Tschechen und Slowaken zusammenhängen") dafür, dass Vertreibungsverbrechen (in diesem Fall zumindest, wenn sie bis zum 28. Oktober 1945 begangen worden waren) ausdrücklich straffrei gestellt wurden.[233]

Eine gewisse Ausnahme bildete später der im Tauwetter nach dem XX. KPdSU-Parteitag möglich gewordene Prozess in Polen gegen einen Kommandanten des berüchtigten Lagers Lamsdorf (1958)[234], der von autochthonen oberschlesischen Opfern angestrengt worden war. Das nicht-öffentliche Verfahren endete allerdings mit einem Freispruch des Angeklagten vor dem Woiwodschaftsgericht Oppeln/Opole. Eine Verurteilung hätte wohl auch Fragen nach den politischen Verantwortungsträgern während der ersten Nachkriegsjahre aufgeworfen, nicht zuletzt nach dem jetzt amtierenden polnischen KP-Parteichef Władysław Gomułka, der damals Minister für die Wiedergewonnenen Gebiete gewesen war[235].

Ähnlich hochnotpeinliche Fragen mussten die westlichen Siegermächte nicht befürchten. Sie hatten die gegen Art. 42–56 der Haager Landkriegsordnung von 1907 verstoßende Vertreibung[236] unter dem Eindruck des nationalsozialistischen Zivilisationsbruches zwar im Potsdamer Protokoll prinzipiell gebilligt, für deren Umfang und für deren „halsbrecherische"[237] Durchfüh-

---

[233] Zum Kontext des nicht mehr zu den eigentlichen Beneš-Dekreten zählenden Gesetzes *Kuklík*, Deutschland und die Personen, S. 38.

[234] In dem nahe Oppeln gelegenen Lager hatten polnische Behörden von Juli 1945 bis Oktober 1946 Tausende Menschen mit der Begründung interniert, dass sie Deutsche seien. *Nowak*, Schatten von Łambinowice.

[235] Vgl. *Urban*, Deutsche in Polen, S. 74–78. Einen weiteren Ausnahmefall bildete in der Zeit nach 1990 der in absentia geführte Strafprozess gegen den 1945 in Oberschlesien für die Ermordung deutscher, aber auch polnischer Zivilisten verantwortlichen Kommandanten des polnischen Arbeitslagers Zgoda in Schwientochlowitz. Vgl. *Malinowska*, Komendant.

[236] Danach darf keine Besatzungsmacht die Bevölkerung eines militärisch besetzten Gebietes vertreiben. Auch das Privateigentum, so ließ es explizit in Artikel 46, „darf nicht eingezogen werden". *De Zayas*, Heimatrecht, S. 41, 63 f.

[237] *Douglas*, „Ordnungsgemäße Überführung", S. 202.

rung, aus der ein erheblicher Teil der Grausamkeiten resultierte, waren sie aber nicht direkt bzw. nicht in erster Linie verantwortlich zu machen. Ja sie hatten in Potsdam sogar ausdrücklich auf einen „humanen" Ablauf der Zwangsumsiedlung gedrängt. Insofern schienen sie moralisch halbwegs legitimiert, Vertreibungsverbrechen zu verfolgen. Und in einzelnen Fällen taten sie dies auch, etwa im Prozess gegen den stellvertretenden Leiter des berüchtigten Internierungslagers Budweis in Böhmen, Vaclav Hrneček. Dieser wurde 1952 von ehemaligen Lagerinsassen erkannt, am Münchner Hauptbahnhof verhaftet und von einem amerikanischen Gericht der Alliierten Hohen Kommission zu acht Jahren Freiheitsentzug verurteilt[238].

Eine systematische Verfolgung von Vertreibungsverbrechen musste aber, selbst wenn der politische Wille hierzu vorhanden gewesen wäre, schon am Eisernen Vorhang scheitern, hinter dem das Gros der Täter während des Kalten Krieges unbehelligt lebte. Auch der Justiz der Bundesrepublik Deutschland waren demzufolge die Hände weitgehend gebunden. Nur wenn Vertreibungstäter etwa aus dem Kreis ostdeutscher Kommunisten, die 1945 mit den neuen Herren kollaboriert und zum Teil entsetzliche Gewalttaten gegen ihre „bürgerlichen" Landsleute verübt hatten, im Westen entlarvt werden konnten, kam es zu einzelnen Verfahren[239]. Ansonsten beschränkte sich die Bonner Regierung in den 1950er Jahren darauf, die Vertreibung einschließlich der dabei stattgefundenen Verbrechen im Rahmen eines von Theodor Schieder geleiteten Forschungsprojektes geschichtswissenschaftlich dokumentieren zu lassen.[240] Vorkehrungen im Sinne staatsanwaltschaftlicher Beweissicherung für eine später vielleicht einmal möglich werdende juristische Verfolgung traf sie nicht. Der Beitritt der Bundesrepublik zur UN-Völkermordkonvention 1954, so einmütig in seinem Zusammenhang die Kriminalität von Vertreibung bewertet worden war, änderte daran bemerkenswert wenig.

Erst als im Herbst 1958 zur besseren Verfolgung von NS-Verbrechen die Zentralstelle in Ludwigsburg gegründet wurde, unternahmen die dabei führenden Justizminister Baden-Württembergs und Bayerns einen Vorstoß zur Ahndung von Vertreibungsdelikten: Die neue Einrichtung solle auch die Aufklärung von bislang ungesühnten Straftaten aufnehmen, die „während der

---

[238] Vgl. *de Zayas*, Die Anglo-Amerikaner, S. 141f.; zur Urteilsverkündung vgl. Sudetendeutsche Zeitung, 5. Juni 1954.

[239] Vgl. etwa den Fall des oberschlesischen Korbmachers Paul Schnurpfeil, des „Schreckens von Neisse", der im Zuge von Ermittlungen der Staatsanwaltschaft Lüneburg 1953 einige Bekanntheit erlangte, in: Der Stern, 1. Februar 1953 („Mit Schnurpfeil trat der Tod ins Zimmer"), sowie Neisser Heimatblatt, Nr. 30/31, März 1953, oder die Strafsache gegen den ehemaligen KPD-Funktionär Paul Silvester im Bestand Nds. 721 Hildesheim (Staatsanwaltschaft beim Landgericht Hildesheim), Niedersächsisches Landesarchiv/Hauptstaatsarchiv Hannover.

[240] Vgl. Dokumentation der Vertreibung, 1953ff.

Kriegsgefangenschaft, im Zuge der Vertreibungen und gewaltsamen Aussiedlung sowie im Zusammenhang mit der Rechtsunsicherheit der ersten Nachkriegszeit von Deutschen oder anderen der deutschen Gerichtsbarkeit unterstehenden Personen an Deutschen begangen und noch nicht geahndet worden"[241] waren. Die übrigen Bundesländer lehnten den Vorschlag allerdings ab – vor allem auch im Hinblick darauf, dass die „unter dem Einfluß von Vertriebenenfunktionären" zustande gekommene Forderung „bei Rundfunk und Presse Verwirrung" würde stiften können[242].

Bald gerieten die Vertreibungsverbrechen immer tiefer in den Schatten der „Bewältigung" der NS-Vergangenheit hinein. Diese gewann in der Bundesrepublik Deutschland mit einem gewissen Abstand zu den apokalyptischen Ereignissen seit Ende der 1950er Jahre nicht nur in der Strafjustiz, sondern auch auf vielen anderen Feldern von der Personalpolitik bis zur Erinnerungskultur spürbar an Stärke. Angesichts des Millionenheeres nicht plötzlich verschwundener „Ehemaliger" (NSDAP-Mitglieder) in der Bevölkerung – vom (Mit-)Täter bis zum Mitläufer – hatte es im Umgang mit den Hinterlassenschaften der Schreckensherrschaft etliche problematische Entwicklungen gegeben. Das vom NS-Staat organisierte Menschheitsverbrechen an den europäischen Juden war zwar im Zuge der öffentlichen Debatten um die sog. Wiedergutmachung oder im Kampf gegen neu aufflackernden Antisemitismus schon seit den frühen 1950er Jahren immer wieder in drastischer Weise in Erinnerung gerufen worden,[243] das ganze Ausmaß der Katastrophe und auch die Frage der gesamtgesellschaftlichen Mitverantwortung aber noch lange nicht wirklich erfasst.

Je mehr sich das seit dem großen Auschwitz-Prozess und ähnlichen Verfahren in den frühen 1960er Jahren allmählich änderte, desto prekärer wurde der Umgang mit dem Thema Vertreibung. Dessen Bezüge auch zur NS-Vergangenheit waren mit den Händen zu greifen. Und so lag es quer zu Konzeptionen einer neuen Ostpolitik, die viele gerade wegen der Shoah und des vom „Dritten Reich" geführten rasseideologischen Vernichtungskrieges gegen östliche Nachbarvölker zunehmend als moralische Verpflichtung erachteten – einschließlich aller Konsequenzen mit dem endgültigen Verzicht auf die Heimatgebiete der Vertriebenen, der Anerkennung der Oder-Neiße-Linie als deutsch-polnischer Grenze und der Ungültigkeit des Münchner Abkommens von 1938 nebst Zugehörigkeit der Sudetengebiete zur ČSSR. An Ver-

---
241 Verhandlungen des Bayerischen Landtages, 3. Wahlperiode, Beilagen, Bd. III. Beilagen 3538–4083, 1958. Vgl. auch Münchner Merkur, 10. Oktober 1958.
242 *Miquel*, Ahnden oder amnestieren?, S. 178f.
243 „Sechs Millionen Juden", so hieß es etwa im Herbst 1951 in einer westdeutschen Zeitung unmissverständlich, seien „zerstampft, verheizt, vergiftet, erschossen […]" worden. *Kittel*, Nach Nürnberg und Tokio, S. 89.

treibungsverbrechen auch nur zu erinnern, geriet dabei in den Verdacht, Entspannung und Versöhnung grundsätzlich hintertreiben, ja womöglich gar die NS-Verbrechen „aufrechnen" und relativieren zu wollen. Einige rechtsradikale Irrläufer, die solches tatsächlich im Schilde führten, boten den auf der anderen Seite kämpfenden Linken immer wieder Anlass, sich in ihrem Generalverdacht bestätigt zu fühlen.

Aufschlussreich sind in diesem Zusammenhang die Diskussionen, die ab Ende 1964 um die von der Landsmannschaft Schlesien erneut erhobene Forderung geführt wurden, eine zentrale Sammelstelle für die Registrierung von Vertreibungsverbrechen nach Ludwigsburger Vorbild zu schaffen.[244] Hintergrund war die in Bonn anstehende Entscheidung, ob NS-Mordverbrechen 20 Jahre nach Kriegsende 1945 verjähren sollten. Eine ganze Reihe von Landsmannschaften schlossen sich jetzt den Aktivitäten der Schlesier an: Trotz der „offiziellen Amnestie der Vertreibungsschandtaten durch die polnische und tschechische Regierung"[245] dürften diese Verbrechen rechtlich und moralisch nicht verjähren, solange die Schuldigen nicht zur Verantwortung gezogen seien. Die Bundesregierung müsse auf die Unterbrechung der Verjährungsfrist auch für Vertreibungsverbrechen hinwirken.[246]

Die moralische Integrität der Vorschläge wurde allerdings durch einige schrille Töne gegen die weitere Verfolgung von NS-Verbrechen in Zweifel gezogen. Wenn die „Deutsche Jugend des Ostens" eine Verlängerung der Verjährungsfristen „von der Rechtsstaatlichkeit aus gesehen" als „Akt der Willkür" geißelte, lag sie damit zwar prinzipiell erst einmal auf der Linie des Bundesjustizministers, doch weshalb sollte die Verjährung dann nicht auch für die Vertreibungsverbrechen gelten, nur weil diese bislang zu einem sehr viel geringeren Anteil geahndet worden waren?[247] Eine landsmannschaftliche Zeitung der Oberschlesier hatte sich bereits nach dem Auftakt zum Auschwitz-Prozess unter der Überschrift „Der Strich unter die Vergangenheit" gegen „Monsterprozesse vor sensationslüsternen Journalisten der Weltpresse" gewandt[248]. Und auch „Der Donauschwabe", der ansonsten immer mit gutem Grund die ausbleibende Ahndung von Vertreibungsverbre-

---

[244] Landsmannschaft Schlesien – Der stellv. Bundesvorsitzende an Herrn Bundesminister für Vertriebene, 1. Dezember 1964, in: BArch, B 141/71147.

[245] DOD, Nr. 6, 1965, S. 8.

[246] Vgl. Ostpreußenblatt, 10. April 1965. Die Landsmannschaft Weichsel-Warthe etwa schloss sich dem mit Blick auf die polnischerseits „an Zehntausenden unserer Landsleute" verübten Verbrechen ausdrücklich an; es sei höchste Zeit, Unterlagen mit dem Ansuchen um Strafverfolgung an die polnischen Justizbehörden weiterzuleiten. DOD, Nr. 8, 1965, S. 11.

[247] Neue Kommentare, Nr. 3/1965, S. 8.

[248] Unser Oberschlesien, 23. Januar 1964.

chen kritisierte, sprach sich gegen die weitere Verfolgung von NS-Verbrechen „und eine noch jahrzehntelange Diskriminierung des deutschen Volkes" aus.[249]

Dass man die Forderung nach Aufklärung der Vertreibungsverbrechen nicht mit einem gleichzeitigen Plädoyer für den „Schlussstrich" unter die „Nazi-Verbrechen" belasten musste, demonstrierte unterdessen der Bundestagsabgeordnete Josef Stingl, Vorsitzender des CDU-Landesverbandes Oder-Neiße und engagiertes Mitglied der Ackermann-Gemeinde, einer „Gesinnungsgemeinschaft" katholischer Sudetendeutscher. Kriminelle, so Stingl, dürften grundsätzlich nicht wegen formeller Vorschriften straffrei bleiben. „Das müsse aber *nicht nur für Deutsche* gelten, sondern für alle Verbrecher, gleich welcher Nationalität."[250] Der CDU-Vertriebenenpolitiker stand konsequenterweise auch in der Frage der Verjährung nationalsozialistischer Mordverbrechen an der Seite seines Fraktionskollegen – und späteren Bundesverfassungsgerichtspräsidenten – Ernst Benda, der sehr eindrucksvoll für eine Verlängerung der Frist eintrat. Stingl unterbreitete gleichzeitig den pragmatischen Vorschlag, der nach dem Mauerbau 1961 mit Unterstützung des Berliner SPD-Bürgermeisters Willy Brandt gegründeten „Zentralen Erfassungsstelle" für DDR-Unrecht in Salzgitter auch die Verantwortlichkeit für die Vertreibungsverbrechen zu übertragen.[251]

Im Herbst 1966 unternahm Bundesjustizminister Richard Jäger (CSU) einen Vorstoß in der Justizministerkonferenz, „bestimmten geographischen Gebieten wie z. B. Schlesien oder Danzig einzelne Bundesländer zuzuordnen", die in der Lage seien, dem Bundesgerichtshof eine Staatsanwaltschaft zu benennen, „die die Verfolgung der betreffenden Tatkomplexe übernehmen könne"; der Bundesgerichtshof werde dann nach § 13a Strafprozessordnung (StPO) die betreffende Staatsanwaltschaft mit der Verfolgung ganzer Komplexe beauftragen. Der Freistaat Bayern hatte sich ohnedies schon bereit erklärt, alle im Gebiet der Tschechoslowakei begangenen Verbrechen an Deutschen durch eine bayerische Staatsanwaltschaft verfolgen zu lassen.[252]

Vor allem aus Hamburg, Hessen und Rheinland-Pfalz wurden aber Bedenken hinsichtlich der „außenpolitische[n] Wirkung" eines derartigen Vorgehens geäußert. Dazu zählte nicht zuletzt die Frage, weshalb „ein solches

---

249 Der Donauschwabe, 21. März 1965. Vorbehalte gegen eine Verlängerung der Verjährungsfrist für NS-Verbrechen sprachen auch aus einem Artikel der Sudetendeutschen Zeitung vom 29. Januar 1965.
250 Das Ostpreußenblatt, 30. Januar 1965 (Hervorhebung im Original).
251 Der Schlesier, 18. Februar 1965; *Miquel, Ahnden oder amnestieren?*, S. 290.
252 Auszug aus der Niederschrift über die 34. Justizministerkonferenz vom 11.–13. Oktober 1966 in Kiel, in: BArch, B 141/71147 (Bl. 178).

Verfahren nur für die im Osten, nicht aber auch für die im Westen begangenen Taten geübt werden" solle – angesichts der in der Debatte öffentlich bereits aufgekommenen Forderungen, auch gegen alliierte Bomberpiloten aus dem Zweiten Weltkrieg zu ermitteln, eine besonders delikate Angelegenheit. Oberstaatsanwalt Adalbert Rückerl von der Ludwigsburger Zentralstelle berichtete zudem von Gesprächen in Polen, wo „eine deutliche Empfindlichkeit gegen eine zentralisierte Verfolgung von Vertreibungsverbrechen" festzustellen sei. Die Justizminister beließen es deshalb schließlich doch bei der bisherigen Regelung einer „Zuständigkeit der Strafverfolgung durch den Bundesgerichtshof nach § 13a StPo im Einzelfall"[253].

Im Frühjahr 1969 griffen CDU und CSU im Vorwahlkampf das Thema aber wieder auf und forderten, eine „Dokumentationszentrale für Verbrechen gegen die Menschlichkeit" zu errichten. Dort sollten Experten mit der Eignung zum Richteramt „endlich die wirksame Beweissicherung" auch bei Vertreibungsdelikten aufnehmen. Der Vorstoß scheiterte am sozialdemokratischen Partner in der Bundesregierung, dem solches wegen der angestrebten Entspannung des Verhältnisses zum Osten weniger ratsam schien denn je.[254] Als Minimalkompromiss stimmten SPD-Außenminister Brandt und dessen sozialdemokratische Kollegen kurz vor dem Regierungswechsel in Bonn 1969 im Kabinett wenigstens noch einem wissenschaftlichen Bericht des Bundesarchivs zu den Vertreibungsverbrechen zu – allerdings unter der Maßgabe, diese Dokumentation später nicht zu veröffentlichen, ja sogar den Beschluss dazu geheimzuhalten. Der 1974 endlich fertiggestellte Expertenbericht des Archivs, der – ohne die Deutschen in Russland, im östlichen Polen und in Rumänien – von mehr als 600.000 Todesopfern infolge von Gewaltverbrechen im Zuge der Vertreibung ausging,[255] wurde anschließend weiterhin dilatorisch behandelt und „von sozialliberalen Entspannern geheimgehalten"[256]. Er konnte erst nach dem Ende der SPD/FDP-Bundesregierung

---

[253] Ebd., Bl. 179f.

[254] Berliner Morgenpost, 9. Mai 1969 (Deutscher Bundestag, Presse-Altarchiv, Pressedokumentation, INT-060, 1.5.1952–31.8.77).

[255] *Kulturstiftung*, Vertreibung, S. 34. Allein in den Reihen der Russlanddeutschen war zusätzlich eine deutlich sechsstellige Zahl an Todesopfern zu beklagen, von denen wiederum ein Teil direkt auf Gewaltverbrechen zurückging. Nach Hitlers Überfall auf die Sowjetunion 1941 waren dort bereits fast 900.000 Menschen deportiert worden. Hunderttausende wegen des raschen Vorrückens der Hitler-Armeen davon zunächst verschonte Schwarzmeerdeutsche wurden 1943/44 ins Reich, vielfach in den Warthegau, verfrachtet, zu einem großen Teil aber später von der Roten Armee verhaftet und unter hohen Verlusten ebenfalls in den russischen Osten deportiert. Vgl. *Kulturrat*, Volk auf dem Weg, S. 17f.

[256] So Der Spiegel, 1. Juli 1979 („Aus vollster Seele").

1982 offiziell erscheinen.[257] Lediglich Raubdrucke des Bundesarchivberichts, versehen mit einem Vorwort des CSU-Abgeordneten Franz Ludwig Schenk Graf von Stauffenberg, einem Sohn des Hitler-Attentäters, brachte ein oberbayerischer Verleger unter dem Titel „Verbrechen an Deutschen" seit 1975 auf den Markt.[258]

---

[257] Vgl. *Kittel*, Vertreibung der Vertriebenen?, S. 118 ff., 166, sowie *Kulturstiftung*, Vertreibung.
[258] *Ahrens*, Verbrechen an Deutschen.

IX. Folgen von Verjährungsdebatten und Ostverträgen

Während der Debatten um die Ahndung von Vertreibungsverbrechen in den 1960er Jahren hatten selbst deren leidenschaftlichste Befürworter nur selten, jedenfalls keineswegs systematisch von „Völkermord" gesprochen, um ihrem Anliegen mehr Nachdruck zu verleihen. Allerdings hatte der 1958/59 durch Fusion einiger Vorläuferverbände entstandene Bund der Vertriebenen (BdV) stets die Auffassung vertreten, Vertreibung sei „im eigentlichen und im übertragenen Sinne Völkermord".[259] Dabei berief man sich auch auf die Stuttgarter Charta der deutschen Heimatvertriebenen von 1950, in der es hieß: Den Menschen mit Zwang von seiner Heimat zu trennen, bedeute, ihn im Geiste zu töten. Lemkin, der Vater der Völkermordkonvention, habe die Ostdeutschen in dieser Überzeugung nur noch bestärkt.[260]

Als BdV-Präsident Hans Krüger wegen seiner Vergangenheit im „Dritten Reich" in die Kritik geriet, nutzte sein Verband Anfang 1964 den Genozidbegriff auch, um seinen obersten Repräsentanten gegen „rotpolnische Hetze" in Schutz zu nehmen: „Daß die polnischen Revanchisten Völkermord mit Völkermord vergolten haben", daran würden sich die nationalkommunistischen „Hetzapostel" in Warschau heute nicht erinnern wollen; geschweige denn, dass sie die für „die Gewalttaten der Vertreibung Verantwortlichen" zur Rechenschaft zögen.[261] In einer ebenfalls in diesen Tagen im BdV-Organ „Deutscher Ostdienst" (DOD) erscheinenden Laudatio auf den Völkerrechtler Rudolf Laun, einen sudetendeutschen Sozialdemokraten, der schon früh zu den geistigen Vorkämpfern eines „Rechts auf die Heimat" gehört hatte,[262] fand der Genozidbegriff nur ganz vorsichtig zwischen An- und Abführungszeichen Verwendung: Launs wissenschaftliche Arbeiten zum Heimat- und Selbstbestimmungsrecht hätten sich „unter dem Eindruck der Barbarei des ‚Völkermordes' der Vertreibung" entwickelt.[263]

Je intensiver indes in der zweiten Hälfte der 1960er Jahre über die Verjährung von NS-Verbrechen diskutiert wurde, desto öfter tauchte der Genozidbegriff auch in den Reihen der Vertriebenenverbände auf. Wichtiger Kataly-

---

[259] So der BdV-Pressereferent Clemens J. Neumann. DOD, 28. Juli 1965, S. 1 f.
[260] Vgl. ebd.
[261] DOD, 9. März 1964, S. 15.
[262] Vgl. *Laun*, Das Recht.
[263] DOD, 10. Februar 1964, S. 9.

IX. Folgen von Verjährungsdebatten und Ostverträgen

sator dieser Entwicklungen war die große Debatte im Bundestag am 10. März 1965, an deren Vortag im „Spiegel" ein Interview Rudolf Augsteins mit dem Philosophen Karl Jaspers erschienen war. Jaspers legte besonderen Wert auf die so nur in der deutschen Sprache mögliche Unterscheidung zwischen Verbrechen gegen die *Menschlichkeit,* unter die er Kriegs- oder auch Vertreibungsverbrechen subsumierte, und einem Verbrechen gegen die *Menschheit.*[264]

Ein solches sah er bislang nur im nationalsozialistischen „Verwaltungsmassenmord" an „Juden, Zigeuner[n], Geisteskranke[n]" eindeutig verwirklicht. Ohne auf die UN-Genozidkonvention von 1948 selbst erkennbar konkreter Bezug zu nehmen, setzte Jaspers Menschheitsverbrechen und Völkermord gleich. Dabei ging er von einem ganz und gar auf physische „Ausrottung" bezogenen Völkermordbegriff aus und ignorierte Lemkins Konzept der „Zerstörung" von Gruppen vollständig. Für Jaspers war nicht nur die Vertreibung der Deutschen kein Genozid, da ihr nicht die Absicht zugrunde gelegen habe, „ganze Völkergruppen auszulöschen"; auch bezweifelte der Philosoph Augsteins Einwand, dass es Völkermorde in der Weltgeschichte leider, wenn auch nicht „in so konsequent überlegter Planung [...] schon oft gegeben" habe und etwa die aktuelle Politik Chinas gegen die „Tibetaner" diesen Tatbestand erfülle.[265]

Der Bundestag hatte im März 1965 eine endgültige Entscheidung um einige Jahre vertagt, indem man die Verjährungsfrist für NS-Verbrechen erst ab Republikgründung 1949 statt schon ab 1945 beginnen ließ, um am 26. Juni 1969 dann die Verjährung von Mord auf 30 Jahre (bis 1979) zu verlängern und sie bei Völkermord ganz aufzuheben. In der Zeit vor diesem Beschluss aber sollte sich die gesellschaftliche Diskussion in der Bundesrepublik noch einmal zuspitzen, zumal auch international Druck aufgebaut wurde und die UN-Generalversammlung am 26. November 1968 eine „Konvention über die Nichtanwendbarkeit von Verjährungsvorschriften auf Kriegsverbrechen und Verbrechen gegen die Menschlichkeit" verabschiedete.[266] Artikel Ib zählte dazu ausdrücklich auch das Verbrechen des Völkermordes, „wie es in der Konvention von 1948 [...] definiert wurde", sowie „Vertreibung durch bewaffneten Angriff oder Besetzung".[267]

An den politischen Widerständen gegen eine systematischere Verfolgung von Vertreibungsverbrechen in der ostpolitisch zunehmend auf Entspannung

---

[264] Hervorhebung M. K.
[265] Der Spiegel, 9. März 1965 (Online-Fassung): „Für Völkermord gibt es keine Verjährung".
[266] *Van Dam,* Die Unverjährbarkeit, S. 9–16.
[267] Letzteres war – kurz nach dem Sechstagekrieg – auf Drängen arabischer Staaten mit Stoßrichtung gegen Israel in den Text aufgenommen worden. Vgl. ebd., S. 17.

ausgerichteten Gesellschaft der Bundesrepublik und der seit 1966 großkoalitionären Bonner Regierung änderte dies alles aber nichts. Der sozialdemokratische BdV-Präsident und Bundestagsabgeordnete Reinhold Rehs sprach deshalb auf einer Großkundgebung in Berlin im Spätsommer 1968, ein Jahr vor seinem Übertritt zur CDU, von einer „Bewusstseinsspaltung auch berufener Instanzen in unseren Landen", die in der Debatte um die „Verjährung des Völkermordes" einen „hohen Grad" erreicht habe. „Manche Gazetten" könnten sich zwar „nicht genug tun", den gegenwärtigen „Fanatismus des Völkermordes" in Biafra oder im Sudan zu beklagen, seien aber auf dem anderen Auge blind. Dabei sei noch bei der Ratifizierung der UN-Völkermordkonvention im Bundestag 1954 „klar" gewesen, dass „nicht nur von Deutschen verübter Gruppenmord, sondern Gruppenmord schlechthin, also auch [...] die Gewalttaten des Vertreibungsgeschehens, unter diese Konvention" fielen. Der „große Philanthrop Lemkin" habe ebenfalls bestätigt, dass unter Gruppenmord die „Vernichtung" nationaler Gruppen „durch Tötung und Minderung der Lebensbedingungen" zu verstehen sei. Den „zuständigen deutschen Stellen wie auch der öffentlichen Meinung", so Rehs, scheine jedoch nicht mehr bewusst zu sein, dass „nicht nur von Deutschen verübte, sondern auch an Deutschen verübte Schandtaten im Sinne dieser Konvention geahndet werden müßten".[268]

Nachdem sich Rehs christdemokratischer Abgeordneten- und BdV-Kollege Herbert Czaja in den folgenden Monaten sogar eine ergebnislose Leserbriefkontroverse mit dem Generalstaatsanwalt in Hamm geliefert hatte, weil angesichts der Schwierigkeit der Verfolgung von Vertreibungsstraftaten nicht wenigstens „verjährungsunterbrechende Formalakte" gesetzt würden,[269] verabschiedete die BdV-Bundesversammlung am 27. April 1969 eine Entschließung zur Verjährungsfrage: Der „Gesamtprozeß der Vertreibung ganzer Volksgruppen" stelle „den Tatbestand des Völkermordes" dar. Der BdV strebe daher nicht mehr und nicht weniger an als „geordnete Sühne in geordnetem Rechtsgang".[270]

Auf den Charakter der bald folgenden großen Verjährungsdebatten im Bundestag im Juni 1969 wirkten sich derlei BdV-Entschließungen aber kaum aus. Dem Verband blieb nur das Bedauern, dass es im Hohen Haus so gut wie nicht um die „Tragödie in den Ostgebieten" ging. Lediglich der CSU-Politiker Jaeger führte aus, dass, falls der Bundestag die Verjährbarkeit von

---

[268] DOD, 9. September 1968, S. 9 f.
[269] Vgl. dazu den Vortrag von Franz Münch beim BdV. DOD, 26. Februar 1969, S. 9.
[270] DOD, 12. Juli 1969, S. 8 f.; vgl. auch Berliner Morgenpost, 9. Mai 1969 (Deutscher Bundestag, Presse-Altarchiv, Pressedokumentation, INT-060, 1.5.1952–31.8.1977).

Völkermord nicht aufheben würde, man auch „keinen moralischen Anspruch" mehr hätte, die Bestrafung „für Verbrechen an den Vertriebenen" zu fordern.[271] Das Thema verlor in den folgenden Jahren dann weiter an Bedeutung, weil die neue sozialliberale Bundesregierung ihrer Politik der Entspannung gegenüber den kommunistischen Diktaturen in Ost- und Mitteleuropa die Interessen der Vertriebenen weitgehend unterordnete. Bei dem ohnehin schwierigen Komplex der „ethnischen Säuberungen" ab 1945 deutscherseits in Moskau, Warschau oder Prag auch noch von Völkermord zu reden, hätte die bald anstehenden Verhandlungen über die Ostverträge nicht gerade erleichtert.

Die faktische Anerkennung der am Ende des Zweiten Weltkrieges gezogenen Grenzen in den Jahren 1972 bis 1974 führte indes nicht zu der von manchen erhofften grundlegenden Verbesserung der menschenrechtlichen Lage für die in der Heimat verbliebenen Deutschen. Der BdV und sein (1970 gewählter) Präsident Czaja griffen deshalb in den späten 1970er Jahren verstärkt auf den Völkermord-Topos zurück, um auf die anhaltenden Missstände in den Vertreibungsgebieten aufmerksam zu machen. Czaja richtete im Mai 1979 die Frage an die Bundesregierung, was diese unternehme, um die gegen Artikel IIe der Völkermordkonvention verstoßende Überführung von Kindern deutscher Staatsangehörigkeit „in die polnische Nationalität" zu unterbinden, zumal nach § 220a StGB „Strafverfolgungsmaßnahmen gegen die Täter ohne Rücksicht auf den Tatort einzuleiten" seien. Justizstaatssekretär Hans de With (SPD) antwortete im Parlament, der Bundesregierung lägen keine Anhaltspunkte für eine Verletzung von Art. II der UN-Genozidkonvention im Falle deutscher Kinder jenseits von Oder und Neiße vor.[272]

Czaja appellierte daraufhin in einem Brief an Bundeskanzler Helmut Schmidt vor dessen Besuch beim polnischen KP-Chef Edward Gierek auf der Halbinsel Hela im Sommer 1979[273]: Er solle dort auf ein Ende der zwangsweisen Überführung deutscher Kinder in die polnische Nationalität hinwirken, die Art. IIe der „Konvention über die Verhütung des Völkermords" verletze.[274] Im Bundestag bohrte der hartnäckige BdV-Chef bald nach, ob diese Vorgänge in zehntausenden von zu beklagenden Fällen mit

---

[271] DOD, 14. Juni 1969, S. 2 („Vertreibungsverbrechen feststellen"). Im Bericht über die Bundestagsdebatte wurde auch betont, dass die Erinnerung an die Ratifizierung der Völkermordkonvention 1954 und an den § 220a StGB dem BdV und den Landsmannschaften immer wichtig gewesen sei: Schließlich seien es ja „ihre Landsleute" gewesen, „die nach Beendigung des Krieges zu Opfern von Völkermord wurden".
[272] Stenographische Aufzeichnungen des Deutschen Bundestages, 8. WP, 153. Sitzung, 16. Mai 1979, S. 12233f.
[273] *Pick*, Brücken nach Osten, S. 98.
[274] DOD, 16. August 1979, S. 2.

der angestrebten deutsch-polnischen Normalisierung vereinbar seien. FDP-Staatsministerin Hildegard Hamm-Brücher wies solch einen „konstruierten Zusammenhang" aber mit „allem Nachdruck" zurück; die Frage der Unterrichtssprache habe mit der Staatsangehörigkeit nichts zu tun. Czaja erwiderte daraufhin, dass Art. IIe der UN-Konvention ausdrücklich die nationale Entwurzelung von Kindern verbiete. Der Staatsministerin sei wohl entgangen, dass Kinder von über 500.000 in die Bundesrepublik gekommenen deutschen Aussiedlern östlich der Oder „bereits massiver Zwangsnationalisierung unterworfen" gewesen wären? Doch Hamm-Brücher entgegnete nur, Art. II der UN-Konvention meine „etwas ganz anderes", „wenn von gewaltsamer Überführung die Rede sei";[275] was genau, ließ sie offen.

Der BdV-Präsident scheint spätestens durch die unbefriedigenden Antworten auf seine parlamentarischen Anfragen dazu veranlasst worden zu sein, sich intensiver auch mit der Entstehungsgeschichte der UN-Konvention selbst zu befassen. Jedenfalls konfrontierte er die Bundesregierung im folgenden Jahr mit dem Hinweis, die Sowjetunion und Polen hätten in den Konventionsberatungen 1948 selbst die Auffassung vertreten, das Verbot des Gebrauchs der Muttersprache in der Schule und im täglichen Verkehr sei als „kultureller Völkermord" zu verstehen. Auf Czajas Anfrage, ob die Bundesregierung diese Rechtsauffassung teile und bereit sei, mit Warschau darüber im Falle der Deutschen in den Oder-Neiße-Gebieten zu reden, antwortete Staatsminister Klaus von Dohnanyi (SPD) in lakonischer Kürze, die Exekutive teile diese Auffassung nicht.[276] In einer Rede nach seiner Wiederwahl als BdV-Präsident im Juni 1980 wandte sich Czaja deshalb abermals gegen „Versuche, nationale Eigenart unter fremder Herrschaft auszulöschen und die Menschen zwangsweise zu assimilieren", forderte aber nun eine neue „wirksame Konvention zum Schutz der Volksgruppenrechte vor *kulturellem* Völkermord".[277]

Wie es aussieht, war Czaja spätestens jetzt bewusst, dass der von Lemkin für so wichtig gehaltene „kulturelle Völkermord" im Laufe der Konventionsberatungen bis 1948 aus dem Papier herausdefiniert worden war. Die Nähe nicht nur Czajas, sondern der Vertriebenenverbände insgesamt zu Lemkins Ideen vom Schutz nationaler Gruppen bzw. Minderheiten hatte sich aber

---

[275] Stenographische Aufzeichnungen des Deutschen Bundestages, 8. WP, 175. Sitzung, 27. September 1979, S. 13822f.

[276] Stenographische Aufzeichnungen des Deutschen Bundestages, 8. WP, 217. Sitzung, 14. Mai 1980, S. 17407; vgl. auch schon: Stenographische Aufzeichnungen des Deutschen Bundestages, 8. WP., 203. Sitzung, 28. Februar 1980, S. 16292*. Die von Dohnanyi bezogene Verteidigungsposition, dass die sowjetische Initiative 1948 sich doch erst auf mögliche künftige kulturelle Völkermorde bezogen habe, lieferte genau besehen kein Argument gegen Czaja.

[277] DOD, 26. Juni 1980, S. 6 (Hervorhebung M. K.).

schon vorher gezeigt, als die Sudetendeutsche Landsmannschaft (SL) 1979 eine Resolution zum „4. März" verabschiedete. Die Erinnerung an die 1919 blutig niedergeschlagenen Demonstrationen für das Selbstbestimmungsrecht der Deutschen in den böhmischen Ländern verbanden SL und Sudetendeutscher Rat nun mit der Forderung eines „internationalen Minderheiten- und Volksgruppenrechts", um „Entnationalisierung, Völkermord und Vertreibung zu ächten".[278] Die bestehenden Ansätze eines „allgemeinen Schutzsystems für Minderheiten und Volksgruppen", nicht zuletzt in der UN-Völkermordkonvention, müssten ausgebaut werden.[279] „Die Vertreibung", bekräftigte SL-Sprecher Walter Becher, „komme dem Völkermord äußerst nahe".[280]

Die gravierenden vertriebenenpolitischen Meinungsverschiedenheiten zwischen den Lagern beschränkten sich in dieser Phase nicht allein auf den für Laien missverständlichen Völkermordbegriff. Selbst das Wort „Vertreibungsverbrechen" geriet wegen der Bezüge zwischen den „ethnischen Säuberungen" ab 1945 und der vorhergehenden NS-Gewaltpolitik jetzt zunehmend in Verruf. Dabei hatten etwa Juristen der Ludwigsburger Zentralstelle die Vokabel noch 1966 ebenso selbstverständlich verwendet wie 1974 die Autoren des erwähnten, wissenschaftlich grundsoliden Bundesarchivberichts. Für diese erstreckte sich der Terminus präzise auf „an Deutschen im Zuge der Vertreibung" begangene „Verbrechen und Unmenschlichkeiten"; und zwar „in erster Linie" auf solche Handlungen, „die an Leib und Leben von Menschen verübt worden" waren. „Ausplünderung" oder „Massendeportationen" in die Sowjetunion fasste der Archivbericht ebenfalls darunter, „sofern Lebensverluste der Betroffenen hiermit verbunden waren"[281], nicht jedoch überlebende Opfer von Vergewaltigungen oder anderen Gewalttaten.

Nachdem aber der sudetendeutsche Notar und Amateur-Historiker Heinz Nawratil 1982 in einer später als „Schwarzbuch" firmierenden Publikation über „Vertreibungsverbrechen" an Deutschen[282] stark überhöhte Opferzahlen genannt hatte,[283] ließ der Direktor des Münchner Instituts für Zeitgeschichte,

---

278 Die Geschichte wäre besser verlaufen, so hieß es weiter, wenn nach den Prinzipien des Mährischen Ausgleichs von 1905 eine partnerschaftliche Nachbarschaft zwischen Deutschen und Tschechen hätte wachsen können. DOD, 1. März 1979, S. 2.
279 So formulierte es wenig später die SL-Bundesversammlung. DOD, 21. März 1979, S. 4.
280 DOD, 21. März 1979, S. 2.
281 *Kulturstiftung*, Vertreibung, S. 17 ff.; vgl. auch ebd., S. 54.
282 *Nawratil*, Vertreibungsverbrechen.
283 Solche Zahlen resultierten in der Regel daraus, dass entgegen der Empfehlung des Bundesarchivberichts von 1974 davon ausgegangen wurde, es habe sich bei der Mehrzahl von (laut Statistischem Bundesamt) über 2 Millionen „ungeklärten Fällen" um Verbrechensopfer gehandelt: „Dann wären aber die Todesfälle unter der Zivilbevölkerung infolge von Entkräftung und Erschöpfung wegen mangelnder Lebensmit-

IX. Folgen von Verjährungsdebatten und Ostverträgen

Martin Broszat, verlauten, dieses Wort künftig nur noch in distanzierenden An- und Abführungszeichen verwenden zu wollen. Ihm hafte, „oft vage, viel zu allgemein und nicht strafrechtlich distinkt gehandhabt", der Geruch der Verrechnungsabsicht an. Neuere polemische Traktate aus rechtsnationaler Ecke, die die Definition und das Ausmaß der „Vertreibungsverbrechen" in absurder Weise ausweiteten, gäben „solchen Befürchtungen reichlich Grund".[284] Broszat, auf anderen historischen Feldern ein ebenso unermüdlicher wie erfolgreicher Wissenschaftsorganisator, beließ es in diesem Fall im Wesentlichen dabei, den zu hohen Opferzahlen Nawratils eigene, eher niedrige entgegenzusetzen. Er hielt es aber nicht für dringlich, an seinem Haus auch einmal ein Projekt zu den keineswegs vagen Delikten auf den Weg zu bringen, die in der tatbestandlichen Form von Mord, Totschlag oder Körperverletzung mit Todesfolge während der Vertreibung in zahllosen Fällen vorgekommen und im Bundesarchivbericht 1974 ebenso nüchtern wie eindrücklich bilanziert worden waren.[285]

Auch anhaltende Defizite in der seriösen Forschung trugen wohl leider ihren Teil dazu bei, dass in einer 1983 erscheinenden Neuauflage der Ahrens-Publikation „Verbrechen an Deutschen" im „Vorwort des Verlages" wieder zu lesen war: Es gehe dabei nicht um „Untaten entarteter Einzelner", sondern um „weitgehend geplante Massenmorde – Völkermord".[286] Eine auch nur oberflächliche Befassung mit der UN-Konvention von 1948 konnte diesem Urteil schwerlich zugrundegelegen haben. Dagegen ließ der dunkel raunende Hinweis auf „jene Kräfte in der Welt", denen an einer kollektiven Kriminalisierung des deutschen Volkes gelegen sei,[287] auch antisemitische Motive befürchten.

Die lange mangelnde rechtlich-praktische Bedeutung des Völkermordbegriffes und sein geringer internationaler Stellenwert, so ist zu resümieren, hatten sich auch in einer eher untergeordneten Rolle in der bundesdeutschen

---

telzuteilungen ebenso als Vertreibungsverbrechen zu bezeichnen" wie die hohe Zahl der Selbstmorde. *Kulturstiftung*, Vertreibung, S. 54.

[284] *Broszat*, „Vertreibungsverbrechen", S. 243.

[285] Dabei hatte Broszat in jüngeren Jahren selbst an dem großen Schieder-Projekt zur „Dokumentation der Vertreibung" mitgewirkt. Vgl. *Beer*, Im Spannungsfeld, S. 350. Fast wie eine Ironie der skizzierten Diskursgeschichte wirkte es, als später die BdV-Präsidentin Erika Steinbach von einer „Ambivalenz" des Begriffs „Vertreibungsverbrechen" sprach, allerdings aus völlig anderen Gründen als Broszat: Der Begriff suggeriere „das Vorkommen von Verbrechen in und bei der Vertreibung, während die Vertreibung doch per se das Verbrechen" darstelle. Vgl. das Vorwort Steinbachs in: *Nawratil*, Schwarzbuch (2007), S. 8.

[286] *Ahrens*, Verbrechen (1983), S. 8.

[287] Ebd., S. 7.

Erinnerungskultur gespiegelt.[288] Erst an der Wende von den 1970er zu den 1980er Jahren begann sich der Terminus allmählich stärker zu verbreiten. Im Vertreibungsdiskurs geschah dies sowohl konstruktiv, um menschenrechtlichen Anliegen des BdV zugunsten der Heimatverbliebenen mehr Geltung zu verschaffen, aber eben auch in missbräuchlicher Verwendung als offenkundiges verbales Überbietungswerkzeug im Rahmen der „Opferkonkurrenz". Hinsichtlich der Shoah ist festzuhalten, dass in den frühen Jahren der Bundesrepublik teils noch eher diffus von „unsagbaren Verbrechen"[289], teils aber bereits zutreffend drastisch von „Endlösung" oder „Ausrottung"[290] der Juden die Rede gewesen war. Dieser „Nürnberger" Begriff hatte die Einordnung als Völkermord, ohne das Wort selbst zu verwenden, stets klar beinhaltet.

---

[288] Zu den Ausnahmen in Bezug auf ethnische Säuberungspolitik gegen deutsche Sprachgruppen zählte der britische Historiker und Stalinismus-Experte Robert Conquest (*Conquest*, Stalins Völkermord).

[289] So Adenauer in einer Regierungserklärung Ende September 1951. Stenographische Aufzeichnungen des Deutschen Bundestages, 1. WP, 165. Sitzung, 27. September 1951, S. 6697f.

[290] Davon sprach etwa der Staatsanwalt im Plädoyer gegen einen judenfeindlichen Wirtshausredner im Herbst 1955 in Anlehnung an die „Nürnberger" Terminologie. FAZ, 29. Oktober 1955. Vgl. auch *Reitlinger*, Die Endlösung, wo im Untertitel von Hitlers „Versuch der Ausrottung der Juden Europas" die Rede ist.

X. Zunehmende Gleichsetzung von Völkermord und Holocaust und Randposition der Vertreibung in der neuen Genozidforschung seit den 1980er Jahren

Als Katalysatoren eines tiefgreifenden erinnerungskulturellen Wandels in den 1980er Jahren wirkten in Deutschland die von einem Millionenpublikum gesehene Ausstrahlung der US-Filmserie „Holocaust" im Fernsehen 1979[291] sowie bald darauf linke gesellschaftliche Gegenbewegungen zu einer befürchteten „geistig-moralischen" Wende durch die neue, CDU-geführte Bundesregierung (ab 1982), in deren Verlauf auch ein wenig ergiebiger „Historikerstreit" um die „Singularität" der Shoah entbrannte.[292] Parallel zur raschen und breiten Durchsetzung des Holocaustbegriffs in diesen Jahren bürgerte sich als Chiffre zur Charakterisierung der NS-Judenvernichtung erst jetzt mehr und mehr auch das Wort „Völkermord" ein.

Das von Walter Pehle 1988 herausgegebene, breit rezipierte Taschenbuch über den „Judenpogrom 1938" in der schwarzen Edition des Fischer-Verlages[293] verwendete den Terminus im Untertitel ebenso wie Philippe Burrins Studie „Hitler und die Juden" (1993)[294] oder „Auschwitz vor Gericht" von Gerhard Werle und Thomas Wandres in der Beck'schen Reihe 1995.[295] Schon 1990 erschien zudem die deutsche Übersetzung der populärwissenschaftlichen Erörterung des französischen Politologen Alfred Grosser über den „Genozid im Gedächtnis der Völker", die auch den Judenmord thematisierte.[296]

Der erinnerungskulturelle Trend hierzulande besaß wie so oft US-amerikanische Vorläufer. Denn in der ersten Hälfte der 1980er Jahre hatte Leo Kuper, ein kalifornischer Soziologieprofessor, in mehreren Studien das „Signifikan-

---

[291] Vgl. *Märthesheimer/Frenzel*, Im Kreuzfeuer.
[292] Vgl. dazu *Steinbach*, Die publizistischen Kontroversen, S. 159 ff., sowie Teile des Kapitels „Geschichtspolitik gegen den Strom" bei *Meyer*, Die SPD, S. 432–479.
[293] *Pehle*, Der Judenpogrom 1938 (Untertitel: Von der Reichskristallnacht zum Völkermord).
[294] *Burrin*, Hitler.
[295] *Werle/Wandres*, Auschwitz.
[296] Vgl. *Grosser*, Verbrechen und Erinnerung, hier v. a. das Kapitel „Auschwitz im Vergleich" mit einleitenden begriffsgeschichtlichen Überlegungen. Ebd., S. 45.

teste zum Genozid seit Lemkin" vorgelegt.[297] Für Kuper war das Verbrechen des Genozids eng verknüpft mit dem Souveränitätsbegriff des modernen Staates seit dem Westfälischen Frieden. Nachdrücklich geißelte er zudem die Komplizenschaft auch westlicher Länder „in practical and political support for genocide".[298] In seinem Buch über den „politischen Gebrauch des Genozids" 1981 konzentrierte sich Kuper ganz auf „domestic genocides", also solche, die „internal to a society" gewesen seien und nicht eine direkte Folge von Krieg. Die ethnischen Vertreibungen von 1945/46 fallen nicht darunter, nur die sowjetische Gewaltpolitik gegen die Wolgadeutschen vorher wird genannt.[299]

Wie Kuper waren auch viele andere Akteure einer jetzt deutlich intensivierten Genozidforschung vorher im Bereich der „Holocaust Studies" engagiert gewesen. Während es Kuper, ohne die UN-Konvention wegen des Ausschlusses politischer Gruppen für perfekt zu halten, aber ablehnte, neue Begriffsbestimmungen zu erfinden, da es ja immerhin bereits eine international anerkannte Definition gebe, rangen andere Genozidforscher heftig mit den Vorgaben des UN-Textes. Dabei blieb zwischen den Anhängern „härterer" und „weicherer" Auslegung vor allem auch umstritten, ob man die Frage der Absicht der Täter besser ganz herauslassen solle und ob ein Fokus „auf die totale physische Vernichtung einer Gruppe" zu viele Tathandlungen ausgrenzen würde, die „logisch und moralisch eingeschlossen" werden müssten.[300]

1990 legten Frank Chalk und Kurt Jonassohn eine „Geschichte und Soziologie des Genozids" vor, wobei sie in ihrem definitorischen Ansatz über die UN-Konvention hinaus auch politische und soziale Gruppen als potentielle Opfer aufnahmen und auf die unterschiedlichen Motivstrukturen der Täter fokussierten. Wollten diese (erstens) vor allem eine wahrgenommene Bedrohung beseitigen; (zweitens) Terror unter wirklichen oder vermeintlichen

---

[297] *Jones*, Genocide. A comprehensive introduction, S. 14 (vgl. auch ebd., S. 16). Gemeint waren vor allem zwei Studien: *Kuper*, Genocide, und *ders.*, The Prevention.

[298] So *Jones* in der Einleitung zu dem von ihm herausgegebenen Sammelband Genocide, War Crimes and the West, S. 18.

[299] *Kuper*, Genocide, S. 9; vgl. auch ebd., S. 145. Dagegen beschrieb Kuper sowohl das „atomic bombing" von Hiroshima und Nagasaki als auch das „pattern bombing" Hamburgs und Dresdens durch die Alliierten im Zweiten Weltkrieg als genozidal und hielt daran auch nach Kritik fest. Vgl. *Kuper*, The Prevention, S. 13.

[300] *Jones*, Genocide. A comprehensive introduction, S. 19. Jones selbst rechnet sich eher zu den Anhängern einer „weichen und inklusiven als harten und exklusiven" Definition von Völkermord, hütet sich indes davor, Fälle, in denen es nicht zu Massentötungen gekommen ist, unter Genozid zu fassen (ebd., S. 22). Unabhängig von seiner eigenen Perspektive fordert Jones seine Leser dazu auf, sich stets zu vergegenwärtigen, dass es „nur eine Legaldefinition von Genozid gebe": die der UN-Konvention. Ebd., S. 23.

Feinden verbreiten; (drittens) nur ihren wirtschaftlichen Wohlstand mehren oder (viertens) einen bestimmten Glauben, eine Theorie oder Ideologie implementieren?[301]

Erst im 20. Jahrhundert, so zeigen Chalk und Jonassohn anhand von zwei Dutzend Fällen von der Antike (z. B. die Zerstörung Karthagos) bis in die Gegenwart, sei der vierte Motivstrang zum dominierenden Genozidtyp geworden. Er reiche von der osmanischen Armenienpolitik bis zu den Völkermorden der kommunistischen Sowjetunion oder der Nationalsozialisten. Neben dem Holocaust behandeln Chalk und Jonassohn deutsche Geschichte nur noch wegen der Hererokriege. Die Vertreibungen ab 1945 passen aber wohl auch deswegen nicht in ihr von der UN-Konvention stark abstrahierendes Genozidkonzept, weil sich dabei das erste, eigentlich als älter definierte Motiv mit dem dritten und dem „modernen" vierten mischt. Die Absicht der Täter bestand ja 1945/46 sowohl darin, nach den Erfahrungen mit der NS-Politik die potentielle Bedrohung durch eine „Fünfte Kolonne" deutschsprachiger Bürger auf dem eigenen (teilweise neu eroberten) Staatsgebiet auszuschalten, als auch in der damit eng zusammenhängenden „ethnischen Homogenisierung" des eigenen Nationalstaates. Ökonomische Überlegungen traten teilweise hinzu.

In einer etwas späteren Chronologie der Genozide („Der verbrecherische Staat") aus dem Jahr 1996 erwähnt der französische Verfasser Yves Ternon zwar die „ethnischen Säuberungen" im indisch-pakistanischen Raum im Zuge der Teilung des Subkontinents, die Vertreibung der Deutschen aber lässt er weg.[302] Auch in Israel W. Charnys „Encyclopedia of Genocide" (1999) wird die Vertreibung der Deutschen nur fragmentarisch angesprochen – aber weder anhand des quantitativ wichtigsten Falles (Oder-Neiße-Gebiete) noch anhand des „qualitativ" wohl schrecklichsten (Donauschwaben), sondern aus nicht ganz klar werdenden Gründen ausschließlich am Beispiel des „Ethnic cleansing of Germans by Czechs after World War II". Die Zahl der Todesopfer ist dabei nach den bekanntlich stark abweichenden Schätzungen in einer weiten Spanne zwischen 15.000 und 240.000 beziffert.[303]

Noch geringeren Stellenwert gewannen die Vertreibungen ab 1945 in einer weiteren „Encyclopedia", diesmal „Genocide and Crimes against Humanity" gewidmet, von Dinah Shelton (2005). Deutschland wird hier zwar ausführlich wegen des Holocausts – und der Herero – erörtert, ansonsten taucht es

---

301 *Chalk/Jonassohn*, The History, S. 39 f.
302 *Ternon*, Der verbrecherische Staat, v. a. S. 318 ff.
303 *Charny*, Encyclopedia, Bd. 1, S. 297. Ähnliches gilt für ein Buch von *Eric Weitz*, Century of Genocide (2003), wo nicht begründet wird, weshalb die Vertreibung der Deutschen ausgeklammert bleibt.

X. Völkermord und Holocaust   77

aber fast nur noch als Aufnahmeland von Vertriebenen aus Bosnien-Herzegowina in den 1990er Jahren auf,[304] weil das vorausgehende „Ethnic cleansing" durch Serben angemessen breit dargestellt wird. Selbst ein allgemeines Lemma „expellees" oder „expulsion" sucht man dagegen vergebens.

Eine gewisse Ausnahmeerscheinung unter den amerikanischen Genozidforschern in Bezug auf die Vertreibungen am Ende des Zweiten Weltkriegs war der 1932 im US-Bundesstaat Ohio geborene, ab 1966 auf Hawai lehrende Politik- und Geschichtswissenschaftler Rudolph Rummel. Für unsere Fragestellung ist er aber doch so wichtig, dass seine Arbeit hier näher behandelt werden muss. In dem Buch „Death by government" ging Rummel 1994 von seinem Ungenügen an einem Genozidverständnis aus, das sich ausschließlich auf wegen ihrer Gruppenzugehörigkeit direkt Ermordete bezog, nicht aber auch auf Menschen, die man deshalb zum Beispiel „einfach verhungern" ließ.[305] So prägte Rummel den neuen Begriff des „Demozids", worunter er die Tötung von einzelnen Personen oder ganzen Völkern im Auftrag einer Regierung auch mittels absichtlicher „Auferlegung todbringender Lebensbedingungen" verstand.[306]

Unter Demozid fasste Rummel neben den tödlichen Formen von Genozid (von der armenischen Katastrophe über den Holocaust bis zur Gewalt der Roten Khmer) auch „Politizide" (wie etwa die NS-Aktionen gegen Regimegegner nach dem sog. Röhm-Putsch 1934 oder antikommunistische Massaker durch die indonesische Armee 1965/66), Massenmorde (wie die japanischen Verbrechen in Nanking 1937) und Terror (wie die stalinistischen „Säuberungen" von 1936 bis 1938).[307] Die größten Mörder des 20. Jahrhunderts sortierte der US-Politologe nach ihrer Opferzahl in einer Art Rangliste, wobei Josef Stalin (43 Millionen), Mao Zedong (38 Millionen) und Adolf Hitler (21 Millionen) an der Spitze standen. In einem Kapitel über die „lesser megamurderers"[308], das vom spätosmanischen Reich über das japanische Militärregime in der Zeit des Zweiten Weltkriegs bis zum kommunistischen Jugoslawen-Führer Josip Broz („Tito") reicht, widmete sich Rummel dann aber auch den „ethnischen Säuberungen" deutscher Siedlungsgebiete durch Polen ab 1945 mit „1.585.000 Ermordeten". Diese galten ihm als Opfer einer „demozidartige[n] Vertreibung".[309]

---
[304] *Shelton*, Encyclopedia, Bd. 2, S. 876.
[305] *Rummel*, Demozid, S. 33.
[306] Ebd., S. 34.
[307] Vgl. ebd., S. 36.
[308] *Rummel*, Death, S. 297–314.
[309] *Rummel*, Demozid, S. 253. Die Opferzahl setzt sich bei Rummel aus 1,45 Millionen Deutschen aus den „Ostgebieten und Danzig" sowie 133.000 aus dem „Polen vor 1939" zusammen (ebd.).

In Potsdam hätten die Siegermächte im August 1945 „the largest mass expulsion of a population in history" unterschrieben. Die Lage für die zu Vertreibenden habe sich danach zwar etwas verbessert, sei aber „still dangerous to human life" geblieben. Hunderttausende seien geschlagen, ausgeraubt und vergewaltigt worden oder „killed while awaiting expulsion" und „imprisoned in lethal camps"[310]. Rummel beschreibt ferner den Entzug der Lebensgrundlagen etwa durch Wegnahme von Vieh, Getreide und landwirtschaftlichem Gerät. Trotz Mithilfe der Sowjetunion, so sein Resümee, falle die Opferzahl von 1,5 Milllionen Toten in den Oder/Neiße-Regionen in „the direct and indirect responsibility oft the new Polish government: it is Polish democide".[311] Die Warschauer Regierung habe „per year 1 out of 40 German men, women, and children under its administration" getötet, insgesamt 11% aller dort lebenden Deutschen.[312] Rummel verschweigt allerdings auch nicht, dass die Polen unter der NS-Herrrschaft zuvor noch „einen im Verhältnis weit größeren Demozid erlitten" hatten, als sie ihn anschließend den (Ost-) Deutschen zufügten.[313]

So zutreffend der amerikanische Wissenschaftler vieles beschreibt, auf so unsicheres Terrain begibt er sich – unnötigerweise – in seiner Opfermathematik. Denn mit seiner Zahl von „1.585.000 Ermordeten" erweckt er zumindest den Eindruck, den Unterschied zwischen „direkten" Opfern von Kapitalverbrechen und Vertreibungsfolgeopfern nicht hinreichend deutlich zu machen. Obendrein rechnet er Warschauer Machthabern in nicht nachvollziehbarer Weise offensichtlich auch die vielen Toten zu, die von den Exzesstaten der Rotarmisten bis zur Deportation in die Zwangsarbeit ganz und gar im sowjetrussischen Verantwortungsbereich lagen. Der Irrtum wäre wohl vermeidbar gewesen, wenn Rummel sich nicht nur auf ältere Quellen des Bundesvertriebenenministeriums oder des Statistischen Bundesamts gestützt,[314] sondern auch den unverzichtbaren Opferzahlenbericht des Bundesarchivs von 1974 herangezogen hätte.

Im Kapitel zu Polen behandelt die Studie auch die Vertreibungspolitik der tschechoslowakischen und jugoslawischen Machthaber, die nicht weniger „rachsüchtig" agiert hätten. Die Tschechen, so schreibt Rummel etwa mit Bezug auf die Massaker von Saaz und Postelberg in den ersten Monaten

---

310 *Rummel*, Death, S. 300, 305.

311 Ebd., S. 306; vgl. auch S. 311.

312 Ebd., S. 311.

313 *Rummel*, Demozid, S. 264. Unter den „Ausgewählten Nazi-Demoziden" erwähnt Rummel schon in einem früheren Kapitel die polnische Opferzahl von 5,4 Millionen Menschen. Ebd., S. 96.

314 *Rummel*, Death, S. 305 f. Zum Zahlenwerk Rummels später vertiefend sein Vertreibungskapitel in *ders.*, Statistic, S. 133–152.

nach Kriegsende, „treated the Sudeten Germans before and during their expulsion with extreme brutality and violence".[315] Das von den Tschechen an den Sudetendeutschen begangene Demozid habe zahlenmäßig den vorherigen NS-Demozid am tschechischen Volk sogar übertroffen, was diesem Fall, da er sich insofern sowohl vom polnischen wie vom jugoslawischen unterscheide, einen besonderen Charakter verleihe.[316]

Zusammen mit 197.000 sudetendeutschen und 82.000 jugoslawiendeutschen Todesopfern kommt Rummel insgesamt auf ein „German Expulsion Democide" von fast 1.9 Millionen Menschen.[317] Die Vertreibung, so zitiert er die mit dem Pulitzer-Preis ausgezeichnete New York Times-Journalistin Anne O'Hare McCormick, müsse als „inhumanste Entscheidung" gelten, die „jemals von Regierungen getroffen wurde", die sich auf die Verteidigung der Menschenrechte beriefen.[318] Was Polen, aber auch Tschechen und Jugoslawen den Ostdeutschen angetan hätten, sei, so Rummels eigenes Fazit, „wie immer man den Begriff definiert, Genozid" gewesen, „faktisch der letzte Genozid des Zweiten Weltkriegs", der noch einmal die „Normen der zivilisierten Menschheit" verletzt habe.[319]

Rummels „Death by government" erschien ab 1998 auch in mehreren Auflagen in deutscher Übersetzung unter dem Titel „Demozid – der befohlene Tod" mit einem Geleitwort von Yehuda Bauer, einem eng mit der Gedenkstätte Yad Vashem verbundenen israelischen Holocaust-Spezialisten. Bauer ließ zwar durchblicken, dass er nicht alle Zahlenangaben Rummels für unanfechtbar hielt, attestierte dem Werk aber eine „außerordentliche Wichtigkeit für unser globale[s] Selbstverständnis", nachdem im 20. Jahrhundert 170 Millionen Zivilisten Massenmorden zum Opfer gefallen seien.[320]

Rummels These, dass Demokratien, anders als autoritäre oder totalitäre Staaten, aufgrund weniger zentralisierter Macht so gut wie nie Demozid verübten, fand mehr Aufmerksamkeit als seine Einordnung der Vertreibung der Deutschen. Mit ihr bewegte er sich auch nicht gerade im Hauptstrom der internationalen Völkermordforschung. Die „ethnischen Säuberungen" am Ende des Zweiten Weltkrieges hatten, so lässt sich resümieren, dort bislang kaum stattgefunden, wahrscheinlich auch, wie William D. Rubinstein vermutet, weil sie überwiegend nach dem Holocaust an Deutschen

---

315 *Rummel*, Death, S. 307. Zu Postelberg vgl. auch: *Heimatkreis Saaz*, Genozid, v. a. S. 3 ff.
316 *Rummel*, Demozid, S. 264.
317 *Rummel*, Death, S. 299.
318 Das Zitat stammt aus dem November 1946. Ebd., S. 311.
319 Ebd., S. 311; vgl. auch *Rummel*, Demozid, S. 265.
320 So Bauer laut *Rummel*, Demozid, S. VII.

verübt worden waren und oft sogar „stillschweigende Zustimmung" gefunden hatten.[321]

Im Geleitzug der angloamerikanischen Forschung sahen Deutschland und Europa in den 1990er Jahren erstmals die Gründung von wissenschaftlichen Instituten, die sich ausdrücklich der komparativen Genozidforschung verschrieben. 1993 richtete der im westpreußischen Gdingen/Gdynia geborene Sozialpädagogik-Professor Gunnar Heinsohn auf Empfehlung des französischen Holocaust-Historikers Léon Poliakov an der Universität Bremen ein „Raphael Lemkin Institut für Xenophobie- und Genozidforschung" ein. Sichtbarstes publizistisches Ergebnis war 1998 ein erstes „Lexikon der Völkermorde", das auch ein Lemma zu den „Ostdeutsche[n] nach 1945" enthielt. Von zehn Millionen Angehörigen dieser Gruppe seien 2.110.000 „zu Tode gebracht" worden.[322] Im selben Jahr erkannte das Wissenschaftsministerium in Nordrhein-Westfalen das „Institut für Diaspora- und Genozidforschung" (IDG) an der Ruhr-Universität Bochum als wissenschaftliche Einrichtung an. Der Vorläufer des neuen „An-Instituts" IDG war 1989 von der Stiftung für Armenische Studien (im Stifterverband für die Deutsche Wissenschaft, Essen) eingerichtet worden. Auch sein Direktor, Mihran Dabag, hatte armenische Wurzeln.

Das wissenschaftliche Bekenntnis des IDG zu „vergleichenden Fragestellungen des Völkermords"[323] enthielt zwar implizit bereits wieder die – Lemkinsche – Botschaft, dass es in der Geschichte der Menschheit mehr als nur einen Genozid gegeben habe. Doch in der bundesdeutschen Erinnerungskultur entfaltete dies erst einmal relativ wenig Wirkung, weil der Hauptfokus auf dem Holocaust im „Land der Täter" in diesen Jahren gerade erst seine maximale Ausprägung erreichte. Sichtbarstes Zeichen dessen wurde 2005 mitten in der deutschen Hauptstadt, nur wenige Meter vom Reichstagsgebäude entfernt, ein eindrucksvolles Holocaust-Mahnmal, dessen Bau der Bundestag 1999 beschlossen hatte.[324]

Während nach dem Ende des Ost-West-Konflikts 1990 die ältere „Amerikanisierung" des Holocausts zunehmend in dessen „Globalisierung" mün-

---

321 Vgl. dazu *Rubinstein*, Genocide, S. 259, 262.

322 *Heinsohn*, Lexikon der Völkermorde, S. 116. Sichtlich vom Werk Rummels inspiriert spricht auch Heinsohn von „Demoziden". Heinsohn arbeitete damals zudem an Konzepten für eine globale Völkermordfrühwarnung.

323 „Diaspora- und Genozidforschung als RUB-An-Institut" (Pressemitteilung des Dezernats Hochschulkommunikation der Ruhr-Universität Bochum, vom 29. Juni 1998; Online-Version). In der Pressemitteilung war trotz der älteren Aktivitäten in Bremen davon die Rede, es handele sich um die einzige Forschungseinrichtung in Deutschland, die sich schwerpunktmäßig mit dem Thema Völkermord befasse.

324 Vgl. *Reichel*, Vergangenheitsbewältigung, S. 207f.

dete,[325] orientierte sich der Völkermordbegriff in der Bundesrepublik weiter an der Shoah. Die Entwicklung hing mit einem voranschreitenden – und zweifelsohne richtigen – gesellschaftlichen Bewusstsein dafür zusammen, dass der Massenmord wegen der rassistischen Radikalität des dahintersteckenden nationalsozialistischen Vernichtungswillens und der auf jedes einzelne Mitglied der Gruppe abzielenden Systematik seiner Durchführung einen besonders extremen Fall von Ausrottungsgenozid dargestellt hatte. Kaum reflektiert wurde dabei nur der die Präzedenzlosigkeit des Vorgangs eigentlich noch unterstreichende Sachverhalt, dass die NS-Machthaber in ihrem pseudo-sozialdarwinistischen Wahn[326] mit der Vernichtung der osteuropäischen Juden einen Kulturraum zerstört hatten, der vom deutschen wegen der westgermanischen (!) jiddischen Sprache gar nicht so weit entfernt gewesen war.[327] Die Gleichsetzung von Völkermord und Holocaust ging zudem vielfach mit dem (Miss-)Verständnis einher, andere wirklich oder vermeintlich genozidale, in der Dimension nur weniger exzeptionelle Ereignisse gerade im Zusammenhang mit der deutschen Nationalgeschichte könnten oder dürften dann schon aus Prinzip kein Völkermord gewesen sein – egal was Juristen und Politiker aus aller Welt vor Jahrzehnten einmal in irgendeine UN-Konvention hineingeschrieben hatten.

Der österreichische Rechtswissenschaftler Felix Ermacora wollte 1992 sogar ausdrücklich zwischen „Völkermord" einerseits und dem „Holocaust" auf der anderen Seite differenzieren. Er war vorher im Blick auf die Vertreibung der Sudetendeutschen in einer Expertise zu dem Schluss gekommen, hier würden sich die Tatbestandsmerkmale „zu so einem Maße" verdichten, dass es „bei bestem Wissen und Gewissen für den Gutachter nicht denkmöglich" sei, den historischen Komplex anders zu interpretieren denn als Völkermord im Sinne der UN-Konvention.[328] In Kenntnis der erinnerungskulturellen Tabuzonen in der Bundesrepublik schlug Ermacora deshalb vor, zwischen auch Vertreibung umfassenden Genoziden einerseits und Holocaust, einem „nur im Zusammenhang der Judenvernichtung durch die Nationalsozialisten" gebrauchten und damit die „physische Massenvernichtung" bezeichnenden

---

[325] Vgl. *Leggewie*, Ein Ort, S. 44; *Kittel*, Nach Nürnberg, S. 160 f., sowie *Junker*, Die Amerikanisierung.

[326] So *Möller*, Deutsche Geschichte, S. 27 (gestützt auf Befunde von Hedwig Conrad-Martius), im Blick auf das in der NS-Ideologie wegen der vermeintlichen Vorrangstellung des germanischen „Rassetypus" fast ganz ausfallende Evolutionsprinzip.

[327] In den preußisch-polnischen Überlappungszonen war den sich „zum Teil auch auf Grund der sprachlichen Ähnlichkeit von Jiddisch und Deutsch" oft bereitwillig assimilierenden Juden im 19. Jahrhundert „von polnischer Seite ihr Widerwille vorgehalten" worden, „die polnische Kultur ebenso unbefangen zu übernehmen". *Hoffmann*, Im Schtetl, S. 142.

[328] *Ermacora*, Die sudetendeutschen Fragen, S. 260.

Begriff andererseits, einen Unterschied zu machen. „Holocaust" habe, so reklamierte Ermacora mit Blick auf die UN-Konvention, anders als Genozid keinen „Eingang in das internationale Recht gefunden".[329] Das stimmte zwar nur in Bezug auf den Terminus selbst, aber nicht für den damit bezeichneten Vorgang. Doch liest sich Ermacoras Äußerung fast wie ein verfrühter Nachruf auf die sich weiter unaufhaltsam bahnbrechende Tendenz, den Genozid- bzw. Holocaustdiskurs vom Text der UN-Konvention zu lösen.

Ermacoras Sicht ähnelte inhaltlich Überlegungen des bekannten Holocaust-Forschers Steven T. Katz. Der US-Historiker gehörte zwar zu den nachdrücklichsten Verfechtern einer Singularität der Shoah, für den die UN-Konvention „allein die intendierte Vernichtung ausnahmslos aller Individuen einer vom Täter definierten Gruppe" – unabhängig vom „Erfolg" – als Genozid fasste.[330] Doch von Katz war in den 1980er Jahren auch der Vorschlag gekommen, zwei Arten von Genoziden zu unterscheiden. Der eine, weitere Typ ging von der Absicht der Täter aus, die nationale, religiöse oder ethnische Identität einer Gruppe zu zerstören, der andere, engere Typ von der Intention, auch ausnahmslos alle Personen physisch zu vernichten, die man einer so definierten Gruppe zurechnete. Während ersterer Typ nicht einzigartig, sondern von den Assyrern bis zu Stalins Sowjetkommunisten immer wieder vorgekommen sei, treffe das für die zweite Form von Genozid, den Holocaust, nicht zu.[331]

Differenzierungen à la Katz oder Ermacora drangen gegen die Gleichsetzung von Völkermord und Holocaust, die in der Erinnerungskultur nach 1980 für mehrere Jahrzehnte prägend wurde, allerdings immer weniger durch, auch wenn diese Entwicklung anfänglich nicht ohne Konflikte verlief. Nachdem etwa CDU-Generalsekretär Heiner Geißler in der Nachrüstungsdebatte im Juni 1983 auf die Rede grüner Politiker von einem „atomaren Auschwitz" im Bundestag geantwortet hatte, der Gesinnungspazifismus der 1930er Jahre habe doch „Auschwitz erst möglich gemacht", attestierte die neue Historische Kommission der SPD dem Christdemokraten, durch seine These die „historische Gesamtverantwortung der deutschen Gesellschaft für den Völkermord" zu bagatellisieren.[332] Mit Völkermord war dabei offensichtlich der Holocaust gemeint. Zwei Jahre später kam es über einem Gesetzenwurf gegen das „Billigen, Leugnen und Verharmlosen" des Holocausts zu einer weiteren Kontrahage, weil CDU und CSU verlangten, im gleichen Zug das Leugnen von Vertreibungsverbrechen unter Strafe zu stellen und das

---

[329] Ebd.
[330] *Katz*, The Holocaust, S. 128 f.
[331] *Katz*, The „Unique" Intentionality of the Holocaust, S. 287–290. Vgl. auch *Barth*, Genozid, S. 24.
[332] *Meyer*, Die SPD, S. 441 ff.

Beleidigungsrecht (§ 194 StGB) entsprechend auszugestalten. Die oppositionelle SPD-Fraktion wies diese sogenannte „Hupka-Klausel"[333] als „Ausdruck einer illegitimen Gleichsetzung der Vertreibung der Deutschen mit dem Völkermord an den Juden" zurück.[334]

Dass sich die Regierungsparteien mit ihrer Forderung, das Gesetz „auf Opfer anderer Gewaltmaßnahmen"[335] jenseits des Holocausts auszuweiten, schließlich nicht durchsetzen konnten oder wollten, wies bereits auf einen allmählich entstehenden Grundkonsens im Umgang mit Shoah und Genozidbegriff voraus. So beharrte etwa schon der CDU-Politiker Ruprecht Polenz, damals Stadtrat im katholischen Münster, später Bundestagsabgeordneter und (ab 2015) Sonderbeauftragter der Bundesregierung für den Dialog mit Namibia, bei einer Tagung zum 100. Jahrestag der Berliner Afrika-Konferenz von 1884/85 darauf: der Begriff des Völkermords stehe „für die NS-Vernichtungspraxis".[336] Durch seine Anwendung auch auf den Fall der Herero würde relativiert, „was wir den Juden angetan haben".[337]

In ähnlicher Diktion trat 2003 der außenpolitische Sprecher der SPD-Fraktion, Gert Weisskirchen, als die „Gesellschaft für bedrohte Völker" die Anerkennung des Herero-Genozids als Völkermord forderte, dem entschieden entgegen: Das werde „der singulären Begrifflichkeit des Völkermordes im 20. Jahrhundert" nicht gerecht. Und ein Genosse Weisskirchens, der Staatssekretär im Auswärtigen Amt Jürgen Chrobog, argumentierte wenig später (2004) im 100. Jahr nach den Verbrechen in Deutsch-Südwestafrika weiter auf dieser Linie: Jeder Vergleich mit der Shoah verbiete sich, die Ereignisse in der einstigen deutschen Kolonie stünden in einem „anderen historischen Kontext" und seien auch völkerrechtlich anders zu bewerten.[338]

---

[333] Benannt nach dem Anfang der 1970er Jahre von der SPD zur CDU übergewechselten Bundestagsabgeordneten und schlesischen Vertriebenenpolitiker Herbert Hupka. *Meyer*, Die SPD, S. 460.
[334] *Meyer*, Die SPD, S. 460.
[335] Ebd.
[336] *Robel*, Verhandlungssache, S. 294, Anm. 324.
[337] *Kößler/Melber*, Völkermord, S. 40.
[338] *Robel*, Verhandlungssache, S. 293 f. Gewiss wurde der Genozidbegriff aber auch wegen seiner befürchteten „Entschädigungsrelevanz" gemieden; selbst die damals mitregierenden Grünen sprachen erst von einem „kolonialen Vernichtungskrieg". Ebd., S. 270.

XI. Rechtsradikale Instrumentalisierungen und linke Verengungen des Genoziddiskurses

Das bundesdeutsche Völkermord-Tabu für Ereignisse jenseits des Holocausts erfasste in dieser Phase mit einiger Zwangsläufigkeit auch die schon seit den 1960er Jahren als irgendwie „rechts" verortete Erinnerungskultur der Vertreibung. Umso mehr als wie im System verbundener Gefäße die Durchsetzung eines ganz auf die Shoah bezogenen Genozidbegriffes bei Vertriebenenverbänden und im rechten politischen Spektrum tatsächlich zu Gegenreaktionen führte. Der Sprecher der Sudetendeutschen (Becher) etwa nannte den Holocaust 1990 nicht nur „einmalig" und „ohne Beispiel", sondern verband dieses Bekenntnis mit Erörterungen über den vom NS-Staat für notwendig erachteten Geheimhaltungsgrad der Judenvernichtung: Dagegen habe nach dem Krieg der „an den Deutschen in Böhmen und Mähren-Schlesien verübte Holocaust auf offener Straße" stattgefunden.[339]

Einen Kulminationspunkt erreichten diese Entwicklungen 1995, als ein besonders runder Gedenktag an das Kriegsende im Mai 1945 auszufechten war. Er stand wirkungsgeschichtlich im Bannkreis der vom Bundespräsidenten Richard von Weizsäcker zehn Jahre zuvor gehaltenen umstrittenen Rede und warf erneut auch die Frage auf, ob der 8. Mai für die Deutschen vor allem ein Tag der Kapitulation und der Niederlage gewesen sei oder im Kern nicht doch vor allem ein Tag der Befreiung vom Nationalsozialismus.[340] Da in diesem Zusammenhang auch die nationale Tragweite der Vertreibung aus dem Osten mitverhandelt wurde, war es dem zunehmend rechts von der CDU aktiven Publizisten Rolf-Josef Eibicht gelungen, eine ganze Reihe etablierter nationalkonservativer bzw. -liberaler Politiker von Alfred Dregger (CDU) und Manfred Brunner (FDP) bis zu Jörg Haider (FPÖ) für einen von ihm herausgegebenen Sammelband zu gewinnen: „50 Jahre Vertreibung. Der Völkermord an den Deutschen"[341]. Darin sprach u. a. der frühere FPÖ-Justizminister von Österreich, Harald Ofner, von der Vertreibung als einem „entsetzlichen Völkermord", der wie die NS-Untaten „zu den schrecklichsten Verbrechen der Geschichte" zähle.[342]

---

[339] *Hahn/Hahn*, Die Vertreibung, S. 25.

[340] Zum Kontext der Debatte vgl. *Reichel*, Politik mit der Erinnerung, S. 294 ff., sowie *Wolfrum*, Der 8. Mai 1945.

[341] *Eibicht*, 50 Jahre Vertreibung. Zu Eibicht vgl. auch biographisch *Pfeiffer*, Medien, S. 145.

XI. Instrumentalisierungen und Verengungen des Genoziddiskurses

Zwar hatte Ostpreußen-Sprecher Wilhelm von Gottberg noch im April 1995 ausdrücklich bekundet, wer den „Völkermord an den Ostdeutschen" in Erinnerung rufe, bagatellisiere die Verbrechen der Nationalsozialisten nicht,[343] doch mit Äußerungen wie denen Ofners war offensichtlich eine Grenze überschritten. Letzte Zweifel, ob Ofners Worte tatsächlich als Relativierung des Holocausts durch pauschale Gleichsetzung mit der Vertreibung zu verstehen seien, beseitigten ein Beitrag Nawratils in demselben Sammelband, wo von einem bislang „verschwiegenen Vertreibungsholocaust" die Rede war,[344] und das Vorwort Eibichts, das von „etwa 3 Millionen ermordeten Heimatvertriebenen" im Rahmen eines „unverjährbaren Genozids" fabulierte.[345]

Zum komplexen Gesamtbild gehört freilich auch, dass der gerade aus dem Amt geschiedene langjährige BdV-Präsident Herbert Czaja sich seinerzeit ganz anders zum Thema Völkermord äußerte. Der Germanist und Historiker bezog sich als überzeugter Katholik auf einen Appell des Papstes beim Angelusgebet. Es müsse verhindert werden, dass man morgen „über andere Auschwitz von heute" urteilen würde; es dürfe nicht „wieder Völkermord geben". Czajas daran anküpfende Gedanken in einem Zeitungsbeitrag ließen erkennen: Er hielt den nationalsozialistischen „Völkermord" an den Juden vor allem deswegen für „präzedenzlos", weil „die Absicht auf Vernichtung [...] gerichtet war", die er dabei als physische Auslöschung verstand. Obwohl Czaja früher im Bundestag aus anderem Anlass den Genozidterminus selbst immer wieder verwendet hatte, legte er in der damaligen Diskurslage politisch klug darauf Wert, Distanz zu begrifflichen Superlativen zu wahren.[346]

Fünf Jahre später (2000) veröffentlichte der zwischen rechtspopulistischem und rechtsradikalem Milieu irrlichternde Eibicht in einem NPD-nahen Verlag ein weiteres Buch unter dem Titel „Der Vertreibungs-Holocaust". Zweck der Publikation war die „Wiedergutmachung" dieses „Jahrtausendverbrechens".[347] Eibichts geistiger Kompagnon Nawratil begründete in der 14. Auflage seines zwischenzeitlich als „Schwarzbuch" firmierenden Buches über die „Vertreibungsverbrechen" (2007) seine Einschätzung des Geschehens als Völkermord damit, dass es sich dabei um eine „staatlich gelenkte Liquidationspolitik"

---

[342] *Eibicht*, 50 Jahre Vertreibung, S. 349.
[343] Vgl. seine Rede zur Pressefreiheit aus Anlass des 45. Geburtstages des Ostpreußenblattes dortselbst am 15. April 1995, S. 3.
[344] *Eibicht*, 50 Jahre Vertreibung, S. 421.
[345] Ebd., S. 19.
[346] Deutsche Tagespost, 25. April 1995 („Beim Gedenken die Leiden der Vertriebenen nicht vergessen").
[347] *Eibicht/Hipp*, Der Vertreibungs-Holocaust.

gehandelt habe.[348] Obwohl auch das eine implizite Relativierung des Holocausts bedeutete, weil es den falschen Eindruck erweckte, als ob die Zerstörung der Gruppen der Ostpreußen oder Schlesier im Kern ebenfalls physisch-biologischer Art gewesen sei, steuerte die damalige Präsidentin des Bundes der Vertriebenen ein Vorwort zu der Publikation bei. Dies warf aber Fragen hinsichtlich der Gültigkeit früherer Aussagen auf, als sie an die „Opfer von Genozid und Vertreibung" auch in anderen Völkern erinnert und dies zum gemeinsamen Thema in einem von ihr geforderten Zentrum gegen Vertreibungen in Berlin erklärt hatte.[349]

Die teilweise rechtsradikalen Instrumentalisierungen des Völkermordbegriffs beließen es in der Regel bei einem rein plakativen, von der UN-Konvention völlig absehenden Wortgebrauch.[350] Der Versuch, die Sachverhalte der „ethnischen Säuberungen" von 1945 mit den von den Vereinten Nationen 1948 definierten Tatbeständen zu korrelieren oder gegebenenfalls dann auch argumentativ davon abzugrenzen, wurde dabei nicht einmal ansatzweise unternommen.

Die am rechten Rand zu beobachtende Ignoranz gegenüber dem, was 1948 wirklich in der UN-Konvention verankert worden war, gab es unter ganz anderem Vorzeichen allerdings auch bei manchen, die meinten, gegen extrem rechte Relativierungen des Holocausts in Form seiner Gleichsetzung mit Flucht und Vertreibung guten Gewissens zu Felde zu ziehen. Wolfgang Benz beließ es zum Beispiel in einleitenden Bemerkungen zu einem Bändchen über „Ausgrenzung – Vertreibung – Völkermord" 2006 dabei, sich über jene zu empören, die „Bevölkerungstransfer ohne genozidales Motiv auf Grund

---

348 *Nawratil*, Schwarzbuch (2007), S. 163.
349 Vgl. *Hahn/Hahn*, Die Vertreibung, S. 24, sowie *Eva Hahn*, Über die Holocaustisierung, S. 11, mit der gegen die BdV-Präsidentin Steinbach gerichteten rhetorischen Frage, ob es nicht angebracht wäre, „solche Urteile präzise zu begründen und mit so schwerwiegenden Begriffen wie Vertreibung, Genozid und Völkermord verantwortungsvoll umzugehen?". Der löbliche Anspruch wird von Hahn allerdings selbst nicht eingelöst, indem auch sie darauf verzichtet, sich konkret mit der UN-Konvention von 1948 und deren „Vater" Lemkin auseinanderzusetzen. Man kann sich zudem fragen, ob der journalistisch-saloppe Begriff der „Holocaustisierung" (vgl. auch *Hahn/Hahn*, Die „Holocaustisierung des Vertreibungsdiskurses"), mit dem die Verfasser auf ältere Bemerkungen eines Germanisten zurückgreifen, angesichts des Zivilisationsbruches, auf den er sich bezieht, sprachlich angemessen ist.
350 Konkret auf die UN-Konvention nahm dagegen ein – allerdings auch nicht als rechtsradikal einzuschätzender – Beitrag des CDU-Innenpolitikers Heinrich Lummer in dem insgesamt freilich sehr fragwürdigen Sammelband Eibichts (*Eibicht*, 50 Jahre Vertreibung, S. 331–347) Bezug: Einige der in der Konvention von 1948 genannten Tatbestandsmerkmale würden offensichtlich „durch den Sachverhalt der Vertreibung erfüllt" (ebd., S. 334).

XI. Instrumentalisierungen und Verengungen des Genoziddiskurses

seiner Phänomenologie als Völkermord" verstehen würden[351]: „Die Vertreibung der Deutschen aus Ostmitteleuropa war kein Genozid und Versuche, die traurigen Ereignisse der Nachkriegszeit in die Nähe des Holocaust zu rücken, sind unredlich."[352]

Da Benz sich mit Geist und Wortlaut der UN-Konvention offensichtlich gar nicht näher auseinandergesetzt hatte, konnte ihm entgehen, dass Vertreibungen keineswegs in die Nähe des Holocausts rückt, wer sie mit Lemkin und dem Bundestagskonsens von 1954 als genozidal bewertet. So traf der Vorwurf des Antisemitismus-Forschers dem Grunde nach nur jene, die sich relativierender Vokabeln wie „Vertreibungs-Holocaust" oder dergleichen bedient hatten. Denn sie suggerierten tatsächlich, die Heimatvertriebenen seien – nicht anders als die Juden in Auschwitz – vergast worden oder in größter Zahl systematischen Massenerschießungen zum Opfer gefallen.

Der Politologe Klaus Leggewie verrannte sich bei den jetzt häufiger angestellten Vergleichen zwischen der Shoah und Genoziden an Herero und anderen gleich in eine ganz neue These. Danach sei Völkermord die „summarische Vernichtung einer Gruppe", die vorher nie aggressive Absichten „gegen ihre Verfolger" gehabt habe.[353] Die prinzipiell diskutable Definition ging nur a priori von einem einseitigen, rein physischen und nicht nur auf einen Teil, sondern auf die Gesamtheit der Gruppe bezogenen Vernichtungsbegriff aus. In ihrer Fokussierung auf den Holocaust stimmte sie schon für den Fall der Herero nicht, die im Aufbegehren gegen die Willkür der Kolonialherren durchaus auch selbst aggressiv gegen diese vorgegangen waren. Mit dem Konventionstext von 1948 hatte die Neudefinition gleich gar nichts zu tun.

Im Jahr nach Leggewies Publikation (2006) stellte die Sudetendeutsche Landsmannschaft ihr Pfingsttreffen unter das Motto: „Vertreibung ist Völkermord". Wie dargetan hatte sich der besonders in Bayern starke Verband seit jeher auf die UN-Konvention berufen. Mit Verweis auf Vertreibungen und Völkermord im laufenden Krieg um Bosnien und die Herzegowina hatte die sudetendeutsche Bundesversammlung im April 1993 die Regierung in Bonn noch einmal aufgefordert, „auch die Vertreibung und den Völkermord der Jahre 1944/46 an den Ost-, Südost- und Sudetendeutschen" nicht zu vergessen.[354] Im schwelenden politischen Streit um die Gültigkeit der Beneš-

---

[351] Vgl. die „einleitenden Bemerkungen" in *Benz*, Ausgrenzung – Vertreibung – Völkermord, S. 8 f.
[352] Ebd., S. 9. Trotz „aller Exzesse aus nationalem Furor oder Revanchebedürfnis" sei die Vertreibung der Deutschen „nicht genozidaler Absicht entsprungen". *Benz*, Die Vertreibung, S. 133.
[353] *Leggewie*, Ein Ort, S. 335.
[354] DOD, 23. April 1993, S. 3.

Dekrete kurz nach Tschechiens EU-Beitritt (2004) kam nun erneut die schwere verbale Waffe des Genozidbegriffs zum Einsatz. Völkermord, so erläuterte der SL-Chef, CSU-Europaabgeordnete und Menschenrechtsaktivist Bernd Posselt das Motto des Pfingsttreffens 2006, sei der Versuch, „eine ethnische Gruppe durch Beraubung ihrer Lebensgrundlagen zu zerstören". Der Sprecher der sudetendeutschen Volksgruppe und parteiübergreifend angesehene Ex-CSU-Landtagspräsident Johann Böhm, ein Jurist, kommentierte: Genozid sei ein Fachausdruck, der einen völkerrechtlichen Tatbestand umschreibe und nicht mit Massenmord gleichzusetzen sei.[355]

Ohne sich seinerseits präzise auf den Wortlaut der UN-Konvention zu beziehen, versuchte dagegen Martin Schulze-Wessel von einem Münchner Lehrstuhl für Osteuropäische Geschichte aus, das SL-Motto bis in die Hauptnachrichten des ZDF hinein als „revisionistische" Übertreibung zu skandalisieren. Die „deutsche Umgangssprache" trenne zurecht Völkermord und Vertreibung, äußerte der Historiker, der zugleich dem Collegium Carolinum in München vorsaß, einer seit den 1950er Jahren vom Freistaat Bayern, dem Patenland der Sudetendeutschen, geförderten Forschungseinrichtung. Das SL-Motto, darin gipfelte Schulze-Wessels Vorwurf, laufe auf eine „konkrete Gleichsetzung" von Vertreibung und Holocaust hinaus.[356] Nun ließ sich gewiss füglich darüber streiten, ob die auf Lemkin gestützte Sicht der Vertreibung auch das geeignetste Motto für ein Pfingsttreffen anno 2006 abgab, doch das Ausmaß der bei dieser Gelegenheit lancierten Anfeindungen erstaunte denn doch – gerade angesichts des bekannten Engagements von SL-Sprecher Posselt für christlich-jüdische ebenso wie für deutsch-tschechische Zusammenarbeit.

Von dem Bremer Journalisten und „Antifaschisten" Kurt Nelhiebel erhielt Schulze-Wessel Schützenhilfe: „Im Gegensatz zu den Judentransporten endete kein einziger Vertriebenentransport in einer Gaskammer." Zur Untermauerung seiner natürlich zutreffenden Aussage behauptete Nelhiebel dann unzutreffend weiter, die UN-Konvention verstehe unter dem „Straftatbestand" des Völkermordes lediglich „die Auslöschung willkürlich definierter Gruppen von Menschen unter meist extrem brutalen Begleitumständen". Die Absicht, die „Gruppe" der Sudetendeutschen „als solche ganz oder teilweise [...] zerstören" haben zu wollen, könne der tschechischen Regierung indes ernsthaft niemand unterstellen: „[...] die Vertreibung war kein Völkermord." Auf

---
355 DOD, Juli 2006, S. 25.
356 SZ, 29. Mai 2006 („Außenansicht: Was ein Völkermord ist – und was nicht"). Vgl. auch *Kittel*, Das erste und letzte Jahrhundert der Vertreibungen?, S. 28. Es sei angemessener, so fügte Schulze-Wessel hinzu, von einem „geplanten Völkermord" der Nationalsozialisten an den Tschechen durch „Zwangs-Assimilierung, die Vertreibung nach Sibirien oder die Ermordung" zu sprechen – eine Beschreibung der NS-Politik gegen das tschechische Volk, die für sich genommen durchaus zutreffend war.

XI. Instrumentalisierungen und Verengungen des Genoziddiskurses 89

Posselts Gegenargument vor Journalisten in Nürnberg, die Vertreibung der Deutschen aus den böhmischen Ländern habe zur „Vernichtung der Existenz einer Volksgruppe in der Heimat" geführt, ging Nelhiebel gar nicht erst ein.[357]

Noch polemischer als Nelhiebel formulierte es ein von seinem umgangssprachlichen Verständnis, kaum aber vom Wortlaut der UN-Konvention inspirierter Kommentator im Berliner „Tagesspiegel" mit journalistischem Sendungsbewusstsein: Dass die Vertriebenen Opfer eines Völkermords gewesen seien, sei „so wahr, wie es wahr ist, dass die Erde eine flache Scheibe ist, die in Sülze schwimmt". Denn es gebe eben „einen kleinen, aber entscheidenden Unterschied zwischen der Vertreibung [...] und dem Völkermord an den Juden. Die Vertriebenen können ein neues Leben anfangen, die Ermordeten nicht."[358]

War bei Schulze-Wessel (Jahrgang 1962) noch davon auszugehen, dass er, weil kein Spezialist für die Genese der Völkermordkonvention, weder den Bundestagskonsens von 1954 noch Lemkins genaue Positionen kannte, so schied dieser Erklärungsansatz bei Nelhiebel (Jahrgang 1927) aus. Man kann nur vermuten, dass er die ihm seinerzeit kaum entgangene Haltung Lemkins und des Bundestages zur Vertreibung der Deutschen 1954 aus leicht nachvollziehbaren taktischen Erwägungen bewusst ignorierte – oder sie sehr gründlich verdrängt hatte. Sie hätte ansonsten seiner Argumentation weitgehend den Boden entzogen.

Einen ähnlichen, rein rhetorischen Bezug auf die UN-Genozidkonvention nahm im selben Jahr wie Nelhiebel und Schulze-Wessel auch der Frankfurter Erziehungswissenschaftler Micha Brumlik. In seiner gegen erste Ideen für ein Zentrum gegen Vertreibungen (ZgV) in Berlin gerichteten Streitschrift „Wer Sturm sät" erachtete er nach dem Jahrhundert von Völkermord und Vertreibung und angesichts der Globalisierung des Holocausts eine Theorie des Völkermordes für unerlässlich. Seine begrüßenswerte Ankündigung, diese sollte ihren Ausgangspunkt bei Raphael Lemkin nehmen, der sich schließlich seit den 1930er Jahren um eine begriffliche Klärung und politisch-strafrechtliche Ahndung des Genozids bemüht habe, bleibt aber trotz etlicher Seiten zur Bedeutung des polnisch-jüdischen Juristen ohne Folgen.[359] Denn statt wirklich von Lemkin geht auch Brumlik apodiktisch von einem

---
357 *Nelhiebel*, Vertreibung.
358 Tagesspiegel, 31. Mai 2006, zustimmend zit. bei *Lange*, Der Erinnerungsdiskurs, S. 217f., der sich allenthalben von „rechtsapologetischen Rechtfertigungsstrategien" umzingelt sieht und auch nur „den Vergleich von Völkermord und Vertreibung" als Versuch einer „direkten Opferaufrechnung" rubriziert, derer sich während der Nürnberger Prozesse bereits der NS-Chefideologe Alfred Rosenberg bedient habe. Ebd., S. 214f.
359 Vgl. *Brumlik*, Wer Sturm sät, S. 175 ff.

rein physisch-biologischen Vernichtungsbegriff aus, um dann vehement gegen die selbst gebauten Windmühlen anrennen zu können: In „missbräuchlicher Verwendung der vergleichenden Genozidforschung" stelle das ZgV Flucht und Vertreibung der Deutschen in eine Reihe mit dem Völkermord an den Armeniern, wo doch um der „historischen Wahrheit willen" daran festzuhalten sei, dass hinter der Vertreibungspolitik „nicht das Ziel einer systematischen Vernichtung stand und dass es einen Unterschied macht, ob die Züge in Sachsen und Bayern oder in einem Vernichtungslager zum Stehen kamen".[360]

Zur historischen Wahrheit gehörte bei Brumlik auch, dass die „Aussiedlungen" auf Basis eines alles sanktionierenden „Potsdamer Abkommens" sowieso nicht genozidal gewesen sein konnten und dass es etwa zur Vertreibung der Sudetendeutschen faktisch keine Alternative gegeben habe, weil diese doch sicher nicht als Minderheit in einem kommunistischen Staat hätten leben wollen.[361] Das war aber schon deshalb ein seltsames Argument, weil die Tschechoslowakei zum Zeitpunkt des „Odsun" der Sudetendeutschen 1945/46 – und bis zum Februarumsturz von 1948 – bekanntlich noch keineswegs ein kommunistischer Staat gewesen war.

Nachdem der Deutsche Bundestag trotz der geschilderten Gegenwinde schließlich doch beschlossen hatte, eine Stiftung Flucht, Vertreibung, Versöhnung zu gründen, legte sich eine von Schulze-Wessel organisierte Historikergruppe 2010 erneut quer. Sie bezweifelte, noch bevor die Stiftung überhaupt inhaltlich intensiver zu arbeiten begonnen hatte, ob die geplante Dauerausstellung in Berlin den – so wurde suggeriert – für die deutsche Demokratie nahezu überlebenswichtigen kategorialen Unterschied zwischen Vertreibung und Vernichtung, zwischen Zwangsmigration und Genozid auch gebührend herausstellen würde.[362]

Dass die Stiftung dies mit ihrer im Sommer 2012 verabschiedeten Ausstellungskonzeption gleichwohl leistete,[363] war unter anderem auf den Einfluss des amerikanischen Experten Norman M. Naimark zurückzuführen, der zu den konstruktivsten Kräften in ihrem sehr heterogenen Wissenschaftlichen

---

[360] So zustimmend *Otto Böhm:* „Vertreibung der Deutschen 1945 als Menschenrechtsthema?", in: NMRZ (Nürnberger Menschenrechtszentrum), Online-Version, 25. Juni 2007 (Besprechung des Buches „Wer Sturm sät").
[361] Vgl. *Brumlik,* Wer Sturm sät, S. 67, 177.
[362] Konzeptionelle Überlegungen für die Ausstellungen der „Stiftung Flucht, Vertreibung, Versöhnung", von Martin Schulze Wessel (München), K. Erik Franzen (München), Claudia Kraft (Erfurt), Stefanie Schüler-Springorum (Hamburg), Tim Völkering (Berlin), Volker Zimmermann (Düsseldorf), Martin Zückert (München). Veröffentlicht auf einem Online-Forum bei HSOZ/KULT am 9. September 2010.
[363] Vgl. *Kittel,* Zur Einführung, S. 5 ff.

XI. Instrumentalisierungen und Verengungen des Genoziddiskurses

Beirat gehörte. Naimark hatte in seinem 2004 auch in deutscher Übersetzung erschienenen Buch „Flammender Hass" (im englischen Original 2002: „Fires of hatred") – ähnlich wie vor ihm der Soziologe Andrew Bell-Fialkof – den Abstand zwischen „ethnischer Säuberung" und Völkermord noch einmal betont: „Genau wie bei der juristischen Bestimmung von Mord" sei auch hier „der Vorsatz das entscheidende Kriterium". Völkermord sei „die vorsätzliche Tötung eines Teils oder einer ganzen ethnischen, religiösen oder nationalen Gruppe; sein Ziel ist die Ermordung eines Volkes". Die Absicht der „ethnischen Säuberung" bestehe dagegen darin, ein Volk und oft alle seine Spuren „von einem bestimmten Territorium" zu entfernen. Es sei hier mit anderen Worten das Ziel, „die ‚fremde' Nationalität, ethnische oder religiöse Gruppe loszuwerden und das Territorium zu übernehmen, das sie früher bewohnte".[364]

Naimarks prima vista auch „juristisch" argumentierender Ansatz wirkte in der geschichtspolitischen Kampfsituation um die Bundesstiftung erst einmal befriedend, wenngleich sein Preis faktisch doch in einer Unterbelichtung der völkerrechtlichen Perspektive der UN-Konvention bestand. Nachdem Ultrarechte wie Eibicht oder Nawratil diese vorher aber mehrfach so gründlich missbraucht hatten, wäre in den frühen 2010er Jahren jeder Vorschlag sofort in einen falschen Verdacht geraten, der historischen und völkerrechtlichen Blickwinkel zu verbinden versucht hätte. Eine Ausstellungskonzeption, die in den Stiftungsgremien konsensfähig sein wollte, hatte dem Rechnung zu tragen.

---

[364] *Naimark*, Flammender Haß, S. 11 f. Während Naimark, anders als Lemkin, ethnische Vertreibungen hier nicht als Völkermord betrachtet, hat er sich später (vgl. *Naimark*, Stalin und der Genozid) ausdrücklich auf ihn berufen, um gegen den 1948 beschlossenen UN-Konventionstext auch sozial und politisch definierte Gruppen als Opfer von Völkermorden Stalins einzustufen.

XII. Zwischen sachlicher Kritik und moralpolitischer Zensur: Lemkins Genozidverständnis und die Genozidforscher

Naimarks implizit Lemkin-kritische Grundgedanken hat der britisch-amerikanische Soziologe Michael Mann 2005 in seiner monumentalen „Theorie der ethnischen Säuberung" (so der Untertitel der deutschen Übersetzung) variiert und Genozid und „ethnische Säuberung" ebenfalls voneinander abgegrenzt. In einer Skala von sechs unterschiedlichen Formen „ethnischer Säuberung" nennt er auf der untersten Stufe Zwangsassimilation durch Diskriminierung und kulturelle Unterdrückung einer Gruppe, gefolgt von biologischer Assimilation, erzwungener Emigration und Deportation bis hin zu organisierten Morden und schließlich geplantem Massenmord (d.h. Genozid) als radikalsten Typen. Die im vierten Bereich seiner Skala zu verortenden Vertreibungen am Ende des Zweiten Weltkriegs behandelt Mann, weil es keine „uneingeschränkten Säuberungen" gewesen seien, nicht näher.[365] Dennoch geht er davon aus, dass von zwölf Millionen aus ihren Siedlungsgebieten im Osten vertriebenen Deutschen zwei Millionen, von denen „nur wenige Tausend NS-Täter gewesen sein" könnten, auf ihrem erzwungenen Weg in den Westen starben.[366]

In einer der wichtigsten französischen Arbeiten zum Thema („Purifier et détruire") hielt 2005 auch der Geschichts- und Politikwissenschaftler Jacques Sémelin an der von Naimark gezogenen Trennlinie zwischen Genozid und „ethnischer Säuberung" fest.[367] „Die politische Dimension von Massakern und Völkermorden", so der Titel der deutschen Übersetzung, analysiert er vor allem anhand der Shoah und der Genozide in Ruanda und Bosnien. Wissenschaftlich redlich räumt Sémelin im Ergebnis seiner gründlichen Befassung mit der UN-Konvention allerdings auch ein, dass nach deren weiterem Zerstörungsbegriff sämtliche ethnische Säuberungsoperationen „légalement" als „un crime de génocide" eingestuft werden könnten.[368]

---

[365] *Mann*, Die dunkle Seite, S. 26. Zu Manns sechsstufiger Skala vgl. auch *Sémelin*, Purifier, S. 410.

[366] *Mann*, Die dunkle Seite, S. 520. Exemplarisch erwähnt Mann etwa Oskar Schindler, später in Israel als ein „Gerechter unter den Völkern" anerkannt, der als Sudetendeutscher aber so wie alle anderen vertrieben und enteignet worden sei.

[367] *Sémelin*, Purifier, S. 410.

Der zwischen Genozid und Vertreibung prinzipiell trennenden Argumentation eines Sémelin oder Naimark hat Martin Shaw, Professor für Internationale Politik an der südenglischen Universität Sussex, klar widersprochen.[369] Die von Naimark vorgeschlagene analytische Differenzierung zwischen „ethnischer Säuberung" und Genozid sei zu grobkörnig; die von ihm beschriebenen Ziele „ethnischer Säuberung" würden doch auch sämtlich auf die „Zerstörung einer Gruppe" im Sinne des Genozidbegriffs von Lemkin hinauslaufen.[370] Dies sei Naimark, so Shaws Kritik weiter, ja im Grunde auch selbst bewusst, wenn er argumentiere, dass die „ethnische Säuberung" an einem Ende ihres Spektrums „näher an einer erzwungenen Abschiebung oder dem sogenannten ‚Bevölkerungstransfer'" sei („die Idee ist, die Leute zum Umzug zu bewegen, und die Mittel sollen legal und halblegal sein"), während im anderen Extrem „ethnische Säuberungen und Völkermord" laut Naimark „jedoch nur durch die letztendliche Absicht" des Täters „zu unterscheiden" seien: „Hier mündet die ethnische Säuberung im wörtlichen wie im übertragenen Sinne in einen Völkermord, da Massenmord begangen wird, um das Land von einem Volk frei zu machen."[371]

Wenn Naimark anschließend noch präzisiere, dass Zwangsdeportation selbst dann „oft genozidal in ihren Effekten" sei, wenn sie „in ihrer Absicht nicht genozidal" war,[372] lasse er, so Shaw, endgültig „die Katze aus dem Sack".[373] Denn wie könne „Zwangsdeportation" je ohne „extreme Nötigung" bis hin zu Gewalt erreicht werden? Wie könnte sie „nicht die Zerstörung eines Gemeinwesens und einer Lebensform einschließen, die eine Gruppe über lange Zeit gepflegt hat"? Wie könnten jene, die eine Gruppe deportierten, „nicht deren Zerstörung beabsichtigen"? Und in welcher Weise unterscheide sich denn die erzwungene Entfernung einer Bevölkerung aus ihrer Heimat „von der ‚Zerstörung' einer Gruppe"? Wenn die Grenze zwischen (ethnischem) Säubern und Genozid schon so „unwirklich" sei, weshalb sollte man sie dann, so Shaws Conclusio, überhaupt in dieser Weise ziehen?[374]

Naimark könnte wohl vielen dieser Argumente tendenziell selbst zustimmen, geht aber eben, und das ist zugleich der wichtigste mögliche Kritik-

---

368 Und im Fall Krstić habe das Ex-Jugoslawien-Tribunal das auch getan. *Sémelin*, Purifier, S. 411.
369 Shaw hatte sich in früheren Jahren seiner wissenschaftlichen Laufbahn zunächst einen Namen als Marxismus-Forscher gemacht. Vgl. *Shaw*, Marxism.
370 *Shaw*, What is genocide?, S. 52.
371 *Naimark*, Fires of Hatred, S. 3 f. In der deutschen Übersetzung des Naimark-Buches (Flammender Haß, S. 12) wird „rid of", was das „befreien" auch von Unkraut und dgl. meint, mit dem Wort „säubern" wiedergegeben.
372 Ebd.
373 *Shaw*, What is genocide, S. 53.
374 Ebd.

punkt an seinem Ansatz, von einem dezidiert physischen Genozidbegriff aus, der sich von dem ambivalenteren der UN-Konvention – und gleich gar von dem Lemkins – unterscheidet. Naimark versteht es unbeschadet dessen, im „Flammenden Hass" auch die Vertreibung der Deutschen ohne relativierenden Zungenschlag darzustellen;[375] was sich von Texten deutscher Historiker, die – gegen Lemkin – nur einen physischen Völkermord gelten lassen wollen, nicht immer sagen lässt.

Ein sprechendes Beispiel hierfür lieferte 2012 ein Beitrag des Osteuropahistorikers Philipp Ther. Sein Aufsatz in einem Sammelband über „Holocaust und Völkermorde" beginnt bereits mit einem fragwürdigen Pauschalurteil: Nach der Potsdamer Konferenz sei die Vertreibung doch geregelt verlaufen, Gewalt nicht mehr zur Abschreckung gedacht gewesen, so dass man „spätestens ab Sommer 1945 [...] von Zuständen, die sich als Genozid bezeichnen lassen, weit entfernt" gewesen sei.[376] Auf Lemkins Zerstörungsbegriff eingehend, behauptet Ther dabei so schnörkellos wie vereinfachend, die UN-Konvention sei diesem nicht gefolgt, um die Potsdamer Beschlüsse nicht nachträglich zu delegitimieren.

Folge man dagegen Lemkin und der aufstrebenden Forschungsrichtung der „Genocide studies", resümiert Ther kritisch, dann müssten selbst so unterschiedliche „ethnische Säuberungen" wie die Vertreibung deutsch(gesinnt-)er Staatsbürger aus dem Elsass 1918/19, die Zwangsaussiedlung von Griechen und Türken im Kontext des Lausanner Abkommens 1923 oder die der Polen aus den Ostgebieten der Zwischenkriegsrepublik 1945 als Genozid betrachtet werden. Aber würde, so die rhetorische Anschlussfrage, „eine derartige Generalisierung nicht zu einer Relativierung des Massenmordes an den Armeniern, des Holocausts und des Genozids von Ruanda führen [...]".[377] Nein, bei „ethnischer Säuberung" und Genozid, so die selbst gegebene, letztlich vor allem auf den deutschen Holocaustdiskurs zielende Antwort Thers, han-

---

[375] Vgl. auch *Naimark*, Strategische Argumente.

[376] *Ther*, Differenzierung versus Universalisierung, S. 186. Wie falsch diese Einschätzung ist, zeigt etwa der Blick auf die polnisch besetzten Ostgebiete, wo den verbliebenen Deutschen durch Unterversorgung, Enteignung, Hinauswurf aus dem eigenen Haus oder Gewalt gezielt Lebensbedingungen auferlegt wurden, die sie zur „freiwilligen Ausreise" bewegen sollten. Vgl. *Borodziej/Lemberg*, Die Deutschen, S. 99. Wie pauschal Thers Thesen sind, hat in jüngerer Zeit noch einmal die eindrucksvolle Gesamtdarstellung der Vertreibung – auch nach der Potsdamer Konferenz – aus der Feder des irisch-amerikanischen Historikers *Raymond M. Douglas*, „Ordnungsgemäße Überführung" (vor allem in den Kapiteln fünf bis acht), aufgezeigt. Vgl. dortselbst (S. 222 f.) zu „Gewalt oder Einschüchterung" in den Oder-Neiße-Gebieten, die der „freiwilligen" Ausreise 1946 (!) vorausgingen.

[377] *Ther*, Differenzierung versus Universalisierung, S. 191.

dele es sich „um derart unterschiedliche Phänomene", dass sie nur getrennt behandelt werden könnten.[378]

In einer nahezu zeitgleich erschienenen Publikation über „Die dunkle Seite der Nationalstaaten" suggeriert Ther obendrein eine Evidenz, das Wort „destruction" in der UN-Konvention mit „Vernichtung" zu übersetzen – und zwar im Sinne von Ausrottung: Genozid sei eindeutig als „Vernichtung [...] einer bestimmten Bevölkerungsgruppe" zu verstehen.[379] Eine ebenfalls etwas freihändige Interpretation der UN-Konvention folgt schließlich mit der These, der Unterschied zwischen Genozid und „ethnischen Säuberungen" zeige sich „nicht zuletzt im Resultat, dem quantitativen Verhältnis von Todesopfern und Überlebenden, das bei ethnischen Säuberungen selten 10 Prozent" überschreite, beim Genozid dagegen „100 Prozent erreichen" könne.[380]

Dass bei Vertreibungen und Zwangsumsiedlungen „die Zahl der Todesopfer deutlich geringer" ausfalle als beim Genozid, hat kurz nach Erscheinen der Ther-Studie auch ein anderer deutscher Historiker, Michael Schwartz, 2013 in einer grundlegenden Abhandlung zu den ethnischen „Säuberungen" in der Moderne als wichtiges Unterscheidungsmerkmal betont.[381] Obwohl Schwartz etliche Thesen Thers kritisch sieht, stimmt er prinzipiell auch zu, dass der wesentliche Unterschied zwischen den beiden „Säuberungs"-Varianten Vertreibung und Genozid gleichsam im Primärziel bestehe: Es laufe im ersten Fall auf die *Entfernung,* im zweiten auf die *Ausrottung* hinaus.[382] Schwartz kanzelt Lemkin keineswegs so schroff ab wie Ther, demonstriert eine gewisse Distanz allerdings auf andere Weise. Der Name „Lemkin" taucht in den 697 Seiten einschließlich Personenregister an keiner Stelle auf.

---

378 Ebd., S. 172.
379 *Ther*, Die dunkle Seite, S. 8.
380 Ebd.; vgl. dagegen *Grosser* (Ermordung, S. 53) mit dem zutreffenden Hinweis, die UN-Konvention beantworte nicht die Frage, ab „welcher Anzahl getöteter oder in ihrer physischen und geistigen Unversehrtheit beeinträchtigter Mitglieder einer Gruppe von Völkermord gesprochen werden" könne. Vgl. in diesem Sinne auch *Barth*, Genozid, S. 19. *Oliveira Santos* (Der Bedeutungsgehalt, S. 126), die die Relevanz zumindest der relativen Opferzahl bejaht, macht dabei differenzierend deutlich, dass diese „lediglich auf der subjektiven Tatseite verlangt" werde, aber eben nicht „auf Seiten des objektiven Tatbestands". Der bekannte Holocaustforscher Raul Hilberg hat demgegenüber nach den Verbrechen in Ruanda bemerkt, dass die Opferzahl der Tutsi „bezogen auf ihre Gesamtzahl genauso hoch wie der jüdische Blutzoll" gewesen sei, weil jeweils über ein Drittel der Mitglieder der Gruppe ermordet worden seien. FAZ, 19. Mai 2021 („Von der Einteilung zur Vernichtung", von *René Schlott*).
381 *Schwartz*, Ethnische „Säuberungen", S. 2.
382 Ebd. (Kursivsetzungen dortselbst).

Der Vater der UN-Konvention kommt nur indirekt bei dem Hinweis ins Spiel, der Völkermordbegriff werde seit 1948 „leider inflationär" benutzt. Schwartz macht auch deutlich, woher seine Probleme mit Lemkin und der Konvention rühren, indem er – ähnlich wie vor ihm Naimark – nur „tatsächlich beabsichtigten massenhaften *Mord*"[383] unter Genozid verstanden wissen will. Nach dieser aus einem unjuristischen Verständnis von (Völker-)Strafrecht resultierenden Sicht – Mord ist nämlich per definitionem stets „beabsichtigt" – wären Todesopfer von Vertreibungen gleichsam „nur" die Folge eines Totschlages, Todesopfer von Genoziden dagegen das Resultat eines Mordes.[384] Irreführend ist hierbei besonders die Vermutung, dass der Nachweis des Vorsatzes für die Unterscheidung zwischen Mord und Totschlag entscheidend sei. Denn tatsächlich zählt bei beiden Tötungsdelikten Vorsatz zu den Charakteristika, wobei im Falle von Mord allerdings zusätzlich eines der sogenannten Mordmerkmale (Heimtücke, Habgier, niedrige Beweggründe etc.) vorliegen muss.

Dass Schwartz nicht näher – auch nicht kritisch – auf Lemkins Verständnis von Genozid als „Zerstörung" ethnischer oder religiöser Gruppen eingeht, erstaunt umso mehr, als er später sehr instruktiv das System des Minderheitenschutzes im Völkerbund nach 1919, das den Vater der UN-Konvention so geprägt hatte, als „Modell von Versailles" herauspräpariert.[385] Zu erklären ist diese vor dem entscheidenden letzten Glied Halt machende Argumentationskette wohl nur mit der damals (2013) noch beträchtlichen Wirkmächtigkeit eines zeitweilig ganz am Holocaust orientierten Völkermordbegriffes.

Ähnliches gilt schließlich für die – von unterschiedlichen Autoren verfassten – einschlägigen Lemmata „Genozid" bzw. „Vertreibung" im 2010 erschienenen „Lexikon der Vertreibungen". Im Widerspruch zum wirklichen, breiteren Ansatz Lemkins wird dort ohne weitere Differenzierungen und in irreführender Übersetzung des Wortes „destroy" zunächst der Eindruck vermittelt, der polnische Jurist habe den Begriff „genocide" als Kunstwort geschaffen, um allein „die nationalsozialistische Vernichtungspolitik an den Juden [...] zu kennzeichnen". Da hingegen bei der Vertreibung der Deutschen nach dem Zweiten Weltkrieg „zu keinem Zeitpunkt [...] die physische Vernichtung" aller Betroffenen angestrebt worden sei, habe es sich dabei auch nicht um einen Genozid gehandelt.[386] Im Lemma „Vertreibung" erfährt man allerdings dann,

---

[383] Ebd.

[384] Wörtlich heißt es dazu bei *Schwartz:* „Wie bei der juristischen Unterscheidung zwischen Mord und Totschlag ist der Nachweis des ‚Vorsatzes' für diese Differenz entscheidend." Ebd.

[385] Ebd., v. a. S. 325–361.

[386] *Brandes u. a.*, Lexikon, S. 262, 265. Bereits der Blick in ein weiteres, Lemkin ad personam gewidmetes Lemma zeigt freilich dessen entscheidende Prägungen auch schon in der Zwischenkriegszeit. Ebd., S. 389.

dass die UN-Völkermordkonvention und die ebenfalls im Dezember 1948 beschlossene Allgemeine Erklärung der Menschenrechte „mehr oder weniger stark verpflichtende rechtliche Vertreibungsverbote enthalten" hätten.[387]

Auf Phänomene der geschilderten Art, die einem in deutschen Diskursen seit den 1980er Jahren häufiger begegneten, zielte eine etwas polemische, aber sachlich in vielem zutreffende Generalreplik von A. Dirk Moses (2010): Lemkins Ideen würden von etlichen Genozidforschern nicht angemessen rezipiert. Stattdessen gingen diese von der Unterstellung aus, Lemkin würde den Begriff des Völkermordes, obwohl er ihn selbst erfunden hatte, „nicht wirklich verstehen"; ja sie erdreisteten sich sogar, Lemkin „retrospektiv über dessen eigenes Konzept zu belehren" und einen ganz anderen, üblicherweise am Massenmord orientierten Ansatz vorzuschlagen. Texte Lemkins würden zu diesem Zweck regelrecht zensiert oder mindestens dahin fehlgedeutet, dass Genozid stets möglichst dem Holocaust zu ähneln habe.[388]

Auf der anderen Seite haben gerade im angloamerikanischen Raum auch etliche Historiker, Politologen oder Juristen im Anschluss an Rudolph Rummel immer wieder auf die genozidalen Umstände der Vertreibung aufmerksam gemacht. Ausdrücklich auf noch frühere Positionen Bertrand Russells Bezug nehmend hat etwa der – als Naimark-Kritiker oben bereits erwähnte – britische Politikwissenschaftler Martin Shaw im Jahr 2007 in einer wichtigen Studie zum Völkermord den deutschen Exodus aus dem Osten am Ende des Zweiten Weltkrieges drastisch thematisiert.

Shaw geht davon aus, dass von zwei Millionen Todesopfern nur etwa die Hälfte in den letzten Kriegsmonaten ums Leben kam, die andere, darunter vor allem Frauen, Kinder und Alte, „as a result of the ruthless method of their expulsion".[389] Die osteuropäischen Regierungen hätten zwar nicht die Absicht gehabt, in den Vertreibungsgebieten „jeden einzelnen Deutschen zu töten, aber sie hatten die Absicht, deutsche Gemeinwesen (communities)[390] zu zerstören, mit Mitteln, die direkte und indirekte Tötungen sowie viele Brutalitäten einschlossen". Die Geschichte der Vertreibung der Deutschen

---

[387] *Brandes u. a.*, Lexikon, S. 694.

[388] „Thus a rising star in the field" – gemeint ist Scott Straus (ein US-amerikanischer Politologe, Ruanda-Kenner und Genozidforscher) – „quoted Lemkin as writing that the essence of genocide was the ‚aim of annihilating the groups completely‘, when Lemkin actually wrote ‚of annihilating the groups themselves‘. The mix-up was all the more inexplicable because, on the same page as that from which this quotation is drawn, Lemkin made clear that total extermination was not necessary for genocide to occur [...]". *Moses*, Raphael Lemkin, Culture, and the concept of genocide, S. 21.

[389] *Shaw*, What is genocide, S. 56 (mit Bezug auf die klassische Studie von *de Zayas*, Nemesis at Potsdam).

[390] Zu den Grenzen der Übersetzbarkeit dieses Begriffes vgl. auch *Prehn*, Max Hildebert Boehm, S. 443.

veranschaulicht für Shaw somit eindringlich die von Lemkin in „Axis rule" skizzierten zwei Phasen der Zerstörung einer Gruppe, von denen die eine „destruction of the national pattern [d. h. typischen Eigenschaften und Lebensweisen] of the oppressed group; the other, the imposition of the national pattern of the oppressor" betreffe. Dieses Aufzwingen kann laut Lemkin entweder einer fürderhin unterdrückten Bevölkerungsgruppe gegenüber erfolgen, die aber immerhin bleiben darf, oder das andere „nationale Muster" werde sogar nur dem Gebiet allein aufgezwungen, indem die Bevölkerung beseitigt wird und sich eine Neukolonisierung dieses Gebiets durch die unterdrückende Seite anschließt. Jedenfalls könne man deshalb, so Shaw, die Frage kaum beantworten, weshalb Vertreibungen als akzeptablere „Bevölkerungstransfers" und nicht als „ethnische Säuberungen" betrachtet werden sollten.[391]

Während Hitler „unerwünschte Rassen" aussterben sehen wollte, hätten das russische, polnische und tschechische Regime gewiss „nur" Millionen kollektiv für NS-Verbrechen in Haft genommene Deutsche „in ein Rumpfdeutschland" hineingedrängt. Doch „die Absicht, die Präsenz der Gruppen in ihrer Heimat zu zerstören", sei all diesen Fällen „gemeinsam", und ihre „praktischen Konsequenzen" seien „sehr ähnlich". Shaw hält es insofern für „höchst ironisch", dass Holocaust und „ethnische Säuberungen" „als kategorische Gegensätze" betrachtet würden und das eine Ereignis einen „extremen Genozid", das andere „keinen vollen Genozid" darstellen solle. „Säubern" sei zwar kein originär nationalsozialistischer Terminus, aber es gebe in der Lingua tertii imperii viele begriffliche Vorläufer davon („judenrein" etc.). Die zeitgenössisch weite Verbreitung dieser Sprache unterstreiche „nur noch die Perversität des Versuchs, ‚säubern' kategorisch von Völkermord zu trennen": „Säubern" sei nicht nur manchmal „genozidal";[392] und selbst wechselseitige (gegebenenfalls sogar vertraglich vereinbarte) „Vertreibung bleibe Vertreibung". Eine Schirmherrschaft „verwandele Zerstörung nicht in etwas anderes".[393]

Kurz vor dem Erscheinen von Shaws eindrücklicher Studie hatte John Quigley, Professor für Internationales Recht an der Universität von Ohio, im Ergebnis bereits ähnlich argumentiert. Quigley geht von der Beobachtung aus, dass Artikel II der UN-Konvention das Wort „destroy" ohne nähere Definition verwende. Doch wer eine Gruppe zwinge, ihre „home area" zu verlassen, zerstöre sie wohl auch.[394] Der Jurist bezog sich dabei auf einen

---
391 *Shaw*, What is genocide, S. 56. Vgl. auch *Power*, A Problem, S. 43.
392 *Shaw*, What is genocide, S. 57 f. Es sei zudem schwer, sich überhaupt „Bedingungen auszumalen, unter denen Massenvertreibungen legal sein könnten, und unmöglich, sich vorzustellen, dass sie legitim seien". Ebd., S. 60.
393 Ebd., S. 61.
394 *Quigley*, The Genocide S. 195.

Spruch des Bundesverfassungsgerichts von 1999, der Urteile des Oberlandesgerichts (OLG) Düsseldorf bzw. des Bundesgerichtshofs gegen einen bosnischen Serben wegen Beteiligung an Völkermord auf dem Balkan 1992 bestätigte. Das Karlsruher Gericht habe dabei im Auge gehabt, dass die vorherigen Instanzen Deportationen zurecht für oft genauso folgenreich hielten wie erzwungenen Kindertransfer oder Geburtenverhinderung: „Wenn eine Gruppe so zerstreut wird, dass die Mitglieder der Gruppe sich untereinander nicht mehr fortpflanzen, stirbt die Gruppe aus."[395]

Wurden Quigley und Shaw vor allem in Fachkreisen rezipiert, so avancierten die wenige Jahre später (2010) erscheinenden „Bloodlands" des Yale-Historikers Timothy Snyder, die sich in einem eigenen Kapitel auch den Vertreibungen am Ende des Zweiten Weltkriegs widmeten, zu einem internationalen Bestseller. Dem Buch liegt die These zugrunde, dass die zwischen 1930 und 1945 ablaufenden Schreckenskapitel europäischer Geschichte vom Holodomor in Teilen der UdSSR und Stalins Großen Terror in den 1930er Jahren über die Shoah und den planmäßigen NS-Hungermord an sowjetischen Kriegsgefangenen bis hin zu den „ethnischen Säuberungen" ab 1945 „unterschiedliche Facetten desselben Phänomens" gewesen seien,[396] die sich nur durch Interaktionen zwischen Hitlers und Stalins Politik historisch erklären ließen. Unter „Bloodlands" im eigentlichen Sinn versteht Snyder indes einen polnisch-baltisch-ukrainisch-westrussischen Raum mit 14 Millionen Todesopfern unter Zivilisten und Nicht-Kombattanten, zu dem er zwar Ostpreußen, nicht aber die übrigen deutschen Ostgebiete Schlesien, Ostbrandenburg und Pommern rechnet.[397]

Snyder vermeidet den Genozidbegriff Lemkins, mit dem er sich unter seiner Fragestellung aber natürlich auseinanderzusetzen hat, und spricht stattdessen von „mass killing".[398] Zwar könne, so begründet Snyder, in jedem der in seinem Buch erörterten Fälle auch die Frage, ob es Genozid gewesen sei, bejaht werden, doch bringe „uns das nicht weiter", zumal das „murder statute" der Vereinten Nationen von 1948 „by some of the murderers" (v.a. der Sowjetunion) mit entworfen worden sei und politisch oder wirtschaftlich definierte Gruppen ausgeschlossen habe.[399] Für Flucht und Deportation der Deutschen ist laut Snyder „keine Politik der absichtlichen

---

[395] Ebd., S. 201.
[396] So fasste es jedenfalls Anne Applebaum in einer Besprechung im New York Review of Books zusammen, wobei Snyder die „ethnischen Säuberungen" nach unserem Lektüreeindruck doch eher als Epilog zum vorher Untersuchten versteht. Vgl. den nicht paginierten Vorspann in *Snyder*, Bloodlands.
[397] Vgl. *Snyder*, Bloodlands, S. XVI.
[398] Vgl. hierzu das Kapitel „Numbers und terms", in: *Snyder*, Bloodlands, S. 431.
[399] Ebd., S. 432.

Massentötung"[400] ursächlich, schließlich habe Stalin nicht die deutsche Nation zerstören wollen. Es sei aber die größte „ethnische Säuberung" des Nachkriegs mit ca. 700.000 Todesopfern gewesen.[401] So plausibel Snyders Kritik am Hauptdefizit der UN-Konvention auch ist, so schwer wird man ihm an dieser Stelle ganz folgen können, weil die UN-Konvention eben keineswegs nur von der Absicht der Zerstörung ganzer Nationen ausgeht, sondern bereits die teilweise Zerstörung kleinerer nationaler Gruppen erfasst.

Auch die US-amerikanischen Genozidforscher Samuel Totten und Henry Theriault (2020) haben jüngst noch einmal bekräftigt, wie schwierig die Abgrenzung zwischen Völkermord und „ethnischer Säuberung" sein kann, weil letztere „often includes subsequent destruction of evidence of the targeted group's existence in the region". Vertreibung wird demnach genozidal, wenn ein Täter vorsätzlich „ethnische Säuberungs"-Techniken in der Absicht anwendet, eine Gruppe ganz oder teilweise zu zerstören, so wie sich dies in jüngerer Zeit etwa in der afrikanischen Region Darfur in den 2000er Jahren wieder zutrug.[402]

Der Blick auf die Genozidforschung zeigt, wie im westeuropäisch-amerikanischen Raum ungleich offener und differenzierter über die Einordnung „ethnischer Säuberungen" gestritten wurde als in der Bundesrepublik. Hier fanden Zensoren Lemkins, die besser zu wissen meinten als dieser selbst, wie ein „richtiger Völkermord" auszusehen habe, deutlich weniger Widerspruch als auf internationaler Ebene. Die UN-Konvention wurde dabei in ihrer juristischen Argumentation teils missverstanden, teils aus geschichtspolitischen Motiven übergangen.

---

[400] Ebd., S. 322.

[401] Ebd., S. 332 (vgl. auch ebd., S. 315). Hinzu kämen noch weitere Hunderttausende Opfer ukrainischer und polnischer Herkunft.

[402] *Totten/Theriault*, The United Nations, S. 77 ff. Vgl. auch die ähnliche Argumentation des Blumenwitz-Schülers *Hübner*, Das Verbrechen, S. 215: „Sowohl bei den Vertreibungsverbrechen als auch bei der beabsichtigten physischen Vernichtung einer Gruppe" gehe es dem Täter darum, „sich einer unliebsamen Gruppe dauerhaft zu entledigen"; jedenfalls führe auch Vertreibung „de facto zur Zerstörung der Gruppe in dem betreffenden Gebiet". Und im Unterschied zu Konzepten des kulturellen Völkermords ziele die „hinter der Vertreibung einer Gruppe stehende Absicht" auf „nichts weniger" ab als auf die „Zerstörung der Existenz der Gruppe als soziale Einheit in dem betreffenden Gebiet mit Mitteln, die die physisch-biologischen Voraussetzungen des Art. II lit. a–e der Völkermordkonvention erfüllen." Ebd., S. 215. Auch die hohe Zahl von Todesopfern bei den Vertreibungsfällen im 20. Jahrhundert belege, dass sich „derartige Säuberungsaktionen in objektiver Hinsicht kaum von den Fällen unterscheiden lassen, in denen eine physische Vernichtung der Gruppe angestrebt wird". Ebd., S. 393.

XIII. Die „ethnischen Säuberungen" auf dem Balkan nach 1991 und der breite Begriff des Völkermords in der deutschen und internationalen Rechtsprechung

Dass sich die Gleichsetzung von Völkermord und Holocaust in der bundesdeutschen Erinnerungskultur ab 1980 für einige Jahrzehnte besonders ausprägte, war auch insofern erstaunlich, als ein enges Genozidverständnis nach dem Epochenbruch von 1989/90 eigentlich zunehmend quer zu neueren Entwicklungen im Völkerrecht lag. Denn in der internationalen, vor allem aber in der deutschen Rechtsprechung gewann ein breiterer Genozidbegriff jetzt rasch an Boden. Der Horror in Ruanda 1994 und in Srebrenica 1995 während der jugoslawischen Zerfallskriege (ab 1991/92) hatten dazu Anlass gegeben.

Die schrecklichen Vorgänge wurden in der Öffentlichkeit rasch als Völkermord eingestuft, in der Bundesrepublik etwa auch durch den deutschen Außenminister (und Juristen) Klaus Kinkel.[403] Während aber beim Massenmord von Hutu-Milizen an den Tutsi (und politisch gemäßigten Hutu) in Ruanda die physische Vernichtung möglichst vieler Menschen offensichtlich ganz im Mittelpunkt gestanden hatte, war das im post-jugoslawischen Raum so nicht der Fall gewesen. Hier ging es in erster Linie um die – nun auch mit diesem neuen Begriff belegte – „ethnische Säuberung" bestimmter von Serbien beanspruchter Gebiete von ihren bisherigen – muslimischen oder katholisch-kroatischen – Bewohnern. Laut Angela Paul war der Genozid dabei zwar nicht „das Endziel der Handlungen", aber doch „ein Werkzeug zur Erreichung des Endziels, das in der Schaffung eines ethnisch reinen Staates bestand. Der Genozid war Teil der Vertreibungspolitik [...]".[404]

Wegen der prinzipiellen Ähnlichkeit dieser Vorgänge mit Vertreibungen nach dem Zweiten Weltkrieg sind die in ihrem Kontext geführten rechtspolitischen Debatten und mehr noch die Urteile und Urteilsbegründungen internationaler wie deutscher Gerichte in Strafsachen gegen meist serbische Täter für das weitere Verständnis der Vokabel „Völkermord" von erheblichem Be-

---

[403] *Paul*, Kritische Analyse, S. 97, mit Bezug auf eine Äußerung Kinkels noch aus dem Jahr 1992, wonach „kaum Zweifel" bestünden, dass von serbischen militärischen Organisationen genozidale Tathandlungen begangen würden: „in der Absicht [...], die muslimische und kroatische Bevölkerung in weiten Teilen Bosniens als ansässige Volksgruppe auszulöschen".

[404] *Paul*, Kritische Analyse, S. 97.

lang. Eine UN-Expertenkommission hatte bereits im August 1992 mit Blick auf den laufenden Balkankrieg statuiert: „ethnische Säuberung" bedeute Massenvertreibung von Menschen aus ihrer Heimat „mit dem Ziel der [...] Zerstörung von nationalen, ethnischen oder religiösen Gruppen".[405] Damit war in Formulierungen, die sichtlich auf die UN-Konvention von 1948 rekurrierten, und im Geiste des ersten (Sekretariats-)Entwurfs bereits der weitere Weg gewiesen: Im Dezember 1992 verabschiedete die UN-Generalversammlung eine Resolution, die „ethnische Säuberung" explizit zu einer Form von Genozid erklärte.[406]

Am Ende des Jahrzehnts, 1997 bis 1999, verurteilten deutsche Gerichte zum ersten Mal einen Täter aufgrund des 1954 eingeführten § 220a StGB wegen Beteiligung an Völkermordaktionen in Bosnien und Herzegowina zu lebenslanger Haft. Bei dem Täter handelte es sich um den bosnischen Serben Nikola Jorgić, der 1992 als Anführer einer paramilitärischen Einheit auf dem Balkan schwerste Verbrechen an Muslimen verübt hatte. Sein Pflichtverteidiger hatte zunächst vor dem OLG Düsseldorf argumentiert, dem Angeklagten sei es lediglich „um eine Vertreibung der Muslime gegangen, nicht um ihre Vernichtung". „Vertreibungspolitik" reiche aber nicht aus, um jemanden wegen Völkermordes zu bestrafen. Denn dann würde ja „auch die Vertreibung der Sudetendeutschen" aus der Tschechoslowakei „unter Völkermord fallen", so der Anwalt.[407]

Das OLG dagegen, so haben es Ambos und Wirth auf den Punkt gebracht, setzte die „Absicht zu zerstören" mit der „Absicht zu vertreiben" gleich.[408] Und der Strafsenat des Bundesgerichtshofs, der 1999 in der Berufungsinstanz urteilte, sah das unter Verweis auf den Wortlaut der UN-Konvention ähnlich. Völkermord, so der Senatsvorsitzende Klaus Kutzer, liege nicht nur dann vor, wenn eine Bevölkerungsgruppe vollständig physisch vernichtet werden sollte wie etwa die Juden im „Dritten Reich": Es gehe vielmehr um die Zerstörung der Gruppe „als solche", nicht des Einzelnen. Denn wenn man die Gruppenmitglieder der bosnischen Muslime in alle Welt zerstreue, würde auch die Gruppe nicht mehr existieren.[409]

---

405 *Schabas,* Der Genozid, S. 253. Die Erklärung der UN-Generalversammlung vom Dezember 1992 kann als jene gelten, die am klarsten zum Ausdruck bringt, dass „ethnische Säuberungen" und Vertreibungen „gleichbedeutend" sind. Vgl. ebd., S. 253 f.
406 Ebd., S. 254.
407 Der Spiegel (Online), 2. Mai 1999 („Kriegsverbrechen. Schmutzige Säuberungen. Vertreibung ist Völkermord. Ein Urteil des Bundesgerichtshofs über die Untaten in Bosnien setzt Maßstäbe", von *Dietmar Hipp*). Zur Einordnung des Düsseldorfer Verfahrens vgl. auch *Hübner,* Das Verbrechen, S. 199 ff.
408 *Ambos/Wirth,* Genocide, S. 793.
409 Der Spiegel (Online), 2. Mai 1999 („Kriegsverbrechen. Schmutzige Säuberungen. [...]", von *Dietmar Hipp*). Dementsprechend vertrat der BGH auch den Stand-

Das daraufhin angerufene Bundesverfassungsgericht argumentierte in seinem Nichtannahmebeschluss im Dezember 2000 ebenfalls damit, dass sich die Völkermorddefinition „auf ein überindividuelles Rechtsgut, nämlich auf die soziale Existenz der Gruppe [...]" beziehe. Die Absicht, die Gruppe zu zerstören, sei „nicht auf die physische und biologische Vernichtung beschränkt [...]. Der Gesetzestext zwingt daher nicht zu der Interpretation, daß die Absicht des Angeklagten darin bestanden haben muß, eine zumindest substantielle Zahl von Mitgliedern der Gruppe physisch auszulöschen".[410] Die Absicht der Zerstörung der Gruppe sei vielmehr „schon nach dem natürlichen Wortsinn weiter", was sich bereits daraus ergebe, dass (bei der näheren Bestimmung einer von fünf Tathandlungen) „in § 220a Abs. 1 Nr. 3 StGB Zerstörung [zusätzlich, M. K.] mit dem Attribut ‚körperlich' versehen" werde, während dieses [wenige Sätze vorher in der allgemeinen Definition von Völkermord, M. K.] „bei der Zerstörungsabsicht gerade fehlt".[411]

Die Karlsruher Richter zogen zur Auslegung von Art. II auch – im Sinne der Wiener Vertragsrechtskonvention – die spätere Staatenpraxis heran und stellten dabei fest, dass eine mit den „Verbrechenselementen" des Völkermordes befasste Vorbereitungskommission des Internationalen Strafgerichtshofs Ende Juni 2000 einen Konsens erzielt hatte, der der BGH-Auffassung nicht entgegenstand: Auch hiernach sei „die systematische Vertreibung aus den angestammten Siedlungsgebieten einer Gruppe eine tatbestandsmäßige Völkermordhandlung i. S. d. Art. 6 lit c" des Römischen Statuts des Internationalen Strafgerichtshofs.[412] Da der Begriff „destroy" (bzw. „zerstören") potentiell weiter sei als die in Art. II lit. a–e der UN-Konvention beschriebenen Tathandlungen, könne ein Verstoß der deutschen Instanzgerichte „gegen die Wortlautgrenze" nur dann angenommen werden, wenn die Zerstörungsabsicht des Täters „allein auf kulturelle Eigenschaften der Gruppe" bezogen gewesen wäre.[413]

Im Laufe der Verfahren gegen Jorgić hatten deutsche Gerichte erstmals zu den Voraussetzungen der Zerstörungsabsicht beim Tatbestand des Völkermords Stellung nehmen können. Sie taten dies argumentativ in einer Art und

---

punkt, es handele sich, selbst wenn der Täter mehrere Mitglieder derselben Gruppe bei verschiedenen Gelegenheiten attackiere, nur um „ein einziges Genozidverbrechen", vorausgesetzt seine „verbindende Absicht" ziele kontinuierlich auf dieselbe Gruppe. *Ambos/Wirth*, Genocide, S. 784.

410 *Schabas*, Der Genozid, S. 306; BVerfG, 2 BvR 1290/99 (vom 12.12.2000).
411 So *Blumenwitz*, Rechtsgutachten, S. 38 f. mit Bezug auf BVerfG, 2 BvR 1290/99, Rz. 22.
412 Und dieser Passus entspreche „Art. II lit. c der Völkermordkonvention". *Blumenwitz*, Rechtsgutachten, S. 39, mit Bezug auf BVerfG, 2 BvR 1290/99, Rz. 30.
413 *Hübner*, Das Verbrechen, S. 203.

Weise, die stark auf jene Motive zurückgriff, die fast ein halbes Jahrhundert zuvor den Deutschen Bundestag dazu bewogen hatten, den Beitritt zur UN-Völkermordkonvention zu beschließen. Auch Verbrechen wie die Vertreibung der Deutschen fielen in dieser Deutung unter die Bestimmungen der Konvention.

Mit das Erstaunlichste an diesen wichtigen Vorgängen in der Welt des Rechts war allerdings, dass sie in der Welt der von Geisteswissenschaftlern, Journalisten und Politikern dominierten bundesdeutschen Erinnerungskultur, wo Vertreibung längst nicht mehr unter Völkermord firmierte, erst einmal so gut wie nichts bewirkten. Haben hier auch altbekannte habituelle Distanzen zwischen beiden Welten eine bessere Rezeption der Gerichtsurteile verhindert?[414]

Die Frage stellt sich umso mehr, als auch die internationale Rechtsprechung sich keineswegs unisono gegen den Weg der deutschen Justiz wandte, sondern sehr differenziert reagierte. Am 12. Juli 2007 bestätigte der Europäische Gerichtshof für Menschenrechte (EGMR) in der „Rechtssache Jorgić gegen Deutschland" (Beschwerde Nr. 74613/01) die Auslegung der Völkermordkonvention in den Urteilen deutscher Gerichte als „consistent with the essence of the offence of genocide"[415]. Der EGMR wies indes gleichzeitig darauf hin, dass das auf innerstaatlichem deutschen Recht beruhende, das Verbrechen des Völkermords als Zerstörung einer Gruppe als sozialer Einheit auslegende Düsseldorfer Urteil von internationalen Gerichten später abgelehnt worden sei. Eine Mehrheit der am EGMR mit Jorgićs Beschwerde befassten Juristen war nämlich der Auffassung, das deutsche Gesetz solle Völkermord als physisch-biologische Zerstörung der geschützten Gruppe verstehen. Andererseits meinte immerhin eine beträchtliche Minderheit der Richter auch hier, der Zerstörungsbegriff im wörtlichen Sinne reiche weiter und umfasse gerade auch die Zerstörung einer Gruppe in ihrer sozialen Einheit.[416]

Ein ähnlich gemischtes Bild zeigte sich beim Strafverfahren gegen den serbischen General Radislav Krstić, der im Bereich Srebrenica Kommandogewalt innegehabt hatte.[417] Er wurde 2001 vom Internationalen Strafgerichts-

---

[414] Wer sich als Historiker an die im Mikrokosmos der Philosophischen Fakultäten bei vielen Kommilitonen verbreitete Wahrnehmung der Juristischen Fakultät mit ihren etwas anderen Milieustrukturen erinnert, wird dies zumindest nicht für unplausibel halten.

[415] Die Interpretation stehe also „im Einklang mit dem Wesensgehalt der Straftat des Genozids". *Van den Herik*, The Meaning, S. 57.

[416] EGMR – Urteil Jorgić gegen Deutschland, 12. Juli 2007 (§ 18, 36, 47, 98, 99, 103, 108); vgl. auch *Singleterry*, Ethnic Cleansing.

[417] Zum Fall Krstić vgl. den Überblick bei *Paul*, Kritische Analyse, S. 100 ff.

hof für das ehemalige Jugoslawien (JStGH) zunächst zu 46 Jahren Haft verurteilt. 2004 gelangte die Berufungskammer zu dem etwas milderen Urteil, Krstić nicht wegen Völkermords, sondern „nur" wegen Beihilfe zum Völkermord mit einer Haftstrafe von 35 Jahren zu belegen. Der JStGH grenzte sich in diesem Zusammenhang ausdrücklich von der Rechtsprechung der deutschen Gerichte – und der weiten Auslegung der „Vernichtungsabsicht" durch die UN-Vollversammlung 1992 – ab und insistierte auf seiner früheren Auffassung, für Völkermord sei die Absicht der physisch-biologischen Zerstörung erforderlich.[418]

Spätere Entscheidungen in derselben Sache und in anderen Fällen ließen freilich die Tendenz erkennen, den Begriff der Zerstörungsabsicht „im Sinne der deutschen Auslegung zu lockern".[419] Mohamed Shahabuddeen, ein ghanaischer Jurist am JStGH, hatte schon in seiner „dissenting opinion" zum Srebrenica-Urteil betont, dass zwar einige genozidale Handlungen „require or imply intent to destroy physically", aber gleichzeitig unterstrichen: „other acts do not specify this". Die physische Tötung von Mitgliedern der Gruppe müsse nicht mit der Absicht einhergehen, auch die ganze Gruppe körperlich zu zerstören.[420] Nachdem der EGMR ebenfalls die Auffassung vertreten hatte, die UN-Völkermordkonvention „does not specify the kind of destruction that is envisaged, and thus it could bear an interpretation that encompasses social destruction",[421] nimmt es nicht Wunder, dass der BGH im Berufungsurteil gegen einen als Mittäter am Völkermord in Ruanda beteiligten Ex-Bürgermeister am 21. Mai 2015 bei seinem weiten Verständnis der Zerstörungsabsicht blieb.[422]

Van den Herik nennt im Ergebnis der völkerrechtlichen Genoziddiskussion seit den 1990er Jahren eine Position, die klar zwischen genozidaler Politik auf der einen, „ethnischen Säuberungen, Deportation und Transfer" auf der anderen Seite unterscheide, eine „traditionellere Ansicht".[423] Und Gerhard Werle und Florian Jeßberger konstatieren in einem jüngsten Standardwerk zum Völkerstrafrecht: „In voller Übereinstimmung mit der völkerrechtlichen Lage" diene der Tatbestand des Völkermords „nach der deutschen Rechtspre-

---

[418] Krstić, Urteil v. 2. August 2001, IT-98–33, Rn. 580.
[419] *Jeßberger/Maecker*, Der Prozess gegen Nikola Jorgić, mit Bezug auf. S. Krajišnik, Urteil v. 27. September 2006, IT-00–39, Rn. 854; Blagojević & Jokić, Urteil v. 17. Januar 2005, IT-02–60, Rn. 666.
[420] *Van den Herik*, The Meaning, S. 54.
[421] Ebd., S. 57.
[422] BGH-Urteil v. 21. Mai 2015, 3 StR 575/14, Rn. 13. Vorausgegangen war ein Urteil des OLG Frankfurt, das den Politiker nur als Gehilfen gesehen hatte. Vgl. auch *Werle/Jeßberger*, Völkerstrafrecht, S. 453.
[423] *Van den Herik*, The Meaning, S. 56.

chung dem Schutz der physischen *und sozialen Existenz*"[424] der im neuen Völkerstrafgesetzbuch von 2002 genannten vier Gruppen.[425]

---

[424] Hervorhebung M. K.
[425] *Werle/Jeßberger*, Völkerstrafrecht, S. 435. Der § 220a StGB ist im Zuge dessen aufgehoben, jedoch als § 6 in das Völkerstrafgesetzbuch aufgenommen worden, welches das nationale deutsche Strafrecht an die Regelungen des Völkerstrafrechts, insbesondere des mit dem Römischen Statut von 1998 errichteten Internationalen Strafgerichtshofs in Den Haag, angepasst hat. Im Völkerstrafgesetzbuch ist nunmehr unter § 7 („Verbrechen gegen die Menschlichkeit") auch eigens die Vertreibung erwähnt.

XIV. Kolonialhistorischer Wandel des Genozidbegriffs und Anerkennung des Völkermordes an den Herero 2021

Trotz Ruanda und Srebrenica kehrte die Dimension des Völkerrechts nur langsam in die erinnerungskulturelle Genoziddebatte der Bundesrepublik zurück. Erst spät setzten sich die international schon früher stärkeren Tendenzen zu einer gewissen (Wieder-)Gewöhnung an ein breites Verständnis von Völkermord auch hier durch und lockerte sich zeitverzögert seit den 2010er Jahren die mehrere Dezennien anhaltende Fokussierung des Begriffs auf den Holocaust. Dies geschah erwartungsgemäß nicht zuerst im Kontext des nach wie vor nur mit spitzen Fingern angefassten Themas Vertreibung, aber doch in dem Maße, wie neue geschichtspolitische Konjunkturen den Hauptstrom der globalisierten Geistes- und Kulturwissenschaften zunehmend auf die Bewältigung von Kolonialismus, Rassismus oder Sklaverei ausrichteten.[426]

Entscheidende Wegmarken dieser Entwicklung wurden seit den 1990er Jahren in der angloamerikanischen Welt gesetzt. 1992 legte der Historiker David Stannard (Universität von Hawaii) ein Buch mit dem provozierenden Titel „American Holocaust" vor. Er argumentierte, dass die Kolonisierung des von Christoph Kolumbus (wieder-)entdeckten Kontinents durch die Europäer zum massivsten Genozid der Menschheitsgeschichte geführt habe.[427] Ward Churchill (Universität von Colorado) hieb wenige Jahre später (1998) mit „A Little Matter of Genocide: Holocaust and Denial in the Americas 1492 to the Present" in dieselbe Kerbe.[428] Im gleichen Jahr erschien auch noch die später preisgekrönte – und ins Deutsche übersetzte – Arbeit des US-amerikanischen Publizisten Adam Hochschild über „King Leopold's Ghost",[429] die den Blick eindringlich auf das vom belgischen König zu verantwortende Sterben mehrerer Millionen Kongolesen zwischen 1885 und 1908 und dann zunehmend auf Afrika als Schauplatz kolonialer Völkermorde insgesamt richtete.

Der Holocaust kommt in dieser Perspektive zwar weiterhin wesentlich, aber nun vor allem als Wirkungsgeschichte kolonialer Genozide vor. Manche

---

[426] Vgl. *Kühne*, Colonialism and the Holocaust.
[427] *Stannard*, American Holocaust.
[428] *Churchill*, A Little Matter.
[429] *Hochschild*, King Leopold's Ghost.

NS-Forscher sahen in den neuen Kontinuitätsnarrativen vom Kolonialgenozid zur NS-Judenvernichtung nicht zuletzt den Versuch von Afrika-Experten wie Jürgen Zimmerer und anderen, öffentliche Aufmerksamkeit zu generieren und wissenschaftsstrategisch Claims abzustecken. A. Dirk Moses dagegen, wiewohl er den Völkermord an den Herero ebenfalls als eine Art faktisches und logisches Prius des Holocausts betrachtet, kritisierte nun offen, dass der Vergleich der Shoah mit anderen Genoziden den Deutschen bislang geradezu als Häresie, als Abfall vom rechten Glauben, gegolten habe: „Es ist an der Zeit, diesen Katechismus aufzugeben."⁴³⁰

Moses Essay im Mai 2021 rannte aber bereits halb offene Türen ein. Denn der wirkliche oder vermeintliche Katechismus war schon seit Mitte der 2010er Jahre von der deutschen Politik schrittweise aufgegeben worden. Die vom Bundestag 2016 ausgesprochene Anerkennung des jungtürkischen Genozids an den christlichen Armeniern im Osmanischen Reich markierte nur einen ersten Dammbruch, nimmt der „Aghet" doch in Quantität und „Qualität" erkennbar einen besonderen Platz in der Geschichte „ethnischer Säuberungen" in der Moderne ein. Deutsche waren in seinem Umfeld in sehr gemischten Rollen aufgetreten, seine Bezüge zur Nationalhistorie jedenfalls sichtlich weniger eng als im Fall der Verbrechen an den Herero in Südwestafrika, die insofern als entscheidender Gradmesser des Völkermorddiskurses in der Bundesrepublik gelten können.

Noch 2012 hatten die Regierungsparteien CDU, CSU und FDP bei eher verhaltener medialer Anteilnahme einen Antrag der rot-grünen Opposition im Bundestag abgelehnt, die Kolonialverbrechen im heutigen Namibia als Genozid anzuerkennen.⁴³¹ Dass in den letzten Zügen der ab 2013 folgenden

---

⁴³⁰ „Kurz gefasst impliziert der Katechismus eine Heilsgeschichte, in der die ‚Opferung' der Juden durch die Nazis im Holocaust die *Voraussetzung für die Legitimität der Bundesrepublik darstellt.*" (Hervorhebung im Original). Deshalb sei der Holocaust für die Jünger dieser Lehre „weit mehr" als ein wichtiges historisches Ereignis: „Er ist ein heiliges Trauma, das um keinen Preis durch andere Ereignisse – etwa durch nichtjüdische Opfer oder andere Völkermorde – kontaminiert werden darf, da dies seine sakrale Erlösungsfunktion beeinträchtigen würde." *A. Dirk Moses*, Der Katechismus der Deutschen, in: Online-Portal „Geschichte der Gegenwart", 23. Mai 2021. Kritisch dazu *Harry Nutt*, FR, 27. Juli 2021 („Angriff auf die Einzigartigkeit des Holocaust"). *Michael Rothberg*, Multidirektionale Erinnerung, S. 16, sieht die Holocaust-Erinnerung in einer fortlaufenden „dialogischen Interaktion" mit den Erinnerungen an Kolonialismus, Sklaverei oder Rassismus; um eine wirkliche „Integration" dieser Erinnerungskulturen zu erreichen, werde es allerdings „eine gewisse Lockerung der Verengungen geben müssen, die mit Holocaust-Vergleichen verbunden sind."

⁴³¹ BT, 17. WP, Drucksache 17/9033 v. 20. März 2012. Vgl. *Robel*, Verhandlungssache, S. 267, 304. Explizit aufgetaucht war der Genozidbegriff im namibischen Kontext z.B. bereits 2008, als die SPD mit CDU und CSU eine Große Koalitionsregierung bildete, in einem Antrag der oppositionellen Grünen.

Großen Koalition im Mai 2021 schließlich auch „bürgerliche" Kräfte – wie vor ihnen im grünen Windschatten die SPD – ihre noch 2004 verteidigte, dann aber bereits zunehmend durchlöcherte Position vollständig räumten, ist nur vor dem Hintergrund eines immer mächtiger werdenden globalen Kolonialismus- und Rassismusdiskurses zu erklären, der hierzulande sogar noch die Existenz traditionsreicher „Mohren"-Apotheken in Zweifel zog[432].

Es sprach indes nicht für ein sonderlich ausgeprägtes historisches Sensorium, wenn dabei übersehen wurde, welche Kollateralschäden die offizielle Einstufung der Kolonialverbrechen als Genozid in der Erinnerungskultur um den Holocaust anzurichten vermochte. Der bekannte NS-Forscher Götz Aly musste jetzt darauf hinweisen, dass es in „Südwest" und anderen Kolonien eben „keine flächendeckende Ermordung von ganzen Bevölkerungen gegeben" habe, die „anlasslos" gewesen sei. Es sei dort auch nicht das Ziel gewesen, ganze Bevölkerungen einfach nur deswegen auszulöschen, weil sie einer bestimmten Gruppe oder einer bestimmten Religion oder Ethnie angehörten. Vielmehr sei es primär darum gegangen, Gegenwehr niederzuschlagen: „Juden aber sollten als Juden, weil sie Juden waren, ausgerottet werden."[433] Omer Bartov hat mit Bezug auf die NS-Besatzungspolitik in Polen ähnlich argumentiert. Der Unterschied zwischen dem, was dort zwischen 1939 und 1944 geschehen sei, und den Kolonialverbrechen an den Herero sei „so vast that putting them both in the same explanatory framework of genocidal colonialism does not appear particulary usefull".[434]

Josef Schuster, der Vorsitzende des Zentralrats der Juden in Deutschland, äußerte sich im Herbst 2021 ebenfalls sehr besorgt, weil in der Auseinandersetzung mit den Verbrechen der Kolonialzeit neuerdings „verstärkt der Vergleich […] zur Aufarbeitung und Bedeutung der Schoa" gezogen werde; und er übte auch Kritik an den Betrachtungen von Moses zum Erinnerungskatechismus der Bundesrepublik.[435] Doch angesichts einer prinzipiellen Aufgeschlossenheit für die moderne Kolonialismus-Debatte waren vehementere Bedenken des Zentralrats gegen die Erklärung von Außenminister Maas zum Völkermord an den Herero nicht zu vernehmen.[436]

---

[432] Zu entsprechenden Entwicklungen in der Forschung zu Südwestafrika vgl. *Robel*, Verhandlungssache, S. 281.

[433] So Aly in einem Interview mit Deutschlandradio Kultur. Zit. bei *Harry Nutt*, FR, 27. Juli 2021 („Angriff auf die Einzigartigkeit des Holocaust").

[434] *Bartov*, Genocide and the Holocaust, S. 20.

[435] Dankesrede Schusters zur Verleihung des Deutschen Kulturpolitikpreises am 30. September 2021 (von der Webseite des Zentralrats der Juden in Deutschland am 18. November 2021 heruntergeladen).

[436] Eine Presseerklärung zur folgenschweren Herero-Deklaration von Außenminister Maas Ende Mai 2021 gab der Zentralrat nicht ab. Eine „Konkurrenz der Opfergruppen [zu] generieren", so erläuterte Schuster dazu später indirekt, sei „nicht ange-

Das überraschte auch vor dem Hintergrund des Streits um den südafrikanischen Postkolonialismus-Forscher Achille Mbembe, der die Tücken des neuen Diskursfeldes gerade erst schlaglichtartig beleuchtet hatte. Mbembe hatte noch 2015 in Würdigung seiner „Black studies" und seiner „Kritik der schwarzen Vernunft"[437] den Geschwister-Scholl-Preis in München erhalten, der an den Widerstand gegen den Nationalsozialismus erinnerte. 2020 war er als Eröffnungsredner der Ruhrtriennale vorgesehen, als plötzlich im politischen Raum Vorwürfe wegen seiner Beteiligung an der gegen den Staat Israel gerichteten, in den letzten Jahren zunehmend umstrittenen Boykottbewegung BDS laut wurden. Dabei gelangten auch ältere Äußerungen Mbembes an eine breite Öffentlichkeit, die den Holocaust in die Geschichte des Kolonialismus einordneten und dem von ihm als weiße europäische Kolonialmacht verstandenen Israel vorwarfen, heute selbst „den Platz der Mörder" einzunehmen.[438] Die Besetzung Palästinas, so Mbembe, sei „der größte moralische Skandal unserer Zeit", ja Israel bereit, mit Gemetzel, Zerstörung und schrittweiser Ausrottung der Palästinenser „den ganzen Weg zu gehen".[439]

Auch wenn man die israelische Regierung etwa wegen der Siedlungspolitik im Westjordanland mit gutem Grund kritisieren kann, war Mbembes Angriff schon angesichts der demokratischen Vertretung der arabischen Palästinenser (die ca. 20% der Gesamtbevölkerung Israels ausmachen) in der Knesset ganz abwegig. Einmal mehr fiel bei seiner Attacke ins Auge, wie wenig sich selbst dann direkt auf die UN-Völkermordkonvention bezogen wurde, wenn Begriffe wie Ausrottung oder Zerstörung fielen.[440] Ebenso bemerkenswert ist aber die offensichtlich ausbleibende Wirkungsgeschichte

---

messen und gefährlich". *Josef Schuster*, Wozu Menschen fähig sind, in: FAZ, 19. Januar 2022, S. 8.

[437] So der eher politisch als sprachlich korrekt übersetzte Titel seiner 2013 erschienenen „Critique de la raison nègre", die im Jahr darauf auch auf Deutsch publiziert worden war.

[438] FAZ, 10. Mai 2020 („Antisemitismus-Debatte: Wer hat Achille Mbembe gelyncht?", von *Jürgen Kaube*); vgl. auch Jüdische Allgemeine, 26. März 2020 („Erneut Vorwürfe der Israelfeindlichkeit"), sowie *Sznaider*, Fluchtpunkte, S. 9 ff.

[439] Deutsche Welle, 29. April 2020 („Antisemitismus-Debatte: Streit um Achille Mbembe: Hat der Historiker den Holocaust verharmlost?", von *Sabine Peschel*).

[440] Aber auch der ausführlich die Causa Mbembe schildernde Natan Sznaider verweist nur verbal darauf, wie „entscheidend" der „Begriff des Völkermordes" für das Verständnis der Debatte sei (*Sznaider*, Fluchtpunkte, S. 21), ohne dann näher die Entstehung der Konvention oder gar deren Wortlaut zu beleuchten. Stattdessen geht er von einem rein „jüdischen Kontext" des Völkermordbegriffs aus und konstatiert, dass der Begriff „in den letzten Jahren" leider zunehmend aus diesem Kontext „gelöst" werde und „erweitert auch auf kolonialistische Verbrechen" ein „gespenstisches Eigenleben" führe (ebd., S. 183). Wenn der Holocaust in den europäischen Kolonialismus eingebettet werde, sei er aber auch „nicht mehr die ausschließliche Schuld der Deutschen als Deutsche" (ebd., S. 193).

dieses jüngsten Konflikts im Zuge der laufenden Ersetzung des Holocausts durch den Kolonialismus als neues erinnerungspolitisches Paradigma.[441] Denn bereits ein gutes Jahr nach dem Skandal, in den im März 2020 auch der Antisemitismus-Beauftragte der Bundesregierung gegen Mbembe eingegriffen hatte, erfolgte mit der besagten Herero-Erklärung des Bundesaußenministers ein weiterer Schritt, der Fragen nach dem offiziellen Genozidverständnis und seinen Bezügen zur Shoah aufwarf.

Die Verbrechen an den Herero unterschieden sich nämlich nicht nur aus den von Götz Aly genannten Gründen ganz erheblich vom Holocaust.[442] Eine zentrale Rolle spielt vor allem auch der ominöse Vernichtungsbefehl des Generals Lothar von Trotha aus dem Jahr 1904, der sich mit den Beschlüssen der Wannseekonferenz von 1941 nicht sinnvoll vergleichen lässt. Dort hatten bekanntlich über ein Dutzend hochrangiger Vertreter von SS-Behörden und Reichsministerien den weiteren Ablauf der „Endlösung der Judenfrage" organisiert. Von Trotha war 1904 vom deutschen Kaiser wegen seiner erwiesenen Brutalität beim Niederschlagen des chinesischen Boxeraufstands einige Jahre vorher gezielt für die Aufgabe in Afrika berufen worden,[443] lag hinsichtlich der Kriegsziele aber bereits mit dem Gouverneur der Kolonie im Streit. In Trothas Vernichtungsbefehl vom 2. Oktober 1904 hieß es unter anderem, die Herero seien keine „deutsche Untertanen" mehr: „Das Volk der Herero muß […] das Land verlassen", sonst würde innerhalb der Grenzen des deutschen Kolonialgebietes jeder Herero erschossen.[444] Ein ergänzender Bericht an den Generalstabschef Alfred von Schlieffen in Berlin vom 4. Oktober belegte noch näher Trothas Glauben, „dass die Nation [der Herero, M. K.] als solche vernichtet" oder, falls das aus taktischen Gründen nicht möglich sei, „aus dem Lande gewiesen" werden müsse: „eine Behandlung", so Trotha, „die ich zunächst auf meine eigene Verantwortung übernommen und durchgeführt habe".[445]

---

[441] Vgl. auch FAZ, Wissenschaft (Online), 19. August 2021 („Biafra zum Beispiel. Die vergessene Vorgeschichte des jüngsten Historikerstreits", von *Lasse Heerten*).

[442] Zu den „gravierenden Unterschieden" zwischen beiden Fällen in Bezug auf Abläufe, Opfergruppen und Logiken dieser „Rassenkriege" vgl. auch *Kundrus*, Von den Herero (Zitat S. 87). Koloniale Gewaltentgrenzung, so betont Kundrus zudem (ebd., S. 84), sei im Zeitalter des Imperialismus kein deutsches Spezifikum gewesen.

[443] *Sarkin*, Germany's genocide, S. 194, 197.

[444] In einer mündlichen Ansprache an die Offiziere fügte Trotha hinzu, er gehe davon aus, dass keine männlichen Gefangenen mehr gemacht würden, es aber „nicht zu Greueltaten gegen Weiber und Kinder ausartet"; diese sollten indes in die Wüste zurückgetrieben werden. Vgl. dazu die quellengestützte Studie von *Nuhn*, Sturm, S. 282 f., die von *Bürger*, Deutsche Kolonialgeschichte(n), v. a. S. 253, aus ideologischen Gründen kritisiert wird.

[445] *Nuhn*, Sturm, S. 284.

Die wichtigsten Beweisstücke für die Art von Trothas Zerstörungsabsicht zeigen zum einen, dass die physische Ausrottung aller Mitglieder der Gruppe jedenfalls nicht das Hauptziel war, auch wenn der Tod sehr vieler auch Frauen und Kinder offensichtlich mit einkalkuliert wurde. In erster Linie ging es um die Brechung des militärischen Widerstandes mit allen Mitteln – und zwar sowohl kurz- wie langfristig.[446] Das Verdursten und Verhungern tausender in die Wüste geschickter Menschen, denen der Rückweg versperrt wurde, zählte dazu. Aber auch ihr Überleben außerhalb der angestammten Heimat hätte dem Ziel der offensichtlich militärstrategisch gedachten „Vernichtung" nicht widersprochen.

So sehr sich das Geschehen vom Holocaust unterschied, die – genozidale – Absicht, eine Gruppe als solche zu zerstören, lag bei von Trotha zweifelsfrei vor. Und auch der Generalstab in Berlin hat diese Politik eine Zeit lang mitgetragen, wobei gar nicht so entscheidend ist, ob Schlieffen an Vernichtung „nur" im militärischen Sinne dachte, als er am 23. November 1904 an Reichskanzler Bernhard von Bülow schrieb: Vernichten *oder*[447] „aus dem Lande treiben", sei richtig. Schlieffens ergänzender Hinweis, durch eine neue Proklamation müsse man zumindest jenen Herero, die sich den deutschen Truppen stellten, ausdrücklich „das Leben zusagen",[448] ändert ebenfalls nichts am Tatbestand der Zerstörung der Gruppe als solcher. Schließlich ist es im Sinne der UN-Konvention auch irrelevant, welche der (infolge einer höchst schwierigen Quellenlage stark differierenden) Opferzahlen zutreffen, die von weniger als einem Viertel bis zu neuerdings drei Viertel des Herero-Volkes schwanken.[449] Selbst wenn man von den niedrigeren Schätzungen ausginge, müsste gleichwohl, anders als etwa Gert Sudholt im Blick auf die Überlebenden der Omaheke-Wüste meint,[450] von einem Genozid die Rede sein. Für diesen genügt bereits die „teilweise" Zerstörung einer Gruppe.

Dass Genozidforscher wie Boris Barth das Kolonialverbrechen in „Südwest" trotz allem nicht den „Fälle[n] von eindeutigem Völkermord" (Armenien, Ruanda, NS-Genozide),[451] sondern den „Fällen mit Genozidverdacht" zugerechnet haben,[452] scheint uns aber aus einem anderen Grund zumindest

---

[446] *Sudholt*, Die deutsche Eingeborenenpolitik, S. 184, 189 f., verweist hier darauf, dass der Begriff der „Vernichtung" der europäischen Generalstabsprache dieser Zeit entstamme und militärstrategisch gemeint gewesen sei.

[447] Hervorhebung M. K.

[448] *Nuhn*, Sturm, S. 301 f.

[449] *Nuhn* (ebd., S. 315) schätzt, dass von 40.000 Herero wohl 23.000 bis 24.000 überlebt hätten. Nach Zahlen deutscher Herero-Missionare lebten vor dem Krieg 35.000, danach (1906) noch 25.000 Herero in Südwestafrika.

[450] *Sudholt*, Die deutsche Eingeborenenpolitik, S. 185.

[451] *Barth*, Genozid, S. 62.

diskutabel. Ausgehend vom prägenden Charakter des Genozids als „Staatsverbrechen" im Sinne von Hannah Arendt lässt sich nämlich auch im Falle der Politik des Kaiserreichs gegen die Herero fragen: „Hat die jeweilige Regierung oder das Regime beabsichtigt, eine große und selbst definierte Gruppe von Menschen" zu zerstören?[453] Der Kaiser deckte General von Trotha und dessen „Vernichtungsbefehl" zwar allzu lange, aber Reichskanzler und Reichstag hatten bekanntlich ganz andere „Absichten". Wenige Tage nachdem der Befehl von Trothas auf den damals langen Kommunikationswegen im November 1904 in Berlin angekommen war, kritisierte ihn Reichskanzler von Bülow in einem Brief an den Kaiser aufs Schärfste: Die vollständige und planmäßige Ausrottung der Herero stehe im Widerspruch zu allen christlichen und menschlichen Prinzipien.[454] Im Reichstag prangerten vor allem SPD und katholische Zentrumspartei Trothas Kriegsführung an. Im Dezember hatte Trotha seine Proklamation auf Gegenbefehl des Generalstabs aus Berlin schließlich wieder zurückzunehmen.[455]

Des Völkermords strafbar gemacht hatte sich demnach in erster Linie von Trotha, wobei Kaiser und Generalstab eine Mitschuld traf, die auch durch die relativ kurze Zeit der Gültigkeit des Vernichtungsbefehls nicht aufgehoben wird. Die Frage, inwieweit der deutsche Staat sich das Verbrechen zurechnen lassen musste, ist nach allgemeinen völkerrechtlichen Grundsätzen insofern zu bejahen, als Staaten sich Handlungen ihrer Organe und von in ihrem Auftrag oder zumindest mit ihrer Billigung handelnden Personen tatsächlich zurechnen lassen müssen, auch wenn sie es nur unterlassen, völkerrechtswidriges Handeln ihrer Staatsangehörigen zu unterbinden.[456] Dass Trotha den Vernichtungsbefehl ausdrücklich auf seine Kappe genommen hatte, ändert daran im Ergebnis ebensowenig wie die dezidiert anders gerichteten, zeitweilig aber eben nicht zum Zuge kommenden Absichten von Reichsregierung und Teilen des Reichstags. Denn zur eindeutigen Absicht Trothas, den gesell-

---

452 Ebd., S. 128 ff. Die genozidale Intention sei zwar vorhanden gewesen, aber nicht „bis zur letzten Konsequenz durchgeführt" worden. Ebd., S. 130 f.
453 Die von einem physischen Zerstörungsbegriff ausgehende Philosophin meinte allerdings die Absicht der Täter, eine Gruppe „ohne Ausnahme und ohne die Möglichkeit einer Kapitulation vollständig auszurotten, weil sie nicht das Gesicht der Erde mit ihnen teilen" wollten. *Arendt*, Eichmann in Jerusalem, S. 328 f.
454 Vgl. *Nuhn*, Sturm, S. 303.
455 Wie *Sarkin* (Germany's genocide, S. 198) einwendet, sei das Gegen-Dekret aus Berlin so vage gewesen, dass Trotha seine Vernichtungsstrategie noch ein Jahr lang mehr oder weniger ungebremst habe fortsetzen können. *Spraul* (Der Völkermord, S. 727) verweist demgegenüber auf eine „die Verantwortlichkeiten verwischende Befehlsstruktur" und zweifelt, ob der Umstand, dass Berlin nicht noch schneller gegen von Trotha eingeschritten sei, wirklich bereits ausreiche, um von Genozid zu sprechen.
456 *Blumenwitz*, Rechtsgutachten, S. 27.

schaftlichen Zusammenhang und die Lebensgrundlagen der Herero zu zerstören,[457] waren schließlich auch Handlungen getreten, die den Tatbestand des Genozids objektiv erfüllten: Von der Tötung von Mitgliedern der Herero-Gruppe über die Verursachung von schwerem körperlichem oder seelischem Schaden bis zur vorsätzlichen Auferlegung von Lebensbedingungen für die Gruppe, die geeignet waren, ihre körperliche Zerstörung ganz oder teilweise herbeizuführen. Dies geschah u. a. in eigens eingerichteten Konzentrationslagern, aber auch indem man den Herero die Möglichkeit zur traditionellen Großviehhaltung nahm und den gesamten beweglichen und unbeweglichen Stammesbesitz konfiszierte.[458]

So sehr sich der Genozid an den Herero vom Holocaust unterscheidet und so diskutabel sein Charakter als Staatsverbrechen ist – als Völkermord im Sinne der weiten UN-Definition ist auch er zu beurteilen. Bemerkenswert war nur, dass dies im trendorientierten Geschichtsbewusstsein der öffentlichen Meinung nicht die geringsten Nachfragen hinsichtlich möglicher Folgen für die Einordnung der Vertreibung der Deutschen auslöste. Jedenfalls war bei der nächsten, sich schon sehr bald bietenden Gelegenheit dazu, als wenige Wochen nach der Herero-Erklärung des Außenministers das Dokumentationszentrum der Stiftung Flucht, Vertreibung, Versöhnung Ende Juni 2021 in Berlin seine Pforten öffnete, davon weder in den Festreden noch in der folgenden Presseberichterstattung auch nur die geringste Andeutung zu vernehmen.[459] Das wirkte umso verstörender, als einige der eifrigsten Verfechter eines engen, die „ethnischen Säuberungen" in den Jahren ab 1945 kategorisch ausschließenden Genozidbegriffs der Gedenkeinrichtung nicht einmal hatten zugestehen wollen, Flucht und Vertreibung der Deutschen zu „dem" Schwerpunkt ihrer Arbeit zu machen.[460]

---

[457] *Kößler/Melber*, Völkermord und Gedenken, S. 47.

[458] *Nuhn*, Sturm, S. 316.

[459] Persönliche Eindrücke als Gast bei der Eröffnungsfeier im Berliner Deutschlandhaus am 21. Juni 2021 sowie bei Auswertung des Pressespiegels zur Veranstaltung.

[460] Dieses Thema dürfe, so die Argumentation, maximal „ein" Schwerpunkt der mitten in Berlin aufgebauten Bundesstiftung FVV sein, die sich ansonsten ganz international auszurichten habe. Vgl. dazu auch FAZ, 2. Dezember 2014 („Eine neue Vertreibung?", von *Reinhard Müller*).

XV. Zur Frage der subjektiven und objektiven Komponente des Genozidtatbestands bei der Vertreibung der Deutschen

Ein vergleichender Blick auf den Herero-Genozid ist für die Einschätzung der ethnischen Vertreibungen um 1945 zunächst einmal hinsichtlich der „Zerstörungsabsicht" der Täter aufschlussreich. Denn dieses zentrale Kriterium der UN-Völkermordkonvention wurde am Ende des Zweiten Weltkriegs in einigen Fällen sogar klarer erfüllt, als dies 1904 der Fall gewesen war – und zwar unabhängig davon, welcher von zwei juristischen Auslegungsvarianten man sich hier anschließt.

In den Travaux préparatoires der Konvention finden sich Hinweise, dass ein „kollektiver Tatplan" als wichtiges Merkmal des Verbrechens verstanden wurde und zumindest auf der sogenannten subjektiven Tatseite die Absicht nachzuweisen war, als Teil einer Tätergruppe auf den Zerstörungserfolg hinwirken haben zu wollen. Die Konventionsverfasser gingen jedenfalls mit Selbstverständlichkeit davon aus, Völkermord werde in der Regel von einem Täterkollektiv verübt.[461] Die Frage mit welch hohem Grad an Vorsatz das Ziel der Gruppenzerstörung verfolgt werden müsse, haben die Travaux préparatoires aber letztlich offengelassen:[462] Musste es Vorbedacht „in seiner starken Form" sein, wobei der Täter die Ausführung der Tat schon „deutlich vorher geplant" hatte, oder genügte bereits die bloß „überlegte Ausführung" der Tat selbst?[463] Nach der einen dazu heute von Juristen vertretenen Auffassung müsse „eine objektiv bestehende Völkermordkampagne" festgestellt werden können, nach der anderen genügt bereits „die (realistische) Zerstörungsabsicht" des Täters.[464] Klar ist dagegen, dass beim Täter zwar ein „gewisser Kenntnisgrad vom Endziel des strafbaren Verhaltens" vorhanden sein muss, jedoch, falls er Befehlsempfänger ist, keine Kenntnis des Zerstörungsplanes im Detail.[465]

---

[461] *Oliveira Santos*, Der Bedeutungsgehalt, S. 136. Auch in der rechtswissenschaftlichen Literatur geht man heute von der Notwendigkeit des Zusammenwirkens einer größeren und nicht spontan handelnden Tätergruppe aus. Ebd., S. 151.
[462] Vgl. ebd., S. 167, 171.
[463] Ebd., S. 137.
[464] Ebd., S. 155.
[465] Ebd., S. 170.

XV. Komponente des Genozidtatbestands bei Vertreibung der Deutschen

Für ein Urteil über die Vertreibung der Deutschen brauchen diese ganzen juristischen Fragen aber gar nicht im Einzelnen geklärt zu werden, weil hier stets auch die jeweils höheren der genannten Maßstäbe angelegt werden können. Werfen wir dazu als erstes einen Blick auf die subjektive Komponente des Genozidtatbestandes, die Ebene der Zerstörungsabsicht, in den wichtigsten regionalen Einzelfällen der Vertreibung: von den 1945 unter polnische bzw. sowjetrussische Verwaltung gestellten Staatsgebieten des Deutschen Reiches östlich von Oder und Neiße über das Sudetenland bis hin nach Ungarn und Jugoslawien. In einem zweiten Schritt sollen dann die für die Außenwelt „objektiv" wahrnehmbaren Erscheinungsformen der Taten angesprochen werden.

Die „ethnischen Säuberungen" Jugoslawiens und des Sudetenlandes (wie auch der kleineren deutschen Sprachinseln im Karpatenraum) sind in „subjektiver" Hinsicht recht eindeutig zu bewerten. Die tschechoslowakischen Exilregierungen unter Edvard Beneš gingen – bei allen taktischen Schwankungen im Einzelnen – die Vertreibung der Deutschen spätestens seit Kriegsbeginn 1939 „sehr planmäßig und geradlinig" an.[466] Staatspräsident Beneš hat, um die Zustimmung der Großmächte zu erlangen, dazu zeitweilig sogar die USA und die UdSSR gegeneinander ausgespielt. Seine im Mai 1945 dann auch ganz offen bekundete Absicht, das „deutsche Problem liquidieren" zu wollen,[467] zielte gewiss nicht auf die Tötung möglichst zahlreicher Deutscher, aber doch auf deren Entfernung – mit Ausnahme nur weniger, eng definierter „Antifaschisten". Noch weiter und klar in Richtung physischer Vernichtung ging aber z. B. General Sergěj Ingr, der Verteidigungsminister der Londoner Exilregierung, der am 3. November 1944 in einer Ansprache über das BBC-Rundfunknetz seine Landsleute aufforderte, dem „alten Kampfruf der Hussiten" zu folgen: „,Schlagt sie, tötet sie, lasst niemanden am Leben'. Jedermann sollte sich bereits jetzt nach der bestmöglichen Waffe umsehen, die die Deutschen am stärksten trifft. Wenn keine Feuerwaffe zur Hand ist, sollte man irgendeine sonstige Waffe vorbereiten und verstecken – eine Waffe, die schneidet oder sticht oder trifft."[468]

Beneš und seinen Anhängern schien ein Zusammenleben des tschechischen Volkes mit den Deutschen infolge der historischen Erfahrungen seit dem Münchner Abkommen von 1938 und während der Protektoratszeit schlicht nicht mehr vorstellbar. Aus der klaren Intention, die nationale Gruppe der Deutschen in der Tschechoslowakei „als solche" sehr weitgehend zu zerstö-

---

[466] *Ermacora*, Die sudetendeutschen Fragen, S. 261.

[467] *Kittel/Möller*, Die Beneš-Dekrete, S. 562.

[468] *Habel*, Dokumente, S. 483. Ähnliche Gewaltaufrufe waren auch von Beneš selbst gekommen, der etwa schon am 27. Oktober 1943 ankündigte, das Ende des laufenden Geschichtskapitels in der Tschechoslowakei werde „mit Blut" (ebd.) zu schreiben sein.

XV. Komponente des Genozidtatbestands bei Vertreibung der Deutschen 117

ren, erklärt sich auch, weshalb mit der „wilden Vertreibung" in Hunderttausenden Fällen bereits lange vor dem Potsdamer „Transfer"-Beschluss der Siegermächte begonnen wurde. Eine Reihe einschlägiger Präsidialdekrete im Jahr 1945 vom Entzug der Staatsbürgerschaft bis zur Enteignung, die auch Raphael Lemkin in seinem oben erwähnten Memorandum an den Bundestag 1954 später nennen sollte, vervollständigen nur noch das Gesamtbild.

Für die Absicht der Regierenden in Jugoslawien, die deutschen Sprachgruppen zu zerstören, können der Beschluss des Antifaschistischen Rates (AVNOJ) vom 21. November 1944 sowie zwei Aide-mémoires vom 19. Januar und 15. Mai 1946 als „stärkste Indizien" gelten.[469] Im AVNOJ-Beschluss ging es um den Entzug staatsbürgerlicher Rechte, kollektive Internierung und entschädigungslose Enteignung, in den Papieren von 1946 um die Bitte an die US-Regierung, beim „Transfer der gesamten deutschen Minderheit" zu helfen, nachdem das Potsdamer Protokoll dazu stumm geblieben war.[470]

In Slowenien und dem zu Kroatien gehörenden Slawonien war schon kurz nach Kriegsende versucht worden, die noch nicht vor den Partisanen geflohenen Deutschen mit der Bahn nach Österreich abzuschieben und die Verbleibenden in Lagern zu konzentrieren bzw. zu dezimieren. Die Absicht, die deutschsprachige Bevölkerung als Gruppe zu zerstören, lag aber nicht nur der Politik gegenüber diesem kleinen Teil der Jugoslawiendeutschen in den nordwestlichen Landesteilen zugrunde, wo es zu offen systematischen Vertreibungen kam, sondern auch dem Vorgehen in der Vojvodina (nördlich von Belgrad), wo dies so nicht der Fall war. Hier erfolgte 1945 keine dauerhafte Ausweisung der Gruppe aus ihrem angestammten Gebiet, sondern einstweilen „nur" deren Internierung in Arbeits- und Konzentrationslagern. Freilich hatten schon bis zum Frühjahr 1946 neue, meist serbische Siedler die Häuser in den vorher deutschen Ortschaften übernommen. Hinzu kam von Ende 1946 bis Ende 1947 die Duldung einer Massenflucht der Donauschwaben aus den Internierungslagern, in denen vorher unerträgliche Lebensbedingungen geschaffen worden waren.[471]

---

469 *Blumenwitz*, Rechtsgutachten, S. 44.
470 Ebd., S. 45.
471 Ebd., S. 44 f. Vgl. auch – Ergebnisse seiner wichtigen Arbeiten zusammenfassend – *Janjetović*, Massengewalt, v. a. S. 116 f., der von etwa 50.000 in den Lagern umgekommenen Jugoslawiendeutschen spricht. Er geht allerdings – ohne Rekurs auf die UN-Konvention – von einem rein physischen Genozidbegriff aus und kommt deshalb zu dem Schluss, dass es sich nicht um einen Genozid, sondern um eine „ethnische Säuberung" gehandelt habe. In einer etwas früheren Arbeit hatte Janjetović mit Bezug auf serbische Spezialstudien zu den Lagern aus den Jahren 2005 und 2008 sowie eine regionale parlamentarische Enquete-Kommission die Zahl der Opfer in den Lagern auf „nur" etwa 21.000 taxiert. *Janjetović*, Feinde der Nation, S. 198. Vgl. dagegen *Beer*, Flucht, S. 145, der sich auf die „empirisch abgesicherte Datenbasis" der Landsmannschaft der Donauschwaben bezieht.

XV. Komponente des Genozidtatbestands bei Vertreibung der Deutschen

Für die Absicht, die Gruppen der im Land lebenden Deutschen als solche zu zerstören, sprechen schließlich sowohl im Falle Jugoslawiens wie dem der Tschechoslowakei die nackten Bevölkerungsbilanzen. Die Zahl der Deutschen sank im ersten Fall von über einer halben Million auf 60.000 (Volkszählung 1953), im zweiten Fall von dreieinviertel Millionen Menschen auf 163.000 (1950).[472] Dies entsprach einer Reduzierung um 90 bis 95%. Nur etwas weniger radikal verlief – trotz größerer absoluter „Rest"-Zahlen – die „ethnische Säuberung" in den faktisch von Polen annektierten preußisch-deutschen Ostgebieten respektive der Freien Stadt Danzig. Dort blieben von an die neun Millionen Deutschen[473] nur eine gute Million sogenannter Autochthoner vor allem in den traditionellen sprachlichen Mischzonen Oberschlesiens und Masurens. Sie konnten nicht nur die polnische Staatsangehörigkeit erwerben, vielmehr oktroyierte Warschau diese nicht wenigen der als nur oberflächlich germanisiert geltenden Autochthonen auch gegen deren Willen auf.

Die Absichten auf der Seite des vertreibenden Staates waren im deutsch-polnischen Fall allerdings ein „weitaus komplexeres Problem" als andernorts. Darauf hat im Vergleich zum Sudetenland bereits Felix Ermacora hingewiesen.[474] Doch seine Beobachtung, dass „die Absicht und der politische Wille" der tschechoslowakischen Exilregierung „eine weit größere Kontinuität und Stabilität aufgewiesen" hätten, als dies bei den „Exil- und Gegenregierungen" Polens der Fall gewesen sei,[475] trifft im Kern nur bis in die Zeit vor der Potsdamer Konferenz Anfang Juli 1945 zu. Denn jetzt entzogen die USA und Großbritannien der polnischen Exilregierung in London die Anerkennung und setzten fortan ganz auf eine neue Übergangsregierung in Warschau, an der zwar maßgeblich die „Lubliner" Kommunisten, aber eben auch der aus London zurückgekehrte „bürgerliche" Bauernpartei-Vorsitzende Stanisław Mikołajczyk beteiligt waren.[476] Insofern relativiert sich rein machtpolitisch betrachtet auch der Umstand, dass Tomasz Arciszewski, Ministerpräsident der polnischen Exilregierung ab Ende 1944, „nur" Oberschlesien, Ostpreußen und den östlichen Teil Pommerns annektieren, das polnische Staatsgebiet aber nicht bis zur Oder und Lausitzer Neiße ausdehnen wollte – schon um gleichzeitig möglichst viel vom Ostpolen der Zwischenkriegszeit für sein Vaterland zu retten („Wir wollen weder Breslau noch Stettin.").[477]

---

472 *Kittel/Möller*, Die Beneš-Dekrete, S. 568.

473 Über eine Million Menschen im sowjetisch werdenden Nordteil Ostpreußens sind in dieser Zahl nicht enthalten.

474 *Ermacora*, Die sudetendeutschen Fragen, S. 261.

475 Ebd.

476 Zur Bedeutung dieser Entwicklung vgl auch *Frank*, Making Minorities History, S. 263, 284.

477 Zit. bei *Kittel*, Die Vertreibung, S. 213; dort (ebd., S. 208) auch Verweise auf polnische Literatur zur speziellen Rolle von „Narodowe Siły Zbrojne" und anderen

XV. Komponente des Genozidtatbestands bei Vertreibung der Deutschen

Die amtierende polnische Regierung in Warschau strebte demgegenüber klar nach der Oder-Neiße-Linie als neuer Westgrenze.[478] Sie setzte auf der Potsdamer Konferenz auch alle Hebel in Bewegung, um ihre weitreichenden Gebietsforderungen – einschließlich der damit verbundenen Vertreibung von noch mehr Deutschen – politisch durchzusetzen.[479] Bereits am 10. Juli 1945 richtete sie ein Memorandum an die Regierungen der USA und Großbritanniens, das an „Leiden und Leistungen" Polens im Zweiten Weltkrieg erinnerte und die Absicht der Zerstörung der ostdeutschen Bevölkerungsgruppen von Ostpreußen bis Schlesien als Kompensation für die eigenen Verluste im Osten zu legitimieren suchte. So wie „Polen das gesamte östliche Kapitel seiner Geschichte streicht, soll auch mit gleichem Recht das gesamte östliche Kapitel der Geschichte Deutschlands gestrichen werden, jenes Kapitel, das die Geschichte der deutschen Raubgier erzählt".[480] Ende Juli 1945 bekräftigte der polnische Industrieminister Hilary Minc zudem ausdrücklich, Breslau und Stettin würden zur Ansiedlung für die Polen aus dem (jetzt sowjet-litauisch bzw. -ukrainisch werdenden) Wilna und Lemberg benötigt.[481]

Der Vizepremierminister der provisorischen polnischen Regierung Gomułka hatte schon am 28. Februar 1945 vor dem ZK der Polnischen Arbeiterpartei die „Entdeutschung" dieser „historisch polnischen Gebiete" als „ein riesiges Experiment" bezeichnet, „das bisher nicht seinesgleichen in der Geschichte" habe. Es sei klar, dass die Entdeutschung in der Weise erfolgen müsse, „dass die Deutschen aus diesen Gebieten hinausgeworfen werden und wir in die Westgebiete Polen hereinbringen und dort ansiedeln".[482] Kein Zweifel also, das Element der gemeinsamen Planung, wie es schon Lemkin

---

Gruppen der Untergrundbewegung, die ihre Exilregierung in London zu radikaleren Forderungen drängten.

[478] Kommunisten wie Nicht-Kommunisten waren sich hier einig, dass Polen „so weit wie möglich nach Westen" verschoben werden sollte. *Snyder*, Bloodlands, S. 315.

[479] *Kittel*, Die Vertreibung, S. 208 f., 215, 221. Vgl. auch *Kreutzmann/Sonne*, Schuld, S. 126.

[480] *Brandes*, Der Weg zur Vertreibung, S. 447.

[481] Ebd., S. 454.

[482] Beitrag von *Josef Joachim Menzel* zum 50. Jahrestag des Potsdamer Protokolls in der WDR-Sendereihe „Alte und neue Heimat" am 2. Juli 1995. Zu ähnlichen Äußerungen des Kommunisten Gomułka im Mai 1945 *Snyder*, Bloodlands, S. 314. Stalin hatte Gomułka ausdrücklich geraten, die Lebensbedingungen für die verbliebenen Deutschen so zu gestalten, dass diese aus eigenen Stücken ihr Land verlassen wollen würden, was durch das Verbot von deutscher Sprache und Schulen, Beschlagnahmung von Eigentum oder Deportation von Männern zur Zwangsarbeit in Bergwerken auch geschah. Ebd., S. 321.

zum Nachweis der Absicht, eine Gruppe zu zerstören, für so wichtig hielt,[483] fehlte auch in diesem Fall nicht.

Da so weit gehende territoriale Ambitionen sich aber offensichtlich in erheblichem Maße als Reaktion auf den unabänderlichen Willen Stalins konkretisiert hatten, die früher polnischen Gebiete im Osten jenseits der Curzon-Linie (und einschließlich Lembergs) der UdSSR einzuverleiben, wird man auch die Absicht, die „nationalen Gruppen" der Deutschen in Ostpreußen, im östlichen Pommern und Brandenburg sowie in Danzig und fast ganz Schlesien zu zerstören, zumindest nicht allein den regierenden Politikern in Warschau zuschreiben können.[484] Sie teilten die Verantwortung mit Stalin, wobei dessen Anteil jedenfalls bei den erst zuletzt definitiv der Annexionsmasse zugeschlagenen niederschlesischen Gebieten westlich der Glatzer Neiße sowie im Falle von Stettin um einiges höher zu veranschlagen sein dürfte – wie stark auch immer er dabei von polnischen Kommunisten wie Wanda Wasilewska beeinflusst worden sein mag.[485] Die Absicht der bald zunehmend nationalkommunistisch orientierten Regierungen in Warschau war vor dem Hintergrund des im 19. Jahrhundert entstandenen, nunmehr leicht instrumentalisierbaren polnischen „Westgedankens"[486] freilich ebenfalls klar auf die „Wiedergewinnung" angeblich urslawischen Volksbodens an Oder und Neiße und damit zugleich auf die „ethnische Säuberung" von den Deutschen gerichtet.[487]

---

[483] Vgl. *Ternon*, Der verbrecherische Staat, S. 73. Da der Nachweis, dass ein Täter wirklich mit der erforderlichen Zerstörungsabsicht und nicht aus anderen Motiven gehandelt hat, meist schwer zu erbringen ist, bildet das Vorliegen eines Genozidplanes, in dessen Kenntnis der Täter agierte, ein wesentliches Indiz dafür, ihm selbst diese Absicht zuzuschreiben.

[484] Stalin, so hat es *Timothy Snyder* (Bloodlands, S. 313) formuliert, wusste, als seine Rote Armee im Januar 1945 die Überreste Warschaus erreichte, bereits genau, was für ein Polen er schaffen wollte: „Wer gezwungen werden sollte, dort zu leben, und wer gezwungen werden sollte, zu gehen." Vgl. auch die vor allem aus der Moskauer Lenin-Bibliothek geschöpften Erkenntnisse des unorthodoxen langjährigen SED-Mitglieds *Bernhard Fisch* (Die Striche, S. 16), der Stalin überzeugend als „Hauptinitiator und unentwegten Einpeitscher" auf dem Weg zur Oder/Neiße-Grenze schildert.

[485] Kurz nach Gründung des Lubliner Komitees als kommunistische Marionettenregierung für das von der Roten Armee zurückeroberte Polen westlich der Curzon-Linie Ende Juli 1944 hatte dessen Chef Edward Osóbka-Morawski über die Pläne der Teheraner Konferenz der Alliierten hinaus eine Westgrenze an der Lausitzer Neiße sowie das westlich der Oder liegende Stettin gefordert und von dem auf der Curzon-Grenze im Osten bestehenden Stalin versprochen bekommen. Vgl. auch *Fisch*, Die Striche, S. 88 ff.

[486] Vgl. *Gehrke*, Der polnische Westgedanke.

[487] Dies galt auch für die deutschen Minderheiten in den Grenzen Zwischenkriegspolens, wo nach Abschluss der Vertreibung von früher über einer Million Menschen (1939) nur 300.000 geblieben waren. *Kittel/Möller*, Die Beneš-Dekrete S. 568.

Im nördlichen Ostpreußen lag der Fall demgegenüber etwas anders. Die sowjetische Führung verfolgte bei der faktischen Annexion des Gebietes um den „vorgeblich eisfreien Hafen"[488] Königsberg/Pr. vor allem militärische Zwecke – auch im Hinblick auf die Kontrolle über das zurückgewonnene Litauen, wo noch länger Partisanen gegen Moskau kämpften, und den aus historischen Gründen als schwierig eingeschätzten polnischen Vasallen (in spe). Schon 1943 hatte Stalin den sowjetrussischen Anspruch auf die Region formuliert, der vor allem auch als territoriales Symbol des Sieges über den „Nazi-deutschen" Aggressor gelten konnte.[489] Von vielleicht einer Viertelmillion Deutschen, die nicht geflohen oder gestorben waren und sich bei Kriegsende noch im nördlichen Ostpreußen aufhielten, kam in der Folgezeit die eine Hälfte elend ums Leben, eine Restgruppe von ca. 100.000 Menschen wurde ab Ende 1947 so gut wie vollständig nach der SBZ abtransportiert. Bei den sowjetischen Behörden, die wegen des Arbeitskräftemangels erst einmal keine Anstalten gemacht hatten, die wenigen Heimatverbliebenen auch noch zu vertreiben, hatte sich zwischenzeitlich die Erkenntnis durchgesetzt, die neue Oblast nur ohne deutsche Bevölkerung in den russischen Staat integrieren zu können. Zudem waren schon seit 1946 erste Neusiedler aus der ganzen Sowjetunion, vor allem aus dem westlichen Russland, zu Zehntausenden in die künftige „Oblast Kaliningrad" geholt worden.[490]

An der großrussischen Absicht, das seit dem Mittelalter von Deutschen geprägte Nordostpreußen von seiner angestammten Bevölkerung zu „säubern", besteht kein Zweifel – umso weniger, als der ganze Vorgang auch noch propagandistisch offensiv mit panslawistischen Melodien (Nordostpreußen sei „ursprünglich russisches Gebiet") begleitet wurde. Man denke nur an die Grußadressen der sowjetischen Neusiedler Kaliningrads an Stalin, in denen es bald hieß: „Wir alle kamen in die neue Oblast mit einem Gedanken, mit einem Ziel – die slawische Erde wiedererstehen zu lassen."[491] Wie schon bei der Zerstörung der fast eine halbe Million Menschen umfassenden Gruppe der Wolgadeutschen infolge von Stalins Deportationsbefehl nach dem Angriff der Hitler-Armeen im Sommer 1941 war die subjektive Komponente des Genozidtatbestandes auch hier klar erfüllt. Stalins bestens dokumentiertes „diplomatisches" Agieren während der Kriegskonferenzen und danach im Sommer 1945 in Potsdam lässt daran keinen vernünftigen Zweifel zu.

---

488 Trotz des geschätzten „quantitativen Beitrags" Nordostpreußens zu einem so großen Land wie der UdSSR, zu der es wegen ihrer Ausdehnung „auf der Welt [...] kein [...] ebenbürtiges" Land gebe, war die Politik Moskaus in der Region lange von „Planlosigkeit" – und anfangs sogar noch von Demontagen der wirtschaftlichen Infrastruktur – geprägt. *Brodersen*, Die Stadt im Westen, S. 33 ff.
489 *Brodersen*, Die Stadt im Westen, S. 23.
490 Vgl. *Brodersen*, Die Stadt im Westen, S. 48, 75, 78, 80 ff.
491 *Kittel/Möller*, Die Beneš-Dekrete, S. 561.

Den kompliziertesten Fall stellt dagegen die Entwicklung in Ungarn dar, das im Krieg bis 1944 an der Seite des „Dritten Reiches" gestanden hatte. Aber auch aus Gründen, die mit dem Grad der Integration der Deutschsprachigen in die Gesamtgesellschaft zu tun hatten, war deren Vertreibung hier umstrittener als in allen anderen skizzierten Beispielen. Während etwa die madjarischen Sozialdemokraten eine zurückhaltende Position einnahmen, plädierten die Kommunisten, die Nationale Bauernpartei, aber auch Politiker der Kleinlandwirte-Partei (1945) mit Blick auf die angestrebte Bodenreform: es liege im „nationalpolitischen" Interesse Ungarns, „wenn möglichst viele Deutsche das Land verlassen". Es werde „nie wieder eine solche Gelegenheit geben, die Deutschen loszuwerden".[492]

In dieser Gemengelage konnte die Vertreibung erst auf der Basis eines Beschlusses des Alliierten Kontrollrats vom November 1945 in Gang gesetzt, unter dem bald einsetzenden Gegendruck der USA sowie gemäßigter innenpolitischer Kräfte aber nicht zu Ende geführt werden. Wesentliche Folge der offensichtlich nur bei einem Teil der ungarischen Regierung vorhandenen Absicht, die nationale Gruppe der Ungarndeutschen zu zerstören, war es schließlich auch, dass nur rund die Hälfte der gut 500.000 Deutschen das Land verlassen mussten.[493]

Anders als in Ungarn verhielt es sich mit der subjektiven Komponente des Genozidtatbestandes in allen übrigen Fällen, wo die Zerstörungsabsicht der Machthaber stets klar zutage lag. Christian Tomuschats Auffassung, eine Vertreibung stelle bereits dann keinen Völkermord im Sinne der UN-Konvention dar, wenn die vertriebene Gruppe einem größeren Volksverband angehöre, in dessen Siedlungsgebiet sie Aufnahme finden könne[494] – was bei der Vertreibung der Deutschen offensichtlich der Fall war –, überzeugt aus zwei Gründen nicht. Erstens liegt ihr eine – im weiteren Gedankengang deutlich werdende – Verengung des Zerstörungsbegriffes auf die physische Ausrottung zugrunde. Zweitens sieht diese Position davon ab, dass die Regierungen der vertreibenden Staaten die Zerstörung der aus dem Land gebrachten Gruppen sogar noch fortsetzten, indem sie die Besatzungsmächte in Rest-Deutschland mit Forderungen „bombardierten", auch nur eine verbandliche Organisierung der ohnehin bereits zerstreut angesiedelten Vertrie-

---

[492] Ebd., S. 562.
[493] Ebd., S. 572.
[494] *Tomuschat*, Die Vertreibung, S. 14. Dieses Argument griff später auch *Brumlik*, Wer Sturm sät, S. 87, mit seinem Hinweis auf, 1945 habe schließlich kein genozidaler Angriff „gegen das deutsche Volk als ganzes" stattgefunden. Das Argument will aber nicht so recht mit dem kurz vorher von Brumlik selbst zitierten Passus der UN-Konvention zusammengehen, der von Genozid als Zerstörung einer „Gruppe", nicht zwangsläufig eines ganzen Volkes spricht.

benen zu verhindern. Der polnische Botschafter in London etwa zeigte sich im Dezember 1948 erst halbwegs zufrieden, als ihm versichert worden war, dass auch die britische Regierung in ihrer Zone weiterhin auf eine Absorption der Vertriebenen durch die örtliche deutsche Bevölkerung abziele. Tschechische und jugoslawische Diplomaten arbeiteten ebenfalls in diese Richtung.[495]

Es ging den vertreibenden Staaten wie den Siegermächten also um die Zerstörung der Vertriebenengruppen „als solche", in „ihrer Geschlossenheit und in ihrer Einheit" (Lemkin): um ihr möglichst rasches Verschwinden innerhalb einer neuen deutschen Nachkriegsbevölkerung. Das musste aus Tätersicht schon deshalb erstrebenswert scheinen, weil eine kompakt angesiedelte Opfergruppe voraussichtlich am ehesten das Zeug dazu haben würde, mit allen politischen Mitteln einflussreich auf eine Rückkehr in die alte Heimat hinzuarbeiten. Die klare Zerstörungsabsicht wird schließlich auch dadurch nicht relativiert, dass für deren Genese das Argument eine wichtige Rolle spielte, die Vertreibung der deutschen Bevölkerungsgruppen sei angesichts der unsäglichen NS-Verbrechen vorher gerechtfertigt oder gar friedensfördernd.

Absicht als sog. „dolus directus 1. Grades" meint im juristischen Sinne die stärkste Form des unbedingten Vorsatzes,[496] und das hat Folgen auch für die umfänglich zu belegende Zerstörungsabsicht beim Tatbestand des Genozids.[497] So wird man von einem Teil der Verbrechen an der ostdeutschen Zivilbevölkerung durch Rotarmisten, beginnend im ostpreußischen Nemmersdorf Ende 1944, sagen müssen, die Absicht der (teilweisen) Zerstörung der Gruppe sei hier, ähnlich wie in Jugoslawien bei der Exekution volksdeutscher Männer und Frauen unmittelbar nach dem Einmarsch der Partisanen, noch „nicht nachweisbar"; es habe sich vielmehr um „Vergeltungsmaßnahmen" vor dem Hintergrund des brutalen NS-Besatzungsregimes gehandelt.[498] Für die Aktivitäten späterer serbischer Lagermilizen in der Vojvodina oder die Organisatoren oftmals tödlich endender Massenausweisungen im polni-

---

[495] Vgl. dazu auf der Basis britischer Quellen: *Steinert*, Vertriebenenverbände, S. 60.

[496] Dagegen hat der Täter beim dolus directus 2. Grades (dem sog. direkten Vorsatz) gerade nicht den zielgerichteten Willen, den tatbestandlichen Erfolg herbeizuführen, sondern lediglich das sichere Wissen, dass dieser eintreten werde. Vgl. auch *Hübner*, Das Verbrechen, S. 163.

[497] Der „intent to destroy a group, as such" wird in Rechtsprechung und Lehre auch als „special intent" oder „dolus specialis" bezeichnet, der stets auf die Gruppe als solche gerichtet sein müsse. In der UN-Konvention selbst wird der „intent" aber inhaltlich nicht näher definiert. Vgl. *Oliveira Santos*, Der Bedeutungsgehalt, S. 24 f.

[498] *Blumenwitz*, Rechtsgutachten, S. 42.

schen und tschechischen Machtbereich gilt das aber nicht mehr.[499] Hier gingen die Täter im Hinblick auf die Gruppenzerstörung offensichtlich mit zielgerichteter Absicht vor. Sie mussten vor dem Hintergrund der politischen Gesamtentwicklung wissen, dass es „bei ungestörtem Geschehensverlauf zu einer tatsächlichen Existenzgefährdung" der betroffenen Gruppen kommen würde.[500]

Auch für die objektive Komponente des Völkermordtatbestandes, eine oder mehrere der fünf in Artikel II der UN-Konvention genannten Handlungen sowie bestimmte Modalitäten und den „Erfolg" der Tat, lieferte der Ablauf der ethnischen Vertreibungen leider viel zu viele Beispiele. Was die direkte „Tötung von Mitgliedern der Gruppe" betrifft, so hat Ermacora etwa im sudetendeutschen Fall auf die Folgen des Prager Aufstandes oder den Brünner Todesmarsch 1945 verwiesen, wobei „es gleichgültig" sei, ob die Gesamtzahl der Toten bei „6.000 oder 250.000" liege.[501] Genauso klar liegen die Dinge bei der ebenfalls von der UN-Konvention definierten „Verursachung von schwerem körperlichem oder seelischem Schaden an Mitgliedern der Gruppe" sowie der „vorsätzlichen Auferlegung von Lebensbedingungen für die Gruppe, die geeignet sind, ihre körperliche Zerstörung ganz oder teilweise herbeizuführen". Denn durch Entrechtung, Enteignung und Internierung wurden nicht nur Donauschwaben in der Vojvodina oder Deutsche in den böhmischen Ländern Lebensbedingungen unterstellt, „die geeignet waren, die Gruppe körperlich zu zerstören"[502]. Dies traf mutatis mutandis vielmehr auch für die Deutschen in den polnisch bzw. sowjetrussisch werdenden Oder-Neiße-Gebieten, in Danzig, im Memelland und auf dem Gebiet der polnischen Vorkriegsrepublik – vom Lager Potuliz bei Bromberg bis zum Lager Lamsdorf in Oberschlesien – zu.[503] Zerstörerische Lebensbedingungen herrschten in besonders krasser Form im nördlichen Ostpreußen, wo man viele einfach verhungern ließ, aber zeitweilig auch in den Güter- und Viehwaggons, mit denen Millionen Deutsche aus dem östlichen Pommern und Schlesien (u.a. „Aktion Schwalbe") in den Westen verfrachtet wurden, was

---

499 Vgl. etwa zu den Zuständen in einem der größten Sammellager im pommerschen Stettin-Scheune die Darstellung bei *Douglas*, „Ordnungsgemäße Überführung", S. 219. Vgl. auch ebd., S. 226.

500 Vgl. *Oliveira Santos*, Der Bedeutungsgehalt, v.a. S. 237.

501 *Ermacora*, Die sudetendeutschen Fragen, S. 259.

502 *Blumenwitz*, Rechtsgutachten, S. 44; vgl. auch *Ermacora*, Die sudetendeutschen Fragen, S. 259.

503 Die deutschen Lagerinsassen waren hier, wie auch *Douglas* („Ordnungsgemäße Überführung", S. 199) betont, also „Opfer von Misshandlungen und böswilliger Vernachlässigung, aber nicht von einem systematischen Massenmordprogramm". Dagegen habe in den jugoslawischen Lagern „tatsächlich zeitweise eine Politik" geherrscht, die erschreckend an das NS-Prinzip der „Vernichtung durch Arbeit" erinnerte.

mindestens 1.000 nicht überlebten,[504] sowie besonders in den Zwangsarbeitslagern in der Sowjetunion, wohin zehntausende Deutsche aus den Vertreibungsgebieten, aber auch aus Rumänien verschleppt wurden.[505] Anknüpfend an Zahlen des Bundesarchivberichts von 1974 gehen die vorsichtig schätzenden Herausgeber eines deutsch-polnischen Gemeinschaftsprojekts für die Oder-Neiße-Gebiete von 400.000 Todesopfern aus, wovon 200.000 der Deportation in die Sowjetunion zum Opfer gefallen, 60.000 in „polnischen Lagern", 40.000 in sowjetischen Lagern und 120.000 durch diverse Gewalttaten vor allem von Rotarmisten umgekommen seien.[506]

Was die „Verursachung von schwerem körperlichem oder seelischem Schaden" betrifft, wird man als erstes wohl an die Millionenzahl vergewaltigter Frauen denken, die, soweit sie die Tortur überstanden, von ihren posttraumatischen Belastungsstörungen oft ein Leben lang verfolgt wurden.[507] Sogar schließlich die „gewaltsame Überführung von Kindern der Gruppe in eine andere Gruppe" im Sinne der UN-Konvention war im Fall der Donauschwaben häufig vorgekommen, wo zehntausende Kinder aus den Internierungslagern verschleppt und in titoistischen Heimen der Zwangsslawisierung unterworfen wurden[508]. Das Problem der „gestohlenen Kinder", die zu „guten Polen" oder Tschechen gemacht wurden, gab es aber in geringerem Umfang auch in den Oder/Neiße-Gebieten und im Sudetenland.[509]

---

[504] Diese sehr vorsichtige Schätzung der Todesopfer findet sich in der neuen Dauerausstellung der Stiftung Flucht, Vertreibung, Versöhnung im Berliner Deutschlandhaus. *Douglas* („Ordnungsgemäße Überführung", S. 277) berichtet indes von einem provisorischen Altersheim im niedersächsischen Salzgitter, wo allein bereits über 400 von der „Schwalbe"-Deportation tödlich geschwächte Menschen bald darauf starben. Zu den skandalösen Umständen eines Teils der „Schwalbe"-Transporte im Winter 1946/47 vgl. auch *Borodziej/Lemberg*, Die Deutschen, S. 101.

[505] *Ermacora*, Die sudetendeutschen Fragen, S. 177, rechnet zu den Lebensbedingungen einer Gruppe auch „ihre Eigentumsordnung, ihr Volksvermögen", das im Falle der Sudetendeutschen durch die Maßnahmen der Prager Regierung „radikal vernichtet" worden sei. Ermacora verweist dazu (S. 28) ausdrücklich auf entsprechende Erörterungen Lemkins in dessen Studie „Axis rule".

[506] *Borodziej/Lemberg*, Die Deutschen, S. 8. Auf polnischer Seite standen (laut Bundesarchivbericht von 1974) die gegenüber Deutschen bei deren Verhaftung, in Gefängnissen und Internierungslagern verübten Gewaltakte im Vordergrund, vorwiegend Misshandlungen brutalster Art bis zur Todesfolge, willkürliche Erschießungen und Erschlagungen, aber auch Vergewaltigungen. *Kulturstiftung*, Vertreibung, S. 35.

[507] Auch der Ruanda-Strafgerichtshof hat 1998 Vergewaltigungen bzw. sexuelle Gewalt unter das in Art. II lit. b genannte Tatbestandsmerkmal subsumiert. Vgl. *Hübner*, Das Verbrechen, S. 127.

[508] *Wildmann*, Verbrechen, S. 252 f.

[509] *Douglas*, „Ordnungsgemäße Überführung", S. 311. Der Umgang mit Kindern zählte generell zu den traurigsten Kapiteln des Vertreibungsgeschehens. Vgl. etwa die Schilderung eines der ersten Transporte aus der Tschechoslowakei, als im Dezember

Aufs Ganze gesehen spricht manches dafür, den Zerstörungsgenozid der Vertreibung in den Bereich des „subaltern genocide" einzuordnen, worunter Adam Jones „Genozide durch die [vordem, M. K.] Unterdrückten" verstanden hat, die u. a. „ein moralisch plausibles Element der Rache" enthalten und deshalb später oft weniger verdammt werden als andere. Zum subalternen Genozid zählt Jones – neben dem bereits von Leo Kuper und anderen als genozidal beschriebenen „allied firebombing" deutscher Städte im Zweiten Weltkrieg – ausdrücklich „Massenvertreibungen und dazu gehörende Gräuel" gegen „14 Millionen ethnische Deutsche", von denen „etwa zwei Millionen umkamen".[510] Die von Jones in diesem Kontext ebenfalls geschilderte Tragödie der nahezu totalen „ethnischen Säuberung" Haitis von den Weißen (und oft brutalen Sklavenhaltern) im Jahr 1804 unter Jean-Jacques Dessalines, die das Land nicht nur ökonomisch auf Generationen hinaus ruinierte,[511] erinnert jedenfalls an die Position vieler im Blick auf die Vertreibungsgeschichte ihres Landes kritischer Tschechen oder Ungarn heute. Sie sind überzeugt, dass die Zerstörung der ethnischen Gruppen der Deutschen langfristig vor allem auch dem eigenen Staatswesen schwer geschadet habe.[512]

1945 im oberfränkischen Hof bei neun Grad unter Null 22 Kinder tot ankamen, bei *Douglas*, „Ordnungsgemäße Überführung", S. 207.

[510] *Jones*, Genocide. A comprehensive Introduction, S. 29, 180. Die Bedeutung des Rache-Elements für die Vertreibungen von 1945 wird neuerdings aber zumindest implizit in Frage gestellt, weil das „bestialische Verhalten russischer Soldaten in der Ukraine" 2022, so der russische Putin-Kritiker Alexander Newsorow gegenüber „Radio Liberty", rückwirkend „auch den Mythos vom sowjetischen Soldaten im Zweiten Weltkrieg" zerstört und gezeigt habe, dass „die Barbarei ihr historisch erworbener Stil" sei. FAZ, 31. Dezember 2022 („Neues Russland").

[511] *Jones*, Genocide. A comprehensive Introduction, S. 29.

[512] Vgl. dazu auch das richtungweisende Projekt der tschechischen Bürgerinitiative *Antikomplex*, Das verschwundene Sudetenland.

XVI. Jüngste Völkermorddebatten um Polen und die Ukraine

Ein abwägendes Gesamturteil über die Bezüge zwischen Vertreibungen, Genozid und UN-Konvention scheint heute kaum mehr möglich, ohne auch die zeitlich bzw. räumlich eng benachbarten aktuellen Völkermorddebatten im Zusammenhang mit Polen und der Ukraine beleuchtet zu haben. Im kommunistischen Polen nach 1945 war die Barbarei der NS-Besatzungsherrschaft über viele Jahrzehnte meist als „Terror" klassifiziert worden.[513] Erst nachdem der Begriff des Genozids als „extremste Form" kollektiver Gewalt, „das Böse schlechthin", seit den 1990er Jahren zu einem „Schlüsselbegriff des globalen Gewaltgedächtnisses" aufgestiegen war, begann sich dies zu ändern, verstärkt seit 2015 nach der erneuten Machtübernahme der rechtspopulistischen Partei „Recht und Gerechtigkeit" (PiS) im Zuge intensivierter erinnerungskultureller Deutungskämpfe. Denn im rechten politischen Spektrum des deutschen Nachbarlandes war die teils antisemitisch grundierte Wahrnehmung verbreitet, „die Juden hätten mit einer Instrumentalisierung des Holocausts in herausragendem Maße ihre nationalen Interessen gefördert". Und diese Perzeption verband sich mit der Hoffnung, Verbrechen an Polen in der Zeit des Zweiten Weltkrieges in ähnlicher Weise für die eigene „außenpolitische Agenda" nutzbar machen zu können.[514]

Zum historischen Hintergrund der Strategie gehört die bedrückende Tatsache, dass damals neben fast drei Millionen polnischer Juden auch etwa anderthalb Millionen „ethnische", ganz überwiegend katholische Polen sowie eine Million Angehörige anderer Ethnien (v.a. Belarussen, Ukrainer und Litauer)[515] ums Leben gebracht worden waren. Als Täter agierten das nationalsozialistische Deutschland, Stalins Sowjetunion vor allem in den Jahren 1939 bis 1941, aber auch die Ukrainische Aufständische Armee, die im Rahmen eines parallel zum Weltkrieg geführten Bürgerkrieges mit den Polen in der Region u.a. das sog. „wolhynische Gemetzel" 1943 zu verantworten hatte.

---

513 *Brewing/Lehnstaedt*, Begriffspolitik, S. 95.
514 Ebd., S. 85f., 88.
515 Zu dieser Gruppe von ums Leben gekommenen polnischen Staatsbürgern werden darüber hinaus auch etwa 50.000 Roma und 60.000 Angehörige der deutschen Minderheit gezählt. Vgl. *Brewing/Lehnstaedt*, Begriffspolitik, S. 91f., sowie *Bömelburg/Musiał*, Die deutsche Besatzungspolitik, S. 102f.

XVI. Jüngste Völkermorddebatten um Polen und die Ukraine

Die von polnischen Historikern und Juristen deshalb in den letzten Jahren geführten Debatten um einen gleichsam dreifachen Genozid am eigenen Volk hatten bezüglich des deutschen Anteils von mehreren Fakten auszugehen. Zum einen stellte das NS-Regime mit Abstand den größten Teil der Täter und zielte auch klar darauf ab, das Ende der polnischen Nation durch Vertreibungen und viele noch brutalere Methoden herbeizuführen.[516] Andererseits war seitens des „Dritten Reiches" „eine vollständige physische Vernichtung" der Polen aber „nicht […] geplant".[517]

Forscher wie Wanda Jarząbek rekurrierten deshalb ausdrücklich auch auf Lemkin – mit dem zutreffenden Hinweis, dessen Genozid-Konzept dürfe nicht „auf physische Vernichtungsmaßnahmen reduziert"[518] werden. Verschleppungen, massenhafte Folter, standrechtliche Erschießungen oder die Vernichtung kultureller Überlieferung und wirtschaftliche Ausplünderung seien als „overall policy" zu verstehen und allesamt Teil einer genozidalen Strategie des NS-Besatzungsregimes gewesen.[519] Nach Piotr Madajczyk war diese zwar nicht „auf kohäsive und geplante Weise" implementiert worden. Doch es habe, wie nicht zuletzt der nationalsozialistische „Generalplan Ost" zeige, eine „genozidale Ideologie und langfristige genozidale Pläne zur Vernichtung der polnischen Nation" gegeben.[520] Andere Wissenschaftler konstatierten aufgrund dessen einen „partiellen", nur wegen des Kriegsverlaufes nicht voll umgesetzten Genozid, der sich insofern vom „totalen Genozid" des Holocausts unterscheide. Da laut UN-Konvention aber bereits die Absicht der „teilweisen" Zerstörung genüge, sei bei den deutschen Verbrechen „in ihrer Gesamtheit" demnach der Tatbestand des Genozids erfüllt.[521]

Im Zuge einer einsetzenden Lemkin-Renaissance wurde an dem von der PiS-Regierung gegründeten Pilecki-Institut[522] nun ein großes Forschungspro-

---

[516] Die Zahl der Verluste an Menschenleben lag auch deshalb unter deutscher Besatzung unverhältnismäßig höher als unter sowjetischer, weil die Politik des „Dritten Reiches" auf die Zerstörung des polnischen Volkes abzielte, während die sowjetische „nur" danach trachtete, den polnischen „Klassenfeind" zu vernichten, die übrigen Einwohner „im multinationalen Sowjetvolk zu assimilieren und – gemäß einer späteren Konzeption – einen polnischen Satellitenstaat zu erschaffen". So Piotr Madajczyk in der Einführung zu *Dziurok/Madajczyk/Rosenbaum*, Die deutsche Minderheit, S. 9f.
[517] *Brewing/Lehnstaedt*, Begriffspolitik, S. 93.
[518] Ebd.
[519] Ebd.; vgl. auch *Jarząbek*, Genocide, S. 88.
[520] *Madajczyk*, The Second World War, S. 226f.
[521] *Brewing/Lehnstaedt*, Begriffspolitik, S. 98.
[522] Die Einrichtung ist nach Witold Pilecki benannt, einem legendären Widerstandskämpfer gegen die NS-Besatzer, der den Krieg überlebt hatte, aber später im Zuge der Stalinisierung Polens 1948 unter dem Vorwurf der Spionage hingerichtet wurde.

jekt zur Bedeutung des jüdischen Juristen für die polnischen Völkerrechtsdebatten unter Leitung des Historikers Madajczyk auf den Weg gebracht. Hinzu kam eine Ausstellung zu Lemkin als „Zeugen des Genozid-Jahrhunderts", die 2021 sogar bei den Vereinten Nationen in New York und dann erstmals auch in Deutschland – zusammen mit dem Fritz Bauer Forum – in Bochum gezeigt wurde. Obendrein rief die Berliner Filiale des Pilecki-Instituts im Zusammenhang mit dem russischen Angriffskrieg gegen die Ukraine Zeitzeugen dazu auf, für Interviews eines eigens gegründeten Lemkin-Archivs zur Verfügung zu stehen. Der Charme von Lemkins Konzept, so resümieren die Polen-Spezialisten Daniel Brewing und Stephan Lehnstaedt in einer luziden Analyse zu „Genozid als nationalistische[r] Geschichtspolitik", liege für die Warschauer Regierung offensichtlich darin, dass es „weit umfassender" sei als die UN-Konvention.[523] Das stimmt zwar insofern nicht ganz, als es verschiedene, auch Lemkin sehr nahekommende Lesarten des UN-Textes gibt, Grundmotive des polnischen Lemkin-Revivals sind damit aber gut getroffen.

Den tieferen Sinn der ganzen geschichtspolitischen Aktivitäten enthüllte spätestens am 3. Oktober 2022 ein ausgerechnet zum Feiertag der Deutschen Einheit von Warschau vorgelegter Expertenbericht. Er veranschlagte den Schadenswert der nationalsozialistischen Besatzung Polens auf 1,3 Billionen Euro und erhob diese Summe zur Grundlage von Reparationsforderungen gegen Deutschland.[524] Die Initiative war nach entsprechenden Ankündigungen des PiS-Vorsitzenden Jarosław Kaczyński schon seit Jahren etwa auch auf einer Konferenz des staatlichen West-Instituts im September 2018 vorbereitet worden.[525] Ihre Vorgeschichte reicht aber noch länger mindestens bis in den September 2004 zurück, als der Sejm mit großer Mehrheit „Polens Anrecht auf deutsche Reparationszahlungen" erklärt hatte.[526] Die Sejm-Resolution von 2004 war auch eine Antwort auf die Gründung einer Preußischen Treuhand Aktiengesellschaft in der Bundesrepublik gewesen, die zuvor ihrerseits Entschädigungsforderungen an Polen gerichtet hatte.[527] Bundeskanzler

---

523 *Brewing/Lehnstaedt*, Begriffspolitik, S. 104; vgl. auch ebd., S. 100 ff., sowie FAZ, 24. Januar 2023 („Doppelbödig am Pariser Platz […] Polens Pilecki-Institut feiert in Berlin seinen Durchbruch"; von *Felix Ackermann*).

524 Die Welt (Online), 4. Oktober 2022 („Wo der Tag der Deutschen Einheit zum ‚Tag der deutschen Rechnung' wird").

525 „Neue Reparationsforderungen an Deutschland", von *Florian Kellermann*. Deutschlandfunk, 8. September 2018 (Online-Archiv). Zu der vom PiS-Chef ein Jahr vorher ausgerufenen „historischen Gegenoffensive" vgl. Głos Wielkopolski, 1. August 2017 („Jarosław Kaczyński: Polska będzie domagała się odszkodowań od Niemiec za II wojnę światową", von *Kacper Rogacin*).

526 *Ruchniewicz*, Die verspätete Rechnung.

527 Vgl. *Röger*, Flucht, S. 137.

und Bundespräsident hatten sich bereits vor der Sejm-Erklärung ausdrücklich von den Treuhand-Forderungen distanziert,[528] doch gleichzeitig blieb es offizieller deutscher Standpunkt, dass die Frage polnischer Kriegsreparationen völkerrechtlich endgültig geklärt sei.

In Warschau wurde bei diesem Thema zumeist völlig „vergessen", dass Polen 1945 mit Billigung der Siegermächte in Potsdam ca. 90.000 Quadratkilometer alten preußisch-deutschen Staatsgebietes respektive Danzigs faktisch annektiert, acht Millionen Bewohner von dort größtenteils vertrieben[529] und danach überwiegend Menschen aus Zentralpolen neu angesiedelt hatte. Die Vergesslichkeit hing bzw. hängt eng mit der sogenannten Kompensationstheorie zusammen. Nach dieser Lesart hatte Polen 1945 im Osten große Gebiete verloren und dafür an seiner westlichen Grenze mit den bis dahin deutschen Ostprovinzen entschädigt werden müssen. Das war aber schon wegen der sehr unterschiedlichen Wirtschaftsstrukturen der verlorenen und der gewonnenen Regionen – man denke nur an das oberschlesische Industriegebiet – nicht einmal die halbe Wahrheit. Darüber hinaus waren in den auf Stalins Betreiben jetzt sowjetisch werdenden Ostgebieten der polnischen Zwischenkriegsrepublik die Polen, abgesehen von Lemberg oder Wilna, nur eine Minderheit von etwa einem Viertel der Bevölkerung gewesen. An die zwei, nicht aber acht Millionen Polen wurden am Ende des Weltkrieges von dort vertrieben. Winston Churchill war den Sowjets bei der neuen polnischen Ostgrenze 1945 ja auch deshalb entgegengekommen, weil diese grosso modo bereits der britische Außenminister Lord George Curzon 1919 nach einer Untersuchung der Siedlungsverhältnisse – vergeblich – empfohlen hatte.

Die völkerrechtlich 1990 endgültig vollzogene Angliederung der deutschen Ostgebiete an Polen war also nicht im Kern Kompensation für dessen Landverluste im Osten, sondern letztlich, auch wenn kein Vertragstext dies explizit so sagte, Entschädigung für die im Zweiten Weltkrieg erlittenen Zerstörungen größten Ausmaßes. Die verstärkten Geschichtsdebatten über einen dreifachen Genozid am polnischen Volk haben deshalb seit Jahren auch die politische Funktion, im Sinne der Reparationsforderungen gegen die Bundesrepublik von diesem Sachverhalt abzulenken.

Das heißt allerdings nicht, dass es zwischen 1939 und 1945 in Polen keinen Völkermord gegeben hätte. Schon Lemkin hatte bei seiner Begriffsbildung während des Zweiten Weltkrieges neben dem Holocaust auch das Schicksal seines Heimatlandes unter der NS-Besatzung vor Augen gehabt.

---

[528] *Bergius*, Die offene Frage, S. 2 f.

[529] Auch die zunächst vor der Roten Armee Geflüchteten waren in dem Moment zu Vertriebenen geworden, als ihnen die Rückkehr verwehrt blieb. Die Zahl von acht Millionen resultiert daraus, dass in den unter polnische Verwaltung gestellten Oder/Neiße-Gebieten etwa eine Million Einwohner als „Autochthone" bleiben durften.

So sprach er, noch bevor seine Studie zur „Achsenherrschaft" in Europa (1944) den Terminus „genocide" auf Englisch prägte, in einem Papier der polnischen Exilregierung zur späteren Bestrafung von Verbrechen in Polen bereits von „ludobójstwo", was aus den polnischen Wörtern für „lud" (Volk) und zabójstwo (Mord/Tötung) zusammengesetzt war.[530] Zudem konnte man bei dem in der Debatte der letzten Jahre zu hörenden Wort vom „partiellen Genozid"[531] an Polen, wenn man von der UN-Konvention ausgeht („eine Gruppe ganz oder teilweise zu zerstören [...]"), das Adjektiv „partiell" wegen seines tautologischen Effekts sogar ganz weglassen.

Denn eine „teilweise" Zerstörung, die nach dem Wortlaut des UN-Textes ausreicht, hatte zweifelsohne in gewaltigem Umfang stattgefunden. Die Nationalsozialisten hatten einen Angriff gegen Existenz und Identität des gesamten polnischen Volkes geführt. Auch wenn sie in ihrer verqueren rassistischen Logik einen kleineren Teil der Nachbarnation für „germanisierungsfähig" hielten, hinderte sie das eben nicht daran, gleichzeitig bzw. vorher auch bereits andere große Teile gezielt physisch auszulöschen, weil dieses Dezimieren die angestrebte Germanisierung nebst Absinken zu einem Helotenvolk erleichtern würde.

Die mit der polnischen Landnahme im Westen nach 1945 verbundene „ethnische Säuberung" der Oder/Neiße-Gebiete von möglichst vielen Deutschen hatte demgegenüber ersichtlich stärker defensiven Charakter. Sie zielte jedenfalls nicht auf die Existenz des Nachbarvolkes als solches, was auch schon wegen der unterschiedlichen Größenverhältnisse noch einmal ein anderes Unterfangen gewesen wäre als umgekehrt. Zugespitzt formuliert ging es den politisch Verantwortlichen in Warschau trotz der unendlichen Leidensgeschichte ihres Volkes unter der NS-Herrschaft keineswegs darum, nun ihrerseits möglichst viele Ostpreußen oder Schlesier aus dem Leben zu vertreiben, sondern „nur" aus ihrer bisherigen Heimat.

Dabei stand allerdings nicht, dies sei noch einmal betont, das Ziel im Vordergrund, neuen Siedlungsraum für die 1945 im Gegenzug im Osten an die UdSSR verlorenen „Kresy" der polnischen Zwischenkriegsrepublik bzw. die von dort zwangsausgesiedelten Polen zu gewinnen.[532] Denn dafür hätte die Annexion etwa Oberschlesiens oder Ostpreußens ausgereicht. Es ging vielmehr auch darum, die Gelegenheit zu nutzen, um bereits im 19. Jahrhundert herangereifte nationalistische Ambitionen Richtung Westen Wirklichkeit wer-

---

530 Zu Lemkins Aktivitäten 1943 im Zusammenhang mit seinem Genozid-Buch vgl. auch *Moses*, The Problems, S. 181 f.,187 ff.
531 Vgl. *Brewing/Lehnstaedt*, Begriffspolitik, S. 98.
532 Auch wenn etwa der polnische Landwirtschaftsminister Mikołajczyk behauptete, die deutschen Ostgebiete würden gebraucht, um den aus den „Kresy" ausgewiesenen Polen „eine Heimat zu geben". *Kreutzmann/Sonne*, Schuld, S. 127.

den zu lassen und teilweise schon auf der Versailler Friedenskonferenz 1919 vergeblich angestrebte territoriale Ziele zu erreichen. Dies zeigte bald die einsetzende nationalkommunistische Propaganda von den „wiedergewonnenen Westgebieten", aber auch schon vorher die Argumentation der Warschauer Delegation auf der Potsdamer Konferenz der Siegermächte 1945.

Handlungsleitend war die Absicht der führenden polnischen Politiker, die Volksstämme der Ostpreußen oder Schlesier als geschlossene Einheit auf ihrem angestammten Territorium zu zerstören und sie möglichst auch als politisch gefährliche Gruppen („Revanchismus"!) in ihrer neuen Zwangsheimat im westlicheren Deutschland sich nicht wieder formieren zu lassen. Es ging also darum, „dafür zu sorgen", dass diese Gruppen „nicht mehr fähig" waren, „kollektive Entscheidungen zu treffen und als Gruppe[n] zu überleben".[533] Hunderte mörderische Ausrottungsaktionen gegen ganze Dörfer wie während der NS-Besatzung im polnischen „Generalgouvernement"[534] hatte es im Vollzug dieser politischen Absicht allerdings nicht gegeben. In abertausenden Fällen gehörten Tötungshandlungen „nur" zu den grausamen Begleiterscheinungen der „ethnischen Säuberung" der Oder/Neiße-Gebiete. War die Vertreibung der Deutschen mithin ein großer Zerstörungsgenozid im Sinne Lemkins, so ging die NS-Besatzungspolitik in Polen weit darüber hinaus und trug Züge eines noch brutaleren Ausrottungsgenozids.

Vor diesem Hintergrund gehört es zu den bemerkenswerten Charakteristika der polnischen Lemkin-Renaissance und Genoziddebatten der letzten Jahre, dass die eindeutige Haltung des jüdischen Juristen zur Vertreibung der Deutschen, um es ironisch zu formulieren, nicht einmal ignoriert wird. Dabei hat mit Piotr Madajczyk einer der führenden Köpfe der neuen Lemkin-Forschung schon vor Jahren in einem eigenen Aufsatz Lemkins Agieren während der bundesdeutschen Diskussionen über den Beitritt zur UN-Völkermordkonvention 1954 näher beleuchtet.[535] Im Anhang des Beitrags wird sogar eines der wichtigsten Memoranden Lemkins zu den „Austreibungen im Osten"[536] vom Januar 1954 im Wortlaut abgedruckt. Doch es bleibt bei der Bemerkung Madajczyks, Lemkin habe die in der frühen Bundesrepublik „herrschende Überzeugung [sic! M. K.] von dem Leid, das Deutsche als Ergebnis der Nachkriegsvertreibung erlitten" hätten, für seine Zwecke genutzt; ansonsten durchzieht den Aufsatz ein geradezu dröhnendes Schweigen hinsichtlich der

---
[533] So hat *Klaus Bachmann* den Sachverhalt der Gruppenzerstörung generell in einem Artikel zum Völkermordbegriff jüngst sehr treffend beschrieben. Berliner Zeitung, 23. April 2022 („Vertreibung und Massengräber: Begeht Russland in der Ukraine einen Völkermord?").
[534] Vgl. exemplarisch *Schuller*, Der letzte Tag von Borów.
[535] *Madajczyk*, Raphael Lemkin and West Germany's Accession.
[536] Ebd., S. 51; zum Memorandum S. 54–57.

XVI. Jüngste Völkermorddebatten um Polen und die Ukraine

Frage, was Lemkins Urteil für das Verständnis der Konvention und für die Bewertung der großen Vertreibung von 1945/46 eigentlich bedeutet. Man darf gespannt sein, wie lange ein politisch genehmer, zur Erklärung des NS-Genozids an Polen hilfreicher Lemkin noch von einem anderen, weniger willkommenen Lemkin auf Abstand gehalten werden kann, für den auch die Vertreibung der Deutschen ein Genozid war.

Noch krasser als die geschilderten Entwicklungen in Polen haben vielleicht nur die jüngsten Erklärungen zum „Holodomor" in der Bundesrepublik Deutschland deutlich gemacht, welchen Politisierungsschub der Völkermorddiskurs, nicht nur, wenn es um Lemkin geht, zwischenzeitlich erfahren hat. Der Katastrophe in Stalins sowjetischem Kolonialimperium 1932/33, die mit den ukrainischen Worten für Hunger (Holod) und Massensterben (Mor) bezeichnet wird, waren neben etwa vier Millionen Ukrainern auch bis zu eineinhalb Millionen Kasachen, aber auch weitere eineinhalb Millionen Menschen im Süden Russlands und an der Wolga (darunter Angehörige der deutschen Volksgruppe) zum Opfer gefallen. Vorausgegangen waren ab 1929 die kommunistische Zwangskollektivierung der Landwirtschaft,[537] gegen die sich viele Bauern heftig zur Wehr setzten, sowie später nicht erfüllbare Getreideablieferungspflichten mit gewaltsamer Konfiskation aller Lebensmittel durch die Sowjetmacht. Statt mit dem Getreide die Einheimischen zu ernähren, wurde es – samt Saatgut und Vieh – zur Finanzierung der damals massiv betriebenen Industrialisierung der UdSSR exportiert. Die erschütternd hohe Zahl der Todesopfer resultierte schließlich auch daraus, dass die Menschen vielfach daran gehindert wurden, aus den abgesperrten Hungerzonen zu fliehen.[538]

In der historischen Forschung wurde aber lange kontrovers diskutiert, ob man den Holodomor, legt man die Begrifflichkeit der UN-Konvention von 1948 an, als Völkermord einstufen sollte.[539] Denn bei der entscheidenden Frage von Stalins Zerstörungsabsicht ist nicht eindeutig klar, ob sie der „nationalen Gruppe" der Ukrainer gegolten hatte oder eher der sozialen Klasse der selbständigen Landwirte (v. a. der sog. „Kulaken") im ethnisch breit gefächerten Süden der UdSSR. Und hatten nicht auch Ukrainer „sowohl aktiv wie passiv mit dem sowjetischen Projekt kollaboriert" und teilweise auf der

---

[537] Dabei ist mit *Applebaum*, Red Famine, S. 347, allerdings zu betonen, dass die Hungertoten nicht einfach „direkt auf die Kollektivierung" zurückgeführt werden können.

[538] Einen guten Überblick über die Geschehnisse vermitteln *Applebaum*, Red Famine (Kapitel 5–11), oder *Conquest*, Ernte des Todes, im Blick auf die Schuldfrage hier v. a. S. 401 f.

[539] Vgl. z. B. *Charles S. Maier*, Leviathan, der von einem genozidalen Hungertod ausgeht, oder Jörg Ganzenmüller, Stalins Völkermord?, der diese Einschätzung nicht teilt.

Täterseite gestanden?[540] Der Blutzoll des kasachischen Volkes, wo mindestens jeder Dritte ums Leben kam, war außerdem prozentual sogar noch deutlich höher gewesen als in der Ukraine.[541] Gegen die Kasachen hatte die sowjetische Politik besonders erkennbar darauf abgezielt, mit deren Lebensgrundlagen als Nomaden auch ihre Identität zu vernichten und sie als nationale Gruppe zu zerstören.

Allerdings ist auch im ukrainischen Fall zu sehen, dass Moskau mittels Holodomor das Nationalbewusstsein zu brechen gedachte. Vorher hatte Stalin, der die Ukrainer eigentlich am liebsten „deportieren lassen wollte", einsehen müssen, dass es „zu viele davon gab",[542] als dass diese Methode „ethnischer Säuberung" zum Zuge hätte kommen können. Bei den Bauern in der Region war der Widerstand gegen die Zwangskollektivierung überdurchschnittlich stark, wofür Stalin eine spezifische, ihm schon seit der Revolution 1917 suspekte ukrainische Identität verantwortlich machte: „der Nationalismus sei im Grunde ein Bauernproblem".[543] Allerdings begann, während der sowjetische Repressionsapparat gegen die ländliche Bevölkerung vorging, auch in den Städten die Verfolgung ukrainischer Eliten. Die russische Sprache wurde zulasten des Ukrainischen im öffentlichen Leben und vor allem an den Schulen durchgesetzt. Darüber hinaus ist festzuhalten, dass Moskau gegen die Menschen auf dem ukrainischen Land viel massiver vorging als gegen deren „Klassengenossen" im südlichen Russland, wiewohl von denen viele ebenfalls ukrainischer Abstammung waren.[544] Hinzu kam schließlich, dass Moskau ab Herbst 1933 daran ging, die weitgehend entvölkerten ukrainischen Gebiete mit Bauern aus Russland und Weißrussland wieder zu peuplieren.[545]

Anne Applebaum hat sich in einem der wichtigsten jüngeren Bücher zur „Roten Hungersnot" eher diplomatisch zur Frage des Genozids eingelassen. Sie verweist zum einen auf Lemkin selbst, der den Holodomor 1953 in einem Gespräch sogar als „classic example of Soviet genocide" bewertete – und zwar vor allem auch wegen des gezielten Schlags der Kommunisten gegen die ukrainischen Führungsschichten.[546] Nach Lemkins während des Kriegs und unmittelbar danach entwickeltem Verständnis von Völkermord, so Applebaum, sei auch der Holodomor gewiss unter diesen Begriff zu fas-

---

540 *Applebaum*, Red Famine, S. 347.
541 Vgl. *Kindler*, Stalins Nomaden.
542 So berichtet es jedenfalls später, nicht ohne Plausibilität, Nikita Chruschtschow. *Conquest*, Ernte, S. 407.
543 *Conquest*, Ernte, S. 10; vgl. auch *Applebaum*, Red Famine, S. 21–25.
544 FAZ, 28. November 2022 („Mord durch Hunger", von *Reinhard Veser*).
545 *Applebaum*, Red Famine S. 288 ff.
546 Ebd., S. 350. Vgl. auch S. 439.

sen.⁵⁴⁷ Gemäß UN-Konvention von 1948 sei er das aber nicht, argumentiert sie weiter, allzu apodiktisch davon ausgehend, dass das UN-Dokument „the physical elimination of an entire ethnic group" meine, „in a manner similiar to the Holocaust".⁵⁴⁸ Den zweiten zentralen Bestandteil der Genozid-Konvention, deren Bedeutung auch schon für die nur teilweise „Zerstörung nationaler Gruppen als solcher" blendet Applebaum dabei aus. Danach aber ist der Holodomor sowohl in der Ukraine wie in Kasachstan unzweifelhaft als genozidales Geschehen einzustufen.

Dennoch war eine ganz eindeutige Tendenz, den Holodomor als Völkermord zu betrachten, in der neueren Forschung bis in die jüngste Zeit hinein noch nicht zu erkennen gewesen.⁵⁴⁹ Umso mehr knüpft sich an diesen Befund die Frage, weshalb der Deutsche Bundestag dann am 29. November 2022 eine entsprechende Resolution verabschiedet und auch noch die ukrainischen Holodomor-Opfer gegenüber den kasachischen privilegiert hat? Vermag der Text selbst darüber Aufschluss zu geben?

Die Parlamentsentschließung konstatiert zunächst zutreffend, „dass im Falle des politischen Verbrechens des Holodomors das Streben der sowjetischen Führung nach Kontrolle und Unterdrückung der Bäuerinnen und Bauern, der Peripherien des sowjetischen Herrschaftsprojektes sowie der ukrainischen Lebensweise, Sprache und Kultur verschmolzen. Betroffen von Hunger und Repressionen war die gesamte Ukraine, nicht nur deren getreideproduzierende Regionen. Damit liegt aus heutiger Perspektive eine historisch-politische Einordnung als Völkermord nahe. Der Deutsche Bundestag teilt eine solche Einordnung."⁵⁵⁰

Begründet wird dies anschließend aber wenig überzeugend damit, dass die Ukrainer „in absoluten Zahlen am stärksten von der durch die sowjetische Führung politisch herbeigeführten Hungerkatastrophe betroffen" gewesen seien. Der Fall Kasachstan wird lediglich erwähnt, indes unerwähnt gelassen, dass dort prozentual eine noch höhere Todesquote vorlag. Sich hier an absoluten, statt an relativen Zahlen zu orientieren, ist eine willkürlich anmutende axiomatische Setzung. Immerhin werden dann auch die Gründe der Doppelmoral benannt: „angesichts unserer eigenen Vergangenheit", d.h. wohl vor allem der NS-Verbrechen in der Ukraine, und „des völkerrechtswidrigen Angriffskriegs Russlands auf die Ukraine" sehe man sich „in der Verantwor-

---

⁵⁴⁷ Ebd., S. 349.
⁵⁴⁸ Ebd., S. 350.
⁵⁴⁹ Vgl. dagegen FAZ, 28. November 2022 („Mord durch Hunger", von *Reinhard Veser*).
⁵⁵⁰ BT, 20. WP, Drucksache 20/4681, 29. November 2022 (Gemeinsamer Antrag der Fraktionen von SPD, Grünen, FDP und CDU/CSU).

tung", die damalige Tötung durch Hunger in der Ukraine jetzt „stärker in das europäische Bewusstsein zu rücken".[551]

Die Merkwürdigkeit des Bundestagsbeschlusses wird nicht geringer, wenn man erst wenige Jahre zurückliegende Stellungnahmen zum Holodomor in der Öffentlichkeit in das Gesamtbild mit einbezieht. Viele davon waren ein Reflex auf die Geschichtspolitik des ukrainischen Parlaments, das 2003 und 2006 den Holodomor offiziell zum Genozid am ukrainischen Volk erklärt hatte. So äußerte im September 2008 die Botschafterin Israels in der Ukraine, Zina Kalay Kleitman, in einem Interview mit der Zeitung „Zerkalo Nedeli", ihr Land betrachte den Holodomor als größte Tragödie des ukrainischen Volkes. Sie fügte aber hinzu: „Als Genozid wird die Vernichtung anhand ethnischer Kriterien gesehen. Dazu zählt insbesondere der Holocaust. Israel kann den Holodomor nicht als Akt eines ethnischen Genozids anerkennen."[552] Ein Jahrzehnt später hatte sich an dieser Position nicht viel geändert, wie etwa aus einer Wortmeldung von Efraim Zuroff, dem Leiter des Jerusalemer Büros des Simon-Wiesenthal-Zentrums hervorging: „Israel should not recognize Holodomor as genocide [...]". Der Holodomor sei „definetely not a genocide".[553] Die erwähnten israelischen Stimmen wird man auch als Reaktion auf manch plakative Presseartikel oder Buchtitel verstehen können, die mitunter so wirkten, als wollten sie den „ukrainische[n] Hunger-Holocaust" als „versteckten Holocaust" mit der Shoah parallelisieren.[554]

Gewiss auch in Kenntnis derartiger Entwicklungen erklärte der Staatsminister im Auswärtigen Amt, Michael Roth (SPD), namens der Bundesregierung noch im Oktober 2019 anlässlich einer Bürgerpetition für die Anerkennung des Holodomors in der Ukraine: Bei diesem handele es sich um eine „grauenvolle, schreckliche Hungerkatastrophe, die von Menschen zu verantworten ist und die zu Millionen von Hungertoten geführt hat". Zwischen einer politischen und einer völkerrechtlichen Bewertung sei aber zu unterscheiden, schließlich gebe es, so Roth mit Blick auf die UN-Konvention, die entsprechende Regelung im Völkerstrafrecht erst seit 1948. Allein sie definiere, wann ein Völkermord stattgefunden habe. „Die Bundesregierung macht es

---

[551] Ebd.

[552] Ukraine-Nachrichten (Online), 29. September 2008.

[553] Jerusalem Post (Online), 23. Januar 2019: Eine Wertung als Völkermord würde zudem implizieren, so die Argumentation, dass Juden in Osteuropa auch als Täter in Erscheinung getreten seien – ein Umstand, der den Holocaust relativierte.

[554] *Zlepko*, Der ukrainische Hunger-Holocaust; *Dolot*, Execution by Hunger (im Untertitel: The Hidden Holocaust). Vgl. auch den Untertitel von *Conquest*, Ernte des Todes: „Stalins Holocaust"; „ähnlich wie bei Hitlers Holocaust", so schreibt Conquest, lasse sich beim Holodomor Stalins Verantwortlichkeit insofern nicht dokumentieren, als kein Befehl existiere, „in dem Stalin die Hungersnot anordnete". Ebd., S. 401.

XVI. Jüngste Völkermorddebatten um Polen und die Ukraine 137

sich nicht zu eigen, dass Ereignisse, die vor 1948 stattgefunden haben, völkerrechtlich als Genozid bezeichnet werden können", schloss der Staatsminister.[555] Dass nach diesem Argumentationsgang aber auch die Shoah selbst kein Völkermord – mehr – gewesen wäre, reflektierte der Regierungsvertreter in seiner Antwort auf die Bürgerpetition nicht weiter.

Der Kontrast zwischen solchen früheren Stellungnahmen zum Holodomor und der Erklärung des Bundestages vom 29. November 2022 lässt erkennen: Die eigentlichen Ursachen der Resolution lagen tiefer. Das Parlamentspapier hatte zunächst die Funktion, ein parteiübergreifend schlechtes Gewissen im Blick auf Kiew zu beruhigen. Denn der fundamental gegen nationale Interessen der Ukraine verstoßende Bau der Gaspipeline Nord Stream 2 durch die Ostsee war von höchster deutscher Stelle „förmlich mit der historischen Schuld der Deutschen" gegenüber Russland begründet worden, wobei man die mindestens ebenso vom Zweiten Weltkrieg betroffene Ukraine seltsamerweise vollständig vergessen hatte.[556] Außerdem hatte es trotz des ohrenbetäubend lauten Warnschusses der russischen Krim-Eroberung 2014 eine breite parlamentarische Mehrheit in Berlin im Oktober 2020 für richtig befunden, zwar eine eigene Gedenkstätte für die polnischen NS-Opfer errichten zu lassen, der Ukraine diese Geste aber gleichzeitig zu verwehren.[557]

Nach Putins Überfall auf den südlichen Nachbarn im Februar 2022[558] weigerte sich dann vor allem die führende Partei der Ampelkoalition unter dem

---

555 „Pestizideinsatz, Periodenprodukte, Ukraine-Holodomor", Online-Pressemitteilung des Petitionsausschusses des Deutschen Bundestages (vom 21. Oktober 2019) über seine öffentliche Sitzung vom selben Tag u. a. zum Holodomor in der Ukraine in den Jahren 1932 und 1933.

556 Vgl. Äußerungen des Bundespräsidenten und früheren SPD-Außenministers Frank-Walter Steinmeier laut *Kreutzmann/Sonne*, Schuld, S. 80. Als bemerkenswerter indirekter Kommentar zu derartigen Positionen lässt sich ein Hinweis *Timothy Snyders* lesen (Bloodlands, S. 417), wonach der sog. Historikerstreit in den frühen 1980er Jahren die Deutschen gelehrt habe, dass eine „nicht auf Deutschland beschränkte (und nicht von den richtigen Deutschen kontrollierte) Holocaustgeschichte gefährlich" sei; und die russische Außenpolitik habe die Deutschen in dieser Auffassung gezielt bestärkt.

557 Dabei hatte der ukrainische Botschafter mit der ihm eigenen Nachdrücklichkeit auf eine solche Geste auch für sein – in der Gegenwart viel stärker gefährdetes – Land gedrängt. Bei den Anhängern eines ausschließlich polnischen Denkmals hatte indes gerade in der CDU/CSU-Bundestagsfraktion die sehr optimistische Hoffnung eine Rolle gespielt, „dass es dann auch in Warschau zivilgesellschaftliche Initiativen" geben könnte, „die das Leid der deutschen Heimatvertriebenen in den Blick nehmen". *Kreutzmann/Sonne*, Schuld, S. 84; vgl. dort auch zum zwischen polnischem und ukrainischem Botschafter eskalierenden Denkmalstreit sehr erschütternd S. 79–90.

558 Vgl. dazu eine der ersten Darstellungen zum Ukraine-Krieg aus der Feder der Wissenschaftlichen Direktorin des Zentrums für Osteuropa- und internationale Studien an der Berliner Humboldt-Universität: *Sasse*, Der Krieg.

Druck ihres gesinnungspazifistischen und russlandnostalgischen Flügels über viele Monate hinweg, der Ukraine auch Kampf- und Schützenpanzer oder wenigstens Patriot-Flugabwehrsysteme zu liefern, dabei „immer wieder neue Ausreden für selbst auferlegte Beschränkungen" vorbringend.[559] Berlin trug so faktisch zur Verlängerung des Krieges bei und übernahm eine Mitverantwortung für die täglich weiter zu beklagenden, auch viel zu vielen zivilen Opfer. Vor diesem Hintergrund wirkte die Anerkennung des Holodomors als Völkermord fast wie eine verbale Ersatzhandlung für die aus Mangel an politischem Mut allzu lange unterbleibenden Waffenlieferungen im wirklich notwendigen Umfang. Überraschend war man dafür sogar bereit, die sehr erwartbare Kritik auszuhalten, „den Holocaust zu entsorgen, indem man sich jetzt auch mit dem Holodomor identifiziert".[560]

Sollte die plötzliche Parlamentserklärung zum historischen Hungermord vielleicht sogar von dem aktuell viel wichtigeren Thema ablenken, ob die laufende russische Aggression gegen die Ukraine nicht ebenfalls die Kriterien eines Genozids erfüllte? Denn dies hätte jenseits der am 24. Februar 2022 nicht eingetretenen Beistandsverpflichtungen des NATO-Vertrags Fragen nach der Unausweichlichkeit einer humanitären Intervention zumindest drängender werden lassen, wie sie etwa die NATO-Luftwaffe 1999 zum Schutz der Albaner im Kosovo sogar auf dem Gebiet der souveränen Bundesrepublik Jugoslawien gegen den serbischen Aggressor erfolgreich durchgeführt hatte. Als der manchmal frei von der Leber weg redende US-Präsident Joe Biden Mitte April 2022 Putin Völkermord vorwarf, weil dieser versuche, „die Idee, überhaupt Ukrainer sein zu können, einfach auszuradieren", wiegelten der französische Staatspräsident und der deutsche Bundeskanzler denn auch eilends ab, warnten vor verbaler Eskalation und sprachen „nur" von „Kriegsverbrechen".[561]

Die öffentliche Genoziddiskussion, die in diesem Zusammenhang am konkreten Beispiel der Gewaltpolitik gegen die Ukraine entbrannte, brachte we-

---

[559] So kommentierte dies rückblickend der verteidigungspolitische Obmann der kleineren Koalitionspartei FDP, Alexander Müller, nachdem Anfang Januar 2023, fast ein Jahr nach Kriegsbeginn, auf französisch-amerikanische Initiative hin eine Entscheidung für die Lieferung von Schützenpanzern gefallen war. FAZ, 6. Januar 1923, S. 2 („Eine neue Dimension der Unterstützung").

[560] So lautete der Vorwurf Jörg Baberowskis an die Adresse der Bundestagsparteien, die die Erklärung unterstützten, im Deutschlandfunk. „Unbedingt" hatte der renommierte Osteuropa-Historiker auf die Eingangsfrage des Interviewers geantwortet, ob hier „mit Geschichte Politik gemacht" werde. Deutschlandfunk.de: „Völkermord Holodomor: Historiker Jörg Baberowski über die Bundestagsentscheidung". (DLF-Beitrag vom 1. Dezember 2022, abgerufen am 4. Dezember 2022).

[561] Tagesschau (Online), 13. April 2022: „Biden wirft Putin Völkermord vor", abgerufen am 17. Dezember 2022.

XVI. Jüngste Völkermorddebatten um Polen und die Ukraine

sentliche Aspekte der seit 1948 um die UN-Konvention kreisenden Kontroversen noch einmal gebündelt zur Sprache. Ausgangspunkt der Betrachtung kann dabei der vom russischen Staatschef Putin höchstpersönlich bereits ein halbes Jahr vor Moskaus Überfall auf die Ukraine am 12. Juli 2021 auf der Regierungs-Website publizierte Aufsatz „Zur historischen Einheit von Russen und Ukrainern" sein. Der russische Führer bezweifelt darin die Existenz der Ukraine als eigenständiges Volk und vereinnahmt die Ukrainer als Teil einer historischen „dreieinigen russischen Nation" (zusammen mit Groß- und Weiß-Russen), die ein gemeinsames Erbe und Schicksal teilten. Die Grenzen der heutigen Ukraine, die für Putin ganz auf historisch russischem Gebiet liegt, akzeptiert er folglich nicht. Sämtliche Unterschiede zwischen Russland und der Ukraine hält er für ein machtpolitisches Instrument dunkler westlicher Mächte, angeführt von Polen im 16. Jahrhundert über die Donaumonarchie im 19. Jahrhundert bis zur Europäischen Union und den USA in der Gegenwart.[562]

Mit Kriegsbeginn wurde daraus rasch die Behauptung, die aus dem Westen gesteuerte Ukraine „entnazifizieren", sie von ihrer angeblich „faschistischen" Regierung befreien, ja sogar einen von Kiew begonnenen Völkermord an den Russischsprachigen im ostukrainischen Donbass-Gebiet stoppen zu müssen. Die These war von geradezu grotesker Abwegigkeit, weil das fragliche Gebiet bereits seit acht Jahren unter der Kontrolle moskautreuer russischer Separatisten stand und für einen Völkermord durch die Ukraine jegliche Voraussetzungen fehlten.[563] Sie demonstrierte aber noch einmal ad oculos, für wie wirkungsvoll selbst Tyrannen wie Putin das V-Wort in den damit vor allem gemeinten westlichen Gesellschaften halten. Die These sollte wohl zudem den Sachverhalt vernebeln, dass im Gegensatz zu dem in Moskau propagandistisch Behaupteten das politische und militärische Vorgehen Russlands selbst die Kriterien eines Genozids erfüllte.

Timothy Snyder brachte dies im April 2022 im ZDF-Interview auf den Punkt. Er bezog sich dabei auf mehrere eindeutige Äußerungen Putins seit Juli 2021, zuletzt vor allem in öffentlichen Reden in den Tagen vor Kriegsbeginn, wo der Politiker bekräftigt hatte, dass die Ukraine seines Erachtens nie eine gefestigte Tradition eigener authentischer Staatlichkeit ausgebildet habe. „Die russische Führung", so kommentierte Snyder, „hat gesagt, dass es keinen ukrainischen Staat und keine ukrainische Nation gibt. Russische

---
[562] *Steve Gutterman*: „The Week in Russia: Putin, Ukraine, and ‚Phantom Pain'", in: rferl.org. Radio Free Europe/Radio Liberty (Online), 16. Juli 2021, abgerufen am 22. Februar 2022; vgl. auch Neue Zürcher Zeitung, 16. Juli 2021: „Das Pamphlet eines grossrussischen Nationalisten – Wladimir Putin erklärt die Ukrainer zu Russen und leitet daraus Besorgniserregendes ab."
[563] Vgl. FR, 3. März 2022 (Online): „Ukraine-Konflikt: Völkermord im Donbass?".

Staatsmedien haben eine Anleitung veröffentlicht, wie man die ukrainische Nation zerstören kann, und sie sagen, dass jeder, der sich mit der Ukraine identifiziert, entweder getötet oder in ein Konzentrationslager gebracht werden muss." Das belege klar die Absicht der russischen Führung, die Ukraine als Land „auszuradieren". Wenn „Raketen auf Flüchtlinge niedergehen" und Massengräber an vorher von Russen besetzten Orten gefunden würden, dann bestehe kein Zweifel, „dass ein Völkermord stattfindet".[564]

Aus Politik und Völkerrecht kamen ähnliche Stimmen. Die langjährige Grünen-Bundestagsabgeordnete und Osteuropa-Expertin Marieluise Beck etwa sah Anzeichen für einen Völkermord. Der Ukraine werde „das Existenzrecht als Nation und die Identität als Volk abgesprochen". Auch gezielte Angriffe auf Zivilisten und das Verstellen von Fluchtwegen für die Zivilbevölkerung sprächen dafür. Der Völkerrechtler Otto Luchterhandt schloss sich dem mit Blick auf die Belagerung und Einkesselung Mariupols an, die den „objektiven Tatbestand des Völkermordverbrechens" erfülle. Die russischen Streitkräfte hätten auch die zivilen Versorgungsnetze und die Infrastruktur gezielt zerstört, wodurch selbst elementare medizinische Versorgung in Frage gestellt sei. Aus den „objektiv feststellbaren Tatsachen" („Tötung von Mitgliedern einer Gruppe, Verursachung von schwerem körperlichem und seelischem Schaden an diesen Mitgliedern" sowie „vorsätzliche Auferlegung von Lebensbedingungen, die geeignet sind, ihre körperliche Zerstörung ganz oder teilweise herbeizuführen") könne indirekt auf eine „genozidale Zerstörungsabsicht" geschlossen werden.[565]

Die hier zitierten Einschätzungen gingen sämtlich von einem eher weiten Genozid-Begriff im Sinne Lemkins aus, der sich auf die Zerstörung einer nationalen Gruppe als solcher bezieht. Denn Putins Absicht war und ist es eindeutig,[566] das Volk der Ukrainer in seiner sozialen Einheit und Geschlossenheit zu vernichten – ähnlich wie die Vertreiberstaaten 1945 die soziale Existenz der Ostpreußen oder der Sudetendeutschen als Gruppe zerstören wollten. Der Unterschied besteht bislang nur darin, dass Putin aufgrund seines russisch-nationalistischen Ukraine-Bildes nicht auf eine „ethnische Säuberung" des beanspruchten Territoriums abzielt, sondern meint, mit einer politischen Säuberung auszukommen und den Großteil der Ukrainer anschließend vor Ort re-russifizieren zu können. Die physische Ausrottung aller

---

[564] „Historiker zu Krieg in Ukraine: Wichtigste Prüfung für Deutschland seit 1945" („ZDFheute", Online, 15. April 2022).

[565] In der Tendenz ähnlich wie Luchterhandt äußerte sich auch der Berliner Völkerrechtler Tomuschat. Tagesschau, 8. April 2022 (Online): „Es ist Völkermord" (von *Silvia Stöber*).

[566] Das gilt jedenfalls bis zum heutigen Zeitpunkt (März 2023), an dem das Manuskript abgeschlossen wurde.

XVI. Jüngste Völkermorddebatten um Polen und die Ukraine 141

oder zumindest möglichst vieler Ukrainer scheint nach heutigem Kenntnisstand – und logischerweise – nicht Putins Ziel zu sein, auch wenn die brutale Art der Kriegsführung erkennen lässt, dass „Kollateralschäden" in Form des Todes dezidiert ukrainisch gesinnter Menschen – und vor allem der „westlich" orientierten Eliten – womöglich Teil des politischen Kalküls in Moskau sind.

Weil Russland in der Ukraine also zwar zweifelsohne einen Zerstörungsgenozid beabsichtigt, nicht aber einen Ausrottungsgenozid, haben auch in diesem aktuellen Fall Verfechter eines engen Völkermordbegriffs ein Anerkennungsproblem. Man müsse, so die Sozialpsychologin und Leiterin des Bochumer Instituts für Diaspora- und Genozid-Forschung, Kristin Platt, mit dem Begriff des Genozids oder Völkermords „sehr vorsichtig umgehen". Die Berichte, die uns aus der Ukraine erreichten, lieferten gewiss deutliche Hinweise auf russische Kriegsverbrechen. Genozid werde alltagssprachlich oft als Ausdruck für „das schwerste Verbrechen" überhaupt verstanden. Der Begriff bezeichne jedoch eine „spezifische Art von Verbrechen, bei dem Gewalt gegen eine Gruppe ausgeübt werde, mit dem Ziel, diese zu *ermorden.*" Auch außerhalb von Kriegszuständen gehöre dazu beispielsweise, dass Menschen Lebensbedingungen unterworfen würden, die etwa durch gezielte Verhinderung von Geburten oder Ernährungsmangel „auf die *physische* Zerstörung der Gruppe abzielen".[567]

Ein Blog des Nürnberger Menschenrechtszentrums schloss sich Platts Perspektive an und problematisierte, ob „massenhafte russische Tötungen" auch tatsächlich allein „auf ethnische Ukrainerinnen und Ukrainer abgezielt" hätten. In Butscha habe es zwar „allem Anschein nach […] einen Massenmord" an hunderten Zivilisten durch russische Soldaten gegeben, doch die Frage bleibe, ob „dieses Töten mit der Intention stattfand, das ukrainische Volk zu vernichten".[568] Auch Klaus Bachmann, früherer taz-Korrespondent in Polen, meinte, Völkerrechtler seien „zu Recht vorsichtiger" in der Bewertung von Genoziden als „Historiker wie Timothy Snyder". Entscheidend sei doch das

---

[567] DLF, 10. März 2022 (Online): „Russlands Krieg gegen Ukraine. Deutliche Hinweise auf Kriegsverbrechen, aber kein Völkermord" (Hervorhebungen M. K.).
[568] Blog des Nürnberger Menschenrechtszentrums (von *Deniz Celik*): „Genozid in der Ukraine?", Posted on 3. August 2022 by NMRZ. Vgl. auch die Zweifel des Politikwissenschaftlers David Simon von der Universität Yale gegenüber der Nachrichtenagentur AFP. „Die Rhetorik aus Moskau macht kein Geheimnis daraus, dass die Existenz und damit das Existenzrecht der ukrainischen Nationalität geleugnet wird", sagte er: „Aber bestreiten sie auch das Existenzrecht der Ukrainer als Volk oder nur ihr Recht, sich als Ukrainer zu begreifen?" Letzteres wäre nicht von der Völkermordkonvention abgedeckt, so meint Simon. Dagegen könne Putins Ankündigung, er wolle die Ukraine „entnazifizieren", die rhetorische Grundlage für einen Völkermord bilden. „Wie definiert man Genozid? Und begeht Russland in der Ukraine tatsächlich einen Völkermord?", Stern, 14. April 2022 (Online).

Motiv der Täter eines Völkermordes. Diese müssten bei an sich „gewöhnlichen Verbrechen" wie Folter, schwerer Körperverletzung oder Deportation aber ausdrücklich nicht nur „die Absicht verfolgen", „eine bestimmte Gruppe ganz oder teilweise *auszurotten*", sondern sie hätten über die verübten Verbrechen auch noch „Kontrolle aus[zu]üben".[569]

Bachmann spielte damit u. a. auf einen am 3. April 2022, dem Tag des Bekanntwerdens der Butscha-Verbrechen, von der russischen staatlichen Nachrichtenagentur RIA Novosti veröffentlichten antiukrainischen Artikel von Timofei Sergeizew an, in dem der angeblich von „Nazis" beherrschten Ukraine das Existenzrecht abgesprochen und der russische Angriffskrieg legitimiert wurde. Eine Nachrichtenagentur, so Bachmann, hätte aber keine Befehlsgewalt über Soldaten. Bei Putin, dem Oberbefehlshaber der russischen Armee, vermag er dagegen „keine Hinweise auf Völkermordabsichten" zu erkennen. Da Bachmann Putins überaus deutliche Absichtsbekundungen zur Zukunftslosigkeit der ukrainischen Nation kaum entgangen sein konnten, ist sein Gedankengang nur so zu verstehen, dass er die Intention des russischen Diktators zur Begründung eines Ausrottungsgenozids für nicht ausreichend hält und dass er trotz seines ansonsten differenzierten Blicks auf die UN-Konvention die darin ebenfalls enthaltene Variante eines reinen Zerstörungsgenozids nicht zu sehen vermag.

In der Summe bestätigen die zweifelnden Stimmen einmal mehr, noch dazu in einem menschenrechtlich brennenden Fall, wo die Grenzen eines engen, ganz auf Ausrottung fokussierten Genozidbegriffs liegen. Denn dass in der Ukraine – während diese Zeilen Anfang 2023 geschrieben werden – ein Zerstörungsgenozid in seiner brutalsten Form stattfindet, lässt sich kaum bestreiten. Wer sich aber in der Gegenwart eine zur Ächtung massivster Brüche des Völkerrechts hilfreiche, breiter definierte UN-Konvention wünscht, tut gut daran, auch im erinnerungskulturellen Diskurs keine anderen Maßstäbe anzulegen.

---

[569] Juristisch formuliert heißt das, dass sie diese Verbrechen nicht verhinderten, obwohl sie die Macht dazu gehabt hätten. *Klaus Bachmann*, „Vertreibung und Massengräber: Begeht Russland in der Ukraine einen Völkermord?", in: Berliner Zeitung, 23. April 2022 (Hervorhebung im Zitat M. K.).

XVII. Resümee:
Ethnische Vertreibungen als Zerstörungsgenozid

Vorgeschichte und Geschichte der UN-Konvention von 1948, einschließlich ihrer parlamentarischen Ratifizierung und juristischen Deutung gerade in Deutschland legen es nahe: Völkermord sollte nicht „eng" ausschließlich als möglichst vollständige physische *Ausrottung* aller Angehörigen einer nationalen oder religiösen Gruppe verstanden werden, sondern breiter auch als *Zerstörung einer Gruppe „als solcher"* in ihrer sozialen Einheit und Geschlossenheit. Beide unterschiedliche Formen des „Kaputtmachens"[570] einer Gruppe werden von der Konvention umfasst. Selbst wer nicht alle Hintergründe der UN-Übereinkunft kennt, aber ihren entscheidenden Artikel II mit philologischem „common sense" liest, wird kaum zu einem anderen Ergebnis gelangen.[571] Der weite Ansatz entspricht auch den Konzepten Raphael Lemkins, des geistigen Paten des Genozidbegriffs, sowie denen seiner Mitstreiter damals weltweit.

Auf Druck vor allem auch von Siegermächten des Zweiten Weltkriegs wurde lediglich „kultureller Völkermord", der schon bei der Zerstörung von Bibliotheken einer bekämpften nationalen Gruppe begänne, eindeutig nicht in die Bestimmungen der UN-Konvention aufgenommen. Ähnliches gilt für die nahezu vollständige sprachliche Umpolung einer sesshaft bleibenden Bevölkerung über einen längeren Zeitraum wie einst in Irland oder in der Bretagne oder nach 1945 im Elsass, in der manche zumindest einen „Linguizid" sehen.[572]

Ethnische Vertreibungen können dagegen sehr wohl auf die vollständige oder teilweise „Zerstörung einer Gruppe als solcher" hinauslaufen und damit dem Wortlaut des 1948 erzielten „Minimalkonsenses"[573] der UNO bei der tatbestandlichen Fassung des Genozides im Artikel II entsprechen. In Präzi-

---

[570] *Lemkin*, Genocide as a Crime under International Law, S. 147. Hervorhebung im Text M. K.
[571] Im Wert „der menschlichen Gruppenvielfalt" als eigenes Schutzgut hatten bereits die vorbereitenden Gremien der UN-Genozidkonvention definitorisch den wesentlichen Unterschied zum Tatbestand der Verbrechen gegen die Menschlichkeit gesehen. *Oliveira Santos*, Der Bedeutungsgehalt, S. 159 (Zitat) u. 160.
[572] Vgl. *Bock*, Linguizid, S. 23. Zur Entwicklung im Elsass in vergleichender Perspektive: *Kittel*, Lebendiges Letzeburgisch.
[573] *Hübner*, Das Verbrechen, S. 23.

sierung des weiten Begriffs lässt sich in diesen Fällen von „Zerstörungsgenozid" sprechen. Ein solcher hätte angesichts der eindeutigen Absichten der Täter bei der Vertreibung der Deutschen 1945/46 nur dann dennoch nicht vorgelegen, wenn es in diesem Zusammenhang zu keiner der fünf im Artikel II genannten Handlungen von der Tötung bis zur „gewaltsamen Überführung von Kindern der Gruppe in eine andere Gruppe" gekommen wäre. Die parteiübergreifende Einmütigkeit im Bundestag während der Debatten über den Beitritt zur UN-Konvention 1954 hatte aber nicht zuletzt in dem Wissen ihre Wurzel, dass Handlungen dieser Art bei der großen Vertreibung am Ende des Zweiten Weltkrieges keineswegs selten gewesen waren. Lemkin selbst hatte das Hohe Haus in Bonn vorher mehrfach mit dem ihm eigenen Nachdruck daran erinnert: Die Vertreibung sei zwar gewiss kein Akt kompletter physischer Ausrottung gewesen, sprich: kein „Ausrottungsgenozid", aber doch ein Völkermord im Sinne der UN-Übereinkunft von 1948.

Die Rechtsprechung in Deutschland zur Ahndung von Genoziden in den Balkankriegen der 1990er Jahre bestätigte noch einmal den parlamentarischen Konsens von 1954. Die Intention beim Völkermord muss auch nach Auffassung von Bundesgerichtshof (1999) und Bundesverfassungsgericht (2000) nicht darin bestehen, eine substantielle Zahl von Mitgliedern einer nationalen Gruppe physisch auszulöschen; die Absicht der Zerstörung der Gruppe als solcher sei vielmehr „schon nach dem natürlichen Wortsinn" der UN-Konvention (bzw. der entsprechenden Bestimmung im damaligen § 220a StGB) ausreichend.[574]

Wer sich der weniger überzeugenden, international in Schrifttum und Rechtsprechung gleichwohl verbreiteten anderen Auffassung anschließen wollte, die UN-Konvention meine allein die physisch-biologische Zerstörung einer Gruppe,[575] sprich: Ausrottungsgenozide, kommt gerade nach den jüngsten Erklärungen bundesdeutscher Verfassungsorgane zum Völkermord an den Herero oder zum ukrainischen Holodomor in vergleichender Betrachtung um eine Einsicht ebenfalls kaum herum: Die „ethnische Säuberung" Jugoslawiens, vor allem der Vojvodina, von den bei Kriegsende 1945 noch in ihrer Heimat verbliebenen Deutschen war auch nach dieser engeren Definition Genozid. Ein Drittel der restlichen deutschen Zivilpersonen im Staate Titos (über 60.000 Menschen) verloren ab 1945 im Zuge der „antideutschen Vertreibungs-, Vernichtungs- und Deportationsmaßnahmen"[576] ihr Leben. Die

---

[574] *Blumenwitz*, Rechtsgutachten, S. 38 f. Vgl. in diesem Sinne auch die Einschätzung des Marburger Völkerrechtlers Gilbert Gornig zur Vertreibung der Sudetendeutschen. Gornig, Völkerrecht und Völkermord, S. 25.

[575] Vgl. *Paul*, Kritische Analyse, S. 293. Als „Lemkin-Konvention", wie dies der pakistanische Außenminister noch 1948 vorgeschlagen hatte (*Power*, A Problem, S. 59), ließe sich die UN-Übereinkunft aber dann kaum mehr bezeichnen.

[576] *Wildmann*, Verbrechen, S. 4.

XVII. Resümee

Zahlen der Todesopfer sind mit einzelnen Namen so akribisch belegt wie bei kaum einem anderen Genozid.[577]

Selbst wenn die demgegenüber auf schwieriger Quellengrundlage vorgenommenen, in den letzten Jahren höher gewordenen Schätzungen zu den Opfern des namibischen Völkermords zutreffen und nicht ein Viertel, sondern zwei Drittel der Gruppe physisch vernichtet wurden (jedenfalls eine deutlich fünfstellige Zahl), bestünde offensichtlich kein kategorialer Unterschied zwischen beiden Fällen. Die von manchen Anhängern eines rein physischen Genozidbegriffs für erforderlich gehaltene Todesrate von mindestens 10% wurde sowohl in der Vojvodina wie in der Omaheke jeweils weit überschritten. Die Zahl der Tötungen im Sinne der ersten von fünf in der UN-Konvention genannten Tathandlungen war jedenfalls an beiden Orten erschreckend – und „hinreichend" – hoch. Unabhängig davon würde die Vorstellung befremden, bei einer Todesrate von 9,5% prinzipiell noch nicht, bei 10,5% aber schon von Völkermord reden zu sollen.

Über die Tötungen hinaus wird die sogenannte objektive Komponente des Genozidtatbestandes im Falle der Donauschwaben auch in anderen Punkten des Artikels II der UN-Konvention – etwa der Verursachung von schwerem körperlichem oder seelischem Schaden an Mitgliedern der Gruppe oder der Verschleppung von Kindern – eindeutig erfüllt. Was den subjektiven Tatbestand, also die *Absicht* der Zerstörung der Gruppe betrifft, scheint uns, wie oben ausführlich dargetan, der Sachverhalt mindestens ebenso klar zu liegen wie in Südwestafrika 1904. Denn es war schon in der Entstehungszeit der UN-Konvention unumstritten, dass Völkermord seiner Natur nach ein Delikt ist, „das in der Regel vom Staat dirigiert wird".[578] Ein französischer Antrag, Völkermord ganz auf von Staatsoberhäuptern begangene Akte zu beschränken, war vom Rechtsausschuss zwar zurückgewiesen worden, doch sah Artikel IV schließlich die individuelle Verantwortlichkeit von „constitutionally responsible rulers, public officials or private individuals" vor.[579] Das den Genozid betreffende Strafrecht zielt also auf Individuen, „konzentriert sich jedoch auf deren Rolle als Akteur des Staates".[580]

Während in Jugoslawien der „schuldige Geist" (mens rea)[581] 1945 eindeutig in der titoistisch-kommunistischen Regierung zu verorten war, verhielt sich die Sache in der deutschen Kolonie 1904 komplizierter: Der Genozid

---

577 Vgl. auch *Beer*, Flucht, S. 145.
578 *Schabas*, Der Genozid, S. 340.
579 *Hübner*, Das Verbrechen, S. 80; vgl. auch ebd., S. 78.
580 *Smith*, Der Jahrhundertprozeß, S. 16.
581 Damit sind im anglo-amerikanischen Recht die sogenannten inneren Verbrechensbestandteile (Schuldbewusstsein) als Voraussetzung für die Strafbarkeit einer Handlung gemeint.

vollzog sich in diesem Fall sogar gegen den Willen des Reichskanzlers in Berlin und des Zivilgouverneurs vor Ort, weil in den autoritären Strukturen des Kaiserreiches der militärische Oberbefehlshaber Wilhelm II. und sein Generalstab die Macht hatten, dem auf die Zerstörung der Herero-Gruppe abzielenden Offizier von Trotha dafür freie Hand zu verschaffen. Die Frage der Absichten erinnert hier in ihrer Komplexität tendenziell eher an die Vertreibung der Deutschen aus Ungarn – ein allerdings kaum als genozidal zu bewertendes Kapitel der „ethnischen Säuberungen" nach Kriegsende 1945 –, da es in der Staatsführung in Budapest damals sowohl „schuldige wie unschuldige Geister" gegeben hatte. Der Tatbestand des Genozids ist aber auch im Fall der Herero letztlich doch klar erfüllt, weil der kaiserliche Staat sich die Taten des in seinem Auftrag handelnden von Trotha zurechnen lassen musste. Es war und bleibt, unabhängig von juristischen Nuancen in der Bewertung, ein von deutschen Soldaten im deutschen Namen verübtes Großverbrechen.

Ein vergleichender Blick auf Herero-Genozid und Vertreibung macht nicht nur im Falle der Ungarn- und Jugoslawiendeutschen 1945 nachdenklich. Dies gilt vielmehr auch generell hinsichtlich der Kraft von Beweisführungen, die an einem engen Zerstörungsbegriff im Sinne von „Ausrottung" festhalten und dabei „ethnische Säuberung" und Genozid kategorisch trennen. So ist ja gegen das „weiter" argumentierende BGH-Urteil von 1999 auch vorgebracht worden, der „Auflösung einer Gruppe in ihrer sozialen Existenz" wohne „nicht die gleiche Endgültigkeit inne […] wie der physischen oder biologischen Vernichtung".[582] Die demographische Gegenwart belehrt uns hier indes rasch eines Anderen: Die in Jahrhunderten gewachsenen Gruppen der Donauschwaben, Sudetendeutschen oder Ostpreußen gibt es heute nicht mehr – weder in ihrer alten Heimat, wo die Größe deutscher „Minderheiten" im Promillebereich liegt, noch in der neuen Heimat im Westen und in der historischen Mitte Deutschlands, wo etwa auch das Aussterben der einst faszinierend diversen ostdeutschen Dialekte[583] die Folgen von Vertreibung und gezielt zerstreuter Ansiedlung nach 1945 krass dokumentiert.

Aber beweist die Notwendigkeit derartiger Differenzierungen vielleicht nicht überhaupt, dass Genozid und Völkermord doch eher „politische Kampf-

---

[582] *Paul*, Kritische Analyse, S. 298.

[583] Als der deutsche Althistoriker Alfred Heuß 1984 vorschlug, bei der Vertreibung statt von Genozid präziser von Phylozid zu sprechen („Stammestötung"), wies er vor allem auch darauf hin, dass nach 1945 doch die Dialekte von Ostpreußen, Schlesiern oder Sudetendeutschen als wichtige Bestandteile des deutschen Sprachkörpers zu existieren aufgehört hätten. Mit ihnen hätten deutsche Volksstämme ihr Ende gefunden, ohne die „das Bild Deutschlands" in der Geschichte „ein halbes Jahrtausend hindurch unvorstellbar gewesen wäre". *Heuß*, Versagen und Verhängnis, S. 208 f., 142.

begriffe von begrenztem historischem Wert" sind?[584] Zu schweigen davon, dass heutzutage selbst ein – mindestens – Kriegsverbrecher wie Wladimir Putin propagandistisch damit hantiert? Völkermord bleibt in der Tat schon wegen des umgangssprachlichen Verständnisses von Mord und seiner jahrzehntelangen Prägung durch die Shoah in der bundesdeutschen Erinnerungskultur ein schwieriger Begriff. Jeder Relativierung dieses ultimativen Genozids – ob nun durch Parolen von „Vertreibungsholocaust" oder „Hungerholocaust" – ist weiterhin entschieden entgegenzutreten.

Ebenso wichtig bleibt es aber für historische Forschung und politische Bildung, sich in ein präzises Verhältnis zu einem in der Öffentlichkeit so präsenten und völkerrechtlich klar verorteten Begriff zu setzen und dabei alle Phasen und Facetten des Genoziddiskurses zu berücksichtigen. Dazu gehört, um auf unsere Ausgangsfragen einzugehen, auch die Erkenntnis, dass sich in der bundesdeutschen Gesellschaft seit den 1960er Jahren keineswegs eine Totalamnesie in Bezug auf Lemkins Einschätzung der Vertreibungen entwickelte. Zumindest BdV-Präsidenten unterschiedlicher Couleur wie Rehs (SPD) oder Czaja (CDU) haben diese immer wieder thematisiert. Doch insgesamt war der Genozidbegriff wegen des lange geringen Stellenwerts der UN-Konvention im Kalten Krieg über Jahrzehnte relativ wenig präsent. Erst seit den 1980er Jahren mit der wachsenden Bedeutung des Holocausts in der Erinnerungskultur änderte sich dies – und zwar so nachhaltig, dass Genozid vor allem in Deutschland zunehmend nur noch als vollständige oder jedenfalls weitgehende physische Ausrottung eines ganzen Volkes begriffen wurde.

Die Entwicklung war umso bemerkenswerter, als nicht nur Lemkin persönlich eine solche Sichtweise stets zurückgewiesen hatte. Auch bereits die UN-Resolution 96 vom 11. Dezember 1946 hatte erkennen lassen, dass eine künftige Genozidkonvention „nicht die Funktion übernehmen sollte, dem Holocaust als historischem Ereignis ein Denkmal zu setzen". Sie hatte stattdessen ausdrücklich auf „viele Fälle" von Gruppenzerstörung Bezug genommen.[585]

Es soll an dieser Stelle nicht unerwähnt bleiben, dass auch die Vertreter des Bundes der Vertriebenen im SFVV-Stiftungsrat 2012 einer Ausstellungskonzeption zustimmten, die im Blick auf den Holocaust zwischen Genozid und „ethnischer Säuberung" unterschied. Der Verfasser hat es ebenfalls getan und dann noch 2020 in einem Essay über das „Jahrhundert der Vertreibungen" deutlich gemacht, dass er die ethnische Säuberungspolitik gegen deut-

---

[584] *Barth*, Genozid, S. 45. Vgl. auch das Urteil *Sybille Steinbachers* in der Einleitung des von ihr herausgegebenen Sammelbandes, Holocaust und Völkermorde, S. 16, der Terminus Völkermord sei als „historiographische Analysekategorie" nicht geeignet.

[585] *Oliveira Santos*, Der Bedeutungsgehalt, S. 158.

sche Bevölkerungsgruppen um 1945 am ehesten als Verbrechen gegen die Menschheit einordnen würde: „Persönlich sehe ich trotz der UN-Konvention davon ab, den deutschen Exodus aus dem Osten im Lande des Holocausts unter dem Rubrum ‚Völkermord' zu behandeln. Auch wenn man das Wort manch historisch verstocktem tschechischen Zeman oder gar polnischem PiS-Mann, der nach 75 Jahren plötzlich wieder von Reparationen spricht, [...] gerne entgegenhalten würde". Aber die „Einordnung der Vertreibung der Deutschen als Völkermord", so das folgende Argument, machte „ja auch keines der vielen Hunderttausend Opfer dieses Verbrechens wieder lebendig, das zudem keinesfalls verharmlost wird, wenn man es ‚nur' in die Geschichte radikaler ‚ethnischer Säuberungen' einordnet."[586]

Wer bedenkt, wie lange es gedauert hatte, bis das Bewusstsein für die Tiefe des im Holocaust gipfelnden Zivilisationsbruches der NS-Zeit vollständig in der historischen Identität unseres Landes angekommen war, dem wird die vom Geist wie vom Wortlaut der UN-Konvention zeitweilig abweichende Fokussierung des bundesdeutschen Völkermordverständnisses auf die Shoah als vertretbares „sacrificium intellectus" erscheinen. Kein gutes Zeichen für den Reifegrad unserer politischen Kultur war es hingegen, wie in diesem Zusammenhang versucht wurde, auch glasklare Demokraten und überzeugte Europäer, nur weil sie sich in Sachen Vertreibung und Genozid anders äußerten, nämlich so wie ein polnisch-jüdischer Jurist namens Lemkin, als geschichts- und moralpolitische „Bösmenschen" ins Abseits zu stellen.

Derlei Konflikte waren aus heutiger Sicht aber ohnehin nur noch Nachhutgefechte. Denn seit den 2010er Jahren setzte sich weltweit mit der Medienmacht „moderner" identitätspolitischer Akteure mehr und mehr ein neues erinnerungskulturelles Paradigma jenseits des Holocausts durch. Es rückte Millionen weiterer Opfer vor allem von „weißem" europäischen oder US-amerikanischen Kolonialismus und Rassismus ins Zentrum der Aufmerksamkeit. In Deutschland kam es in der Folgezeit zur Armenien-Resolution von 2016 und innerhalb kürzester Frist zur Anerkennung auch des Herero-Genozids und des Holodomors in Stalins Ukraine durch Bundesregierung und Bundestag in den Jahren 2021/22. Zwar hatte es sich nur im Falle der Herero um gleichsam klassische Kolonialismus-Bewältigung gehandelt, doch standen auch die anderen beiden, eher tagespolitisch motivierten Beschlüsse im Kontext einer dadurch ausgelösten Gesamtbewegung des Genoziddiskurses. Nimmt man die offiziellen Erklärungen zusammen, so transportierten sie eine neue Botschaft: Nach jahrzehntelanger vorbildlicher Holocaust-Erinnerungskultur bedürfe es so weitgehender begrifflicher Vorsichtsmaßnahmen wie der Verwendung des Wortes Völkermord ausschließlich für die Shoah in der Berliner Republik künftig nicht mehr, jetzt stünden vielmehr geschichts-

---

[586] *Kittel*, Das erste und letzte Jahrhundert, S. 29.

politische Auseinandersetzungen kolonialismuskritischer und anderer Art im Vordergrund.

Kaum etwas ließ die erinnerungskulturelle Zeitenwende so spürbar werden wie der Umstand, dass nun auch der Holodomor in Stalins Ukraine von Staats wegen als Genozid anerkannt wurde. Ein Ereignis, das wegen der kaum einem bewussten Unterschiede zwischen dem ukrainischen Wort für Hunger („holod") und dem altgriechischen „ὅλος"/„holos" („ganz", „vollständig"), das zusammen mit mit der Vokabel „καῦσις"/„kausis" („Brand", „Verbrennung") dem Terminus „Holocaust" zugrundeliegt,[587] die Abgrenzung zum Massenmord an den europäischen Juden begrifflich vielleicht subtiler nivellierte als irgendetwas anderes zuvor.

Die geschichtsmoralisch verständlichen Positionierungen Berlins im Umgang mit dem Schicksal der Herero führten in den letzten Jahren in Warschau prompt zu reparationsbezogenen Vergleichen zwischen südwestafrikanischen und polnischen (NS-)Opfern.[588] Man muss also nicht alle erinnerungskulturellen Weichenstellungen gleichermaßen auch politisch für klug halten. Rückgängig zu machen, sind sie allerdings nicht mehr. Und einer so grundlegend gewandelten Lage ist dann auch im Vertreibungsdiskurs Rechnung zu tragen: Beim Vergleich der „ethnischen Säuberungen" von 1945/46 mit dem Herero-Genozid ist es im Lichte der „Lemkin-Konvention" sachlich schlicht unmöglich, zwar das brutalste Kapitel der deutschen Kolonialhistorie, nicht aber den gewaltsamen Schlussakkord der Jahrhunderte langen deutschen Geschichte im Osten Europas, zumindest aber seine Züge von Ausrottungspolitik tragende Phase in Jugoslawien, als Genozid einzustufen. Sie gehört zu den schlimmsten Abschnitten eines historischen Vorgangs, den Norman Naimark einmal als die „größte Bewegung eines europäischen Volkes in der modernen Geschichte" beschrieben hat[589] und der weltweit nur noch in den fast zeitgleich ablaufenden, „religiös" motivierten Massensäuberungen während der Teilung Indiens in einen hinduistischen und muslimischen Machtbereich 1947/48 eine quantitative Paralle fand.

Lemkin selbst hat sowohl die große Vertreibung der Deutschen als auch die Verbrechen an den Herero explizit als Völkermord eingestuft. In Kennt-

---

[587] Er bezeichnet wörtlich also etwas „vollständig Verbranntes", im Lateinischen später ein „Brandopfer" („holocaustum"), mit „Hungermord" hat er dagegen nichts zu tun.

[588] Vgl. Presseberichte über eine Plakatkampagne mit dem Logo u. a. des polnischen Kulturministeriums, die es als „rassistisch" geißelte, dass Deutschland zwar den Herero und Nama für einen vor über 100 Jahren verübten Völkermord Reparationen und Entschädigungen zugesagt habe, den meisten Opfern der NS-Kriegsverbrechen in Polen aber bis heute nicht. FAZ, 3. Dezember 2021 („Deutschland will IV. Reich").

[589] *Naimark*, Strategische Argumente.

nis der jahrzehntelangen Geschichte des Begriffes und seiner Konvention sollte man aber heute bei den „ethnischen Säuberungen" von 1945 präziser von „Zerstörungsgenozid" sprechen, wobei der Gebrauch des von dem osteuropäischen Rechtswissenschaftler gebildeten Fremdwortes[590] Missverständnisse vermindern hilft, die der Terminus „Völkermord" in Richtung totaler oder zumindest weitgehender physischer Ausrottung beim juristischen Laien sonst oft auslöst. Dagegen wäre es nach der Zäsur des deutsch-namibischen Wiedergutmachungsabkommens 2021 und der Holodomor- und Jesiden-Resolutionen von 2022/23 abwegiger denn je, in erinnerungskulturellen Debatten um den Rechtsbegriff des Genozids in der Bundesrepublik weiterhin so zu tun, als ob es die Positionen des Bundesjustizministers und des Rechtsausschusses des Bundestages von 1954, des Bundesgerichtshofs von 1999 oder des Bundesverfassungsgerichts von 2000 hinsichtlich der Vertreibung nie gegeben hätte.[591]

Danach aber ist, dies sei noch einmal unterstrichen, die Absicht der Zerstörung einer ethnischen oder religiösen Gruppe „als solcher" – in ihrer sozialen Existenz – das entscheidende Interpretamentum.[592] Nur wer keinen Anstand nimmt, die Grundlagen von Lemkins Genozidbegriff aus welchen Erwägungen auch immer ganz beiseite zu schieben, wird die ethnischen Vertreibungen von 1945 nicht, die Verbrechen an den Herero dagegen schon darunter fassen wollen.[593] Damit würde aber eine Art geschichtspolitischer

---

[590] Ihn hat etwa auch *Edward Schramm* (Internationales Strafrecht, S. 46) vorgeschlagen, weil „genos" erst einmal eine kleinere, durch Verwandtschaft verbundene Gemeinschaft bezeichnet. Der gemeinte Straftatbestand sei also nicht erst erfüllt, „wenn ein ganzes Volk umgebracht wird, sondern bereits dann, wenn nur ein Angriff auf die Existenz oder den Fortbestand einer bestimmten Gruppe unternommen wird".

[591] So hat etwa der Vorsitzende des auf die böhmischen Länder spezialisierten Collegium Carolinum in München, der 2006 der Sudetendeutschen Landsmannschaft noch heftigste Vorhaltungen wegen des Mottos „Vertreibung ist Völkermord" gemacht hatte, jetzt zwar die Kritik von Dirk Moses an einer die Kolonialismusbewältigung angeblich lähmenden Holocaustfixierung der deutschen Erinnerungskultur als „zeitgeistgetrieben" getadelt, die „Entscheidung der Bundesregierung", den Völkermord an Herero und Nama anzuerkennen, aber als „überfällig" gelobt – ohne mögliche Folgen dieser Entscheidung für den Diskurs über die Vertreibung der Deutschen nur anzudeuten. *Schulze-Wessel*, Zeitgeistgetriebene Erinnerung.

[592] *Hübner*, Das Verbrechen, S. 217, weist mit Blick auf die von der Bayerischen Landesregierung übernommene Position Ermacoras zur Vertreibung der Sudetendeutschen zudem darauf hin, dass sich die Einschätzung von „ethnischen Säuberungen" als Völkermord in Deutschland auch in der „Staatenpraxis in gewissem Umfang" habe durchsetzen können.

[593] Vgl. etwa den Kommentar von *Michael Kasperowitsch* in den Nürnberger Nachrichten vom 12. August 2021 („Ein gefährlicher Vorstoß"), der letztlich die grundgesetzlich garantierte Wissenschaftsfreiheit tangiert, wenn er Debatten über Vertreibung und den Zerstörungsbegriff der Völkermordkonvention als „akademisch" und versöhnungsfeindlich prinzipiell zurückweist. Ein früherer Bundesinnenminister

Ausnahmenorm zur Bewertung der Vertreibung von 1945 geschaffen, die nur ein weiteres Kapitel in der langen Historie ihrer Relativierung markierte.[594] Dies wäre umso fragwürdiger, als auch der Untergang des deutschen Ostens zentrales Element bundesrepublikanischer „Vergangenheitsbewältigung" bleibt, indem er uns immer wieder daran erinnert, welche Wunden die Vergötzung der eigenen Nation im NS-Wahn dieser auch selbst zugefügt hat und welch große Narben davon bleiben.[595]

Lemkins Positionen schärfen den Blick: Die „ethnischen Säuberungen" von 1945 sind zum einen nicht ohne den Kontext des vorhergehenden rassenideologischen Vernichtungskrieges der Nationalsozialisten gegen slawische Völker im östlichen Europa und das Menschheitsverbrechen des Holocausts zu verstehen. Beide Apokalypsen ließen selbst bei den liberal-demokratischen Westmächten das Mitgefühl für deutsche Vertreibungsopfer auf einen Tiefpunkt sinken. Die Zerstörung nationaler Gruppen als solcher und alles, was mit „ethnischen Säuberungen" einhergeht, bleibt andererseits auch dann schweres Unrecht, wenn ihm noch größeres Unrecht vorausgegangen war. Ein „tu quoque" kennt das Völkerrecht nicht.[596]

Ein letzter Gedanke sei hinzugefügt. Die von 2016 bis 2022 politisch eingeleitete Weitung des bundesdeutschen Genozidbegriffs birgt neben allen Unwägbarkeiten auch Chancen, und zwar im Hinblick auf das erstgenannte Ziel der UN-Konvention: die „Verhütung" des Völkermordes. Zerstörungsgenozide sind nun einmal häufiger als Ausrottungsgenozide. Und es ist gut, wenn sich mit der humanitären Aura und der moralischen Wucht des Genozidbegriffes die Aufmerksamkeit der Öffentlichkeit bereits auf die Katastro-

---

hatte zu dieser Art von politischer Moral einmal bemerkt: Eine „verantwortungsbewußte Verarbeitung des Themas Vertreibung und Vertreibungsverbrechen braucht den Vorwurf nicht zu scheuen, sie könne das Verhältnis zu anderen Staaten belasten und Entspannung verhindern. Wie könnte Entspannung dauerhaft sein, wenn sie das Verschweigen oder die Verfälschung geschichtlicher Ereignisse in Kauf nimmt?". *Kulturstiftung*, Vertreibung, S. 9.

594 Es hätte im Übrigen jetzt auch Folgen hinsichtlich der Ende 2022 vorgenommenen Änderung des Volksverhetzungsparagraphen (§ 130 StGB). Laut Neufassung wird gemäß Absatz 5 mit Freiheitsstrafe bis zu drei Jahren oder mit Geldstrafe bestraft, wer „Völkermord" öffentlich oder in einer Versammlung in einer Weise billigt, leugnet oder gröblich verharmlost, die u. a. geeignet ist, den öffentlichen Frieden zu stören. FAZ, 28. Oktober 2022 („Lauter neue Straftäter").

595 Der „Untergang des deutschen Ostens", so hat Karl Schlögel dazu bemerkt, gehöre zu den „großen kulturellen Katastrophen", die „die Stellung Deutschlands in Europa, aber auch das Antlitz Europas fundamental verändert" hätten (*Schlögel*, Die Europäisierung, S. 127f.). Der amerikanische Literaturwissenschaftler Louis F. Helbig sprach in Anlehnung an ein Diktum Max Frischs bei einem Breslau-Besuch nach Ende des Zweiten Weltkrieges von einem „ungeheuren Verlust". Vgl. *Helbig*, Der ungeheure Verlust.

596 *Gornig*, Völkerrecht, S. 38.

phe der drohenden Zerstörung einer nationalen oder religiösen Gruppe als solcher richten lässt, auch wenn diese – noch – nicht den Charakter einer Ausrottung angenommen hat. Das Schicksal der Ukraine seit dem 24. Februar 2022 liefert hierfür nur das jüngste, bedrückende Beispiel. Das gilt umso mehr, als es für den verwandten Tatbestand der „crimes against humanity", anders als für Völkermord, nach wie vor keine eigene Konvention gibt.[597] Es ist aufschlussreich, sich in diesem Zusammenhang daran zu erinnern, wie ein Sprecher der Sudetendeutschen, Bernd Posselt, der 2006 mit seiner Landsmannschaft den genozidalen Charakter der Vertreibung aus den böhmischen Ländern 1945/46 betonte, nahezu gleichzeitig als Abgeordneter im Straßburger Parlament an der Seite auch vieler „linker" Politiker aus anderen Staaten Europas gegen den „Völkermord" der sudanesischen Regierung in der Region Darfur engagiert war.[598]

Die Problematik eines engen Genozidbegriffes ist dagegen einmal mehr deutlich geworden, als das zivilgesellschaftliche „Uiguren-Tribunal" im Spätherbst 2021 die von China gewaltsam betriebene Geburtenkontrolle in der muslimisch geprägten Region Xinjiang als Genozid einstufte. Der früher am Internationalen Strafgerichtshof für das ehemalige Jugoslawien tätige Vorsitzende des Tribunals, Sir Geoffrey Nice, äußerte bei der „Urteilsverkündung", sich dabei eigentlich „unwohl" zu fühlen, weil das öffentliche Verständnis von Völkermord mit massenhaften Tötungen verbunden sei. Vor allem etwaige Vergleiche mit dem Holocaust, so hob Nice hervor, seien „nicht hilfreich".[599]

---

[597] *Van den Herik*, The Meaning, S. 58. Lemkin selbst hatte dazu einmal bemerkt, die Erklärung der Menschenrechte sei nur ein „date", die Genozidkonvention dagegen „a marriage". *Frieze*, Totally Unofficial, S. 171.

[598] Gespräch mit Bernd Posselt am Rande der Marienbader Gespräche des Sudetendeutschen Rates im Juli 2021. Vgl. auch den Entschließungsantrag des Europäischen Parlamentes B6-0514/2006 (vom 25. September 2006) zu Darfur, in dem von einer „Völkermordstrategie" der sudanesischen Regierung die Rede ist, das auf eine frühere EP-Resolution vom September 2004 Bezug nehmende Radio-Interview des SPD-Politikers Gernot Erler (SWR 2 Tagesgespräch, 16. September 2004, „Deutsches Engagement im Sudan?"), oder später: europa.eu (online), Beiträge zur Aussprache im Plenum, 6. WP, 12. März 2009, *Bernd Posselt*, „Zur Ausweisung nichtstaatlicher Organisationen aus Darfur".

[599] FAZ, 10. Dezember 2021 („Völkermord an den Uiguren?", von *Friederike Böge*). Nahezu zeitgleich veröffentlichte das Simon-Skjodt Center for the Prevention of Genocide am United States Holocaust Memorial Museum den 60-seitigen Bericht „To Make Us Slowly Disappear: The Chinese Gouvernment's Assault on the Uyghurs" (Bearing Witness Report), der erschreckende Informationen über die völkerrechtswidrige Behandlung des uigurischen Volkes durch die Regierung Rot-Chinas dokumentierte.

XVII. Resümee

Das trifft zu. Nicht zu bestreiten ist aber auch, dass eine breite Spur des Grauens von der Zerstörung der Gruppen der Herero (1904), Ukrainer (1932/33) oder Donauschwaben (1945/46) gestern zum drohenden Völkermord an Uiguren oder Krimtataren heute führt.[600] Es wäre deshalb ein richtiger Schritt, Genozid auch in Deutschland – wieder – so zu begreifen wie „Spiegel"-Herausgeber Augstein noch Mitte der 1960er Jahre in einem Gespräch über die drohende Verjährung von NS-Verbrechen mit dem Philosophen Karl Jaspers: Völkermorde habe es in der Weltgeschichte leider, wenngleich nicht „in so konsequent überlegter Planung […,] schon oft gegeben", und auch die aktuelle Politik Chinas gegen die „Tibetaner" erfülle diesen Tatbestand.[601]

---

[600] Vgl. auch die bemerkenswerte Presseerklärung der Paneuropaunion (PEU) zum „Tag der Menschenrechte" 2022, wo auf einer Demonstration exil-uigurischer Organisationen in München vor dem Chinesischen Generalkonsulat PEU-Präsident Posselt einer der Hauptredner war und mit folgenden Worten den Rücktritt von Präsident Xi und dessen Regierung forderte: „Der Genozid an den im Westen Chinas lebenden Uiguren ist doppelter Völkermord. In Konzentrationslagern, in denen mindestens eine Million Uiguren einsitzt, wird deren physische Existenz vielfach vernichtet. Gleichzeitig unternimmt das totalitäre System, das in China herrscht, alles, um die kulturelle und religiöse Identität dieser Menschen zu zerstören." Pressemitteilung: „Posselt attackiert Peking: Stoppt den Genozid an den Uiguren!", 9. Dezember 2022 (Privatarchiv des Verfassers).

[601] Der Spiegel, 9. März 1965 (Online-Fassung): „Für Völkermord gibt es keine Verjährung". Nach dem völkerrechtswidrigen Einmarsch in Tibet 1950 hatte das kommunistische China einen Vernichtungsfeldzug gegen die dortige Bevölkerung und ihre buddhistische Kultur begonnen, der bis heute anhält. Er trug zeitweilig Züge eines Ausrottungsgenozids. Jedenfalls wurden mit der offensichtlichen Absicht, die nationale und religiöse Gruppe zu zerstören, allein in den 1960er und 1970er Jahren etwa eine Million Angehörige dieser Gruppe getötet und Hunderttausende in Arbeitslager verschleppt, wo sie elend zugrundegingen. Hinzu kamen Hungersnöte infolge der Zwangskollektivierung der Landwirtschaft, die ein Massensterben verursachten. Vgl. die Webseite der „Gesellschaft für bedrohte Völker" („Völkermord in Tibet", 23. Mai 2005). Vertiefend *Hool*, Die chinesische Tibetpolitik.

Anhang

Dokumente zum Beitritt der Bundesrepublik Deutschland zur UN-Genozidkonvention 1953/54

DOKUMENT 1

Entwurf eines Gesetzes über den Beitritt der Bundesrepublik Deutschland zu der Konvention vom 9. Dezember 1948 über die Verhütung und Bestrafung des Völkermordes

[vom 9. Dezember 1953, DS BR 495/53; ParlArch, Gesetzesdokumentation II/51 A, Dokument 4]

[...]

Artikel I

Dem Beitritt der Bundesrepublik Deutschland zu der am 9. Dezember 1948 von der Generalversammlung der Vereinten Nationen angenommenen Konvention zur Verhütung und Bestrafung des Völkermordes wird zugestimmt.

Artikel II

Nach § 220 des Strafgesetzbuchs wird folgende Vorschrift eingefügt:

„§ 220a

(1) Wer in der Absicht, eine Bevölkerungsgruppe, die durch Abstammung, Herkunft oder Glauben ihrer Mitglieder bestimmt ist, ganz oder teilweise auszurotten, vorsätzlich

1. Mitglieder der Gruppe tötet,

2. Mitgliedern der Gruppe Körperschäden der in § 224 bezeichneten Art zufügt,

3. Die Gruppe unter Lebensbedingungen stellt, die geeignet sind, die beabsichtigte Ausrottung herbeizuführen,

4. Maßregeln verhängt, die Geburten innerhalb der Gruppe verhindern sollen,

5. durch Gewalt Kinder der Gruppe in eine andere Gruppe überführt,

wird mit lebenslangem Zuchthaus bestraft. [...]"

DOKUMENT 2

Abschrift MEMORANDUM

Abaenderungsvorschlaege [sic!][602] zum Gesetzentwurf ueber den Beitritt der Bundesrepublik zur Konvention vom 9. Dezember 1948 ueber die Verhuetung und Bestrafung des Voelkermordes. BR – Drucks. 495/53

[Am 8. Januar 1954 von „Prof. Dr. Raphael Lemkin, New York, Belvedere House, 536 West 112 Street", an den „Vorsitzenden des Bundestagsausschusses für Rechtsfragen" gesandtes Papier; ParlArch, Gesetzesdokumentation II/51 A, Dokument 11, Anlage 3]

Der Gesetzentwurf ueber den Beitritt der Bundesrepublik Deutschland zur Konvention vom 9. Dezember 1948 ueber die Verhuetung und Bestrafung des Voelkermordes enthaelt in seinem Wortlaut Abweichungen vom Texte der Konvention, die folgende Konsequenzen haben:

1.) Der Sinn der Konvention wird eingeengt.

2.) Die Aenderungen machen die Voelkermordkonvention zur Unterstuetzung der aktuellen Anliegen der Bundesrepublik und zur Verteidigung ihrer Anklage (Austreibung im Osten, Zwangsarbeitslager) unbrauchbar.

3.) Die Aenderungen bedeuten praktisch die Uebernahme von Grundbegriffen des Nuernberger Statutes und Urteils ins Deutsche Strafrecht.

4.) Sie sind eine nachtraegliche Anerkennung der sovietischen [sic!] Vorschlaege zur Regelung der Fragen des Voelkermordes, die die Vereinten Nationen abgewiesen hat [sic!].

Die Voelkermordkonvention wurde in der vorliegenden Form als Rechtsnorm ausgearbeitet, um alle Arten von Voelkermord in allen Teilen der Welt und zu allen Zeiten als Verbrechen gegen das Voelkerrecht zu brandmarken und zu bestrafen. Diese Konvention wurde im harten Ringen gegen die Anhaenger der Prinzipien des Nuernberger Tribunals geschaffen und von der UNO angenommen. […]

Seit der ersten Diskussion dieses Fragenkomplexes in der [sic!] UN haben sowohl die sovietische [sic!] Delegation, wie auch die „Nuernberger Juristen" in England und den USA vergeblich versucht, eine Konvention auf der Basis der Statuten und des Urteils des Nuernberger Tribunals durchzusetzen. […] Trotz der Opposition der sovietischen [sic!] Delegation und der „Nuernberger Juristen" in England und den USA gelang es, diese Konvention anzunehmen, die voellig frei von Einfluessen der umstrittenen Nuernberger Rechtssprechung, und die allgemein gueltigen Rechtsnormen enthaelt [sic!].

---

[602] Die auf die Type der verwendeten Schreibmaschine zurückzuführenden Besonderheiten bei den Umlauten werden im Folgenden nicht mehr eigens hervorgehoben.

Gesetzentwurf:	Text der Konvention:[603]
Paragraph 220a	
(1) Wer in der Absicht eine Bevoelkerungsgruppe, die durch Abstammung, Herkunft oder Glauben ihrer Mitglieder bestimmt ist, ganz oder teilweise auszurotten, vorsaetzlich	Voelkermord bedeutet eine der folgenden Handlungen, die mit der Absicht begangen wird, eine nationale, ethnische, rassische oder religiöse Gruppe als solche ganz oder teilweise zu vernichten, naemlich: (engl. destroy
1	
2. Mitgliedern der Gruppe Koerperschaeden der in Paragraph 224 bezeichneten Art zufuegt	b. Verursachung von schweren koerperlichem oder seelischem Schaden [sic!] an Mitgliedern der Gruppe
3. Die Gruppe unter Lebensbedingungen stellt, die geeignet sind die beabsichtigte Ausrottung herbeizufuehren, ...	c. Auferlegung von Lebensbedingungen fuer die Gruppe, die geeignet sind ihre koerperliche Vernichtung ganz oder teilweise herbeizufuehren ...

Begruendung der vorgeschlagenen Aenderungen des Gesetzentwurfes

Die Formulierung des Gesetzentwurfes ist weniger umfangreich als die der Konvention. [...] Der Voelkermord in Osteuropa und in der sowietischen [sic!] Besatzungszone ist weder ein Kampf gegen Abstammung noch gegen Herkunft, sondern ein Kampf gegen den Willen der Voelker, ihre nationale Eigenart zu wahren. Es ist der Geist, der die Gruppe auszeichnet. Die Soviet Union [sic!] arbeitet auf das Ziel hin, den geistig kulturellen Begriff der Nation durch den physischen Begriff des sowietischen [sic!] Menschen zu ersetzen. Die Absicht des Taeters richtet sich gegen diese geistige Einheit und Geschlossenheit der Gruppe, deshalb duerfen die Worte „als solche" nicht fehlen.

Warum sind die Worte „als solche" [...] im Artikel II, Absatz 1 in der deutschen Uebersetzung der Konvention ausgelassen? Der Delegierte von Pakistan im Juristischen Ausschuss der UNO hat mit Recht behauptet, dass die Worte „als solche" [...] einen wichtigen Unterschied zwischen dem Begriff „Voelkermord" und dem Nuernberger Begriff „Verbrechen gegen die Menschlichkeit" bilden. [...]

Die Worte „teilweise zu zerstoeren" sind mit Absicht in die Konvention aufgenommen worden, um nationale und religiöse Gruppen in den Faellen zu schuetzen, in denen die Gruppen ihrer geistigen Fuehrung beraubt werden, [...]. Wenn die geistig fuehrende Schicht eines Volkes oder einer Gruppe zerstoert wird, leidet der Geist und die Gruppe wird als Gruppe zerstoert. [...] Das Schicksal der baltischen Nationen nach 1940 ist dafuer das beste Beispiel. Diese nationalen Gruppen sind als Gruppen zerstoert – ein Factum, der [sic!] unter den Begriff des Voelkermordes faellt – sind aber keineswegs ausgerottet. An Stelle des sinnvolleren, umfassenderen Wortes „zer-

---

[603] Die eigenwillige Zeichensetzung der folgenden Synopse des Lemkin-Memorandums wird ohne weitere Anmerkung in jedem der zahlreichen Einzelfälle vollständig übernommen.

stoeren" erscheint im Gesetzentwurf der enge Begriff „ausrotten", der nicht nur dem Wortlaut, sondern auch dem Geist der Konvention widerspricht. [...]

Eine Uebernahme des Ausrottungsbegriffes in das Deutsche Strafgesetzbuch wuerde sofort fuer die Bundesrepublik folgende Nachteile zur Folge haben:

1. Als Teil des Deutschen Strafgesetzbuches wurde [sic!] der Ausrottungsbegriff eine Verengung des internationalen Begriffes des Voelkermordes bedeuten und damit zwischen innerer und aeusserer Gueltigkeit der Voelkermordkonvention eine bedeutende Rechtsungleichheit schaffen.

2. Die Verengung der Konvention und Rechtsungleichheit in einem der wesentlichen Punkte wuerde die Anwendung der Konvention zur Unterstuetzung wesentlicher Anliegen der Bundesrepublik Deutschlands [sic!] in dieser Frage (Austreibung im Osten, Zwangsarbeitslager, etc.) – die zwar den Tatbestand des Voelkermordes, nicht aber den der Ausrottung erfuellen, praktisch unmoeglich machen. [...]

DOKUMENT 3

Erste Beratung des Entwurfs eines Gesetzes über den Beitritt der Bundesrepublik Deutschland zu der Konvention vom 9. Dezember 1948 über die Verhütung und Bestrafung des Völkermordes

[2. Deutscher Bundestag, 10. Sitzung am 21. Januar 1954, Stenographische Aufzeichnungen, S. 291 f.]

Neumayer[604], Bundesminister der Justiz: Meine sehr verehrten Damen und Herren! Ich möchte namens der Bundesregierung folgende Erklärung abgeben:

Die Bundesregierung folgt mit Freuden der Einladung der Vereinten Nationen, dieser Konvention beizutreten. Sie hat die feste Zuversicht, daß die Ziele, die sich die Konvention gesteckt hat, erreichbar sind und daß dadurch künftige Schrecken einer unmenschlichen Politik verhindert werden. [...]

Die Ausarbeitung des Zustimmungsgesetzes zu der Konvention erforderte umfangreiche und sorgfältige Vorarbeiten, vor allem, da die Konvention eine Reihe von Tatbeständen und Begriffen enthält, die unserem bisherigen deutschen Recht nicht bekannt waren. [...]

Die Vorschriften der Konvention sind sehr weit gefaßt. Nicht nur die eigentliche Ermordung von Angehörigen nationaler, ethnischer, rassischer oder religiöser Gruppen soll verhütet und bestraft werden. Auch andere Verbrechen, die in der Absicht begangen worden sind, eine solche Gruppe ganz oder teilweise zu zerstören oder auszurotten, sind Völkermord im Sinne dieses Abkommens. [...]

Zur Aburteilung dieser Verbrechen sind nach der Konvention in erster Linie die nationalen Gerichte vorgesehen. Es ist aber auch eine überstaatliche Sicherung ins Auge gefaßt, und zwar in Gestalt einer noch zu schaffenden internationalen Strafgerichtsbarkeit und einer Anrufung von Organen der Vereinten Nationen. Die Bundesre-

---

[604] Fritz Neumayer (FDP), Mitglied des Bundestages von 1949 bis 1957, war seit 1953 Bundesminister der Justiz.

gierung empfiehlt dem Hohen Hause die Zustimmung zu diesem Gesetzentwurf und hofft, daß das Haus dieser Empfehlung folgen wird.

DOKUMENT 4[605]

MEMORANDUM über

1. Die Beziehungen zwischen dem Deutschen Gesetzentwurf über den Beitritt zur Völkermord-Konvention und der geplanten Deklaration über die Anerkennung der Nürnberger Grundsätze als internationales Gewohnheitsrecht.
2. Die Beziehungen des Völkermord-Gesetzentwurfes zum Internationalen Strafrecht.

[Am 10. März 1954 von „Prof. Dr. R. Lemkin, New York City – N. Y, 536 West 112 Street", an den „Präsidenten des Rechtsausschusses des Deutschen Bundestages" gesandtes Papier; ParlArch, Gesetzesdokumentation II/51 A, Dokument 12]

I.

Am 1. Mai beginnt in Genf die nächste Tagung der International Law Commission innerhalb der United Nations. Auf der Tagesordnung der Konferenz steht als wichtiger Punkt der [sic!] Ausarbeitung einer Deklaration zur Vorlage vor der nächsten Generalversammlung der Vereinten Nationen 1954, durch die die Grundsätze des „Nürnberger Rechtes", eines einmaligen militärischen Ad Hoc prozesses [sic!], zum internationalen Gewohnheitsrecht erklärt werden sollen. [...] Dieser ganze Plan zielt auf eine Begrenzung der Verantwortung für die erwähnten Verbrechen hin durch Verbindung mit Agression [sic!], die an und für sich nicht definiert wird. Damit wäre der juristisch retrograden Nürnberger Konzeption wieder zum Siege verholfen. Da aber infolge der Billigungsbeschlüsse der Potsdamer Konferenz die Leiden der Deutschen in Zentral- und Osteuropa formell nicht auf die Agression [sic!] anderer Staaten zurückgeführt werden können, wäre durch so einen Plan eine internationale Rechtsschutzlosigkeit für die Deutschen erreicht.

In den Vereinten Nationen existiert im Prinzip kein grosses [sic!] Interesse für eine Verallgemeinerung des Nürnberger Rechtes. Aber die heimlichen Manipulationen der Nürnberger Juristen und der sowjetischen Delegierten könnten gegebenenfalls Erfolg haben, wenn ihnen nicht entgegengewirkt wird. Unter gar keinen Umständen darf auch nur unbewusst Vorschub geleistet werden. Daher müssten die beiden Hauptbegriffe der Nürnberger Fassung „Bevölkerung" mit entsprechendem Adjektiv als Objekt des Verbrechens (an Stelle nationaler, rassischer, religiöser und ethnischer Gruppe) und „Ausrottung" (statt Zerstörung) als Tat im Deutschen Gesetzentwurf vermieden werden. Daher darf auch das Wort „Völkermord" im Wortlaut des Deutschen Gesetzentwurfes nicht fehlen. [...]

Die Identität des Begriffes „nationale Gruppe" im Deutschen Strafgesetzbuch mit dem der Konvention ist sehr wichtig. Die Benes-Dekrete [sic!] vom 19. Mai und

---

[605] Die Umlaute sind in diesem Memorandum, das mit einer anderen Schreibmaschine geschrieben wurde als Lemkins Januar-Denkschrift, korrekt wiedergegeben.

21. Juni 1945 bezeichnen die Sudeten-Deutschen als „deutsche nationale Gruppe", was die böswillige Absicht der Benes-Regierung [sic!] unterstreicht und die strafrechtliche Verantwortung gemäss [sic!] der Völkermord-Konvention am besten beweist. [...]

Wenn man Artikel II, Absatz 1, Punkt 3 des Deutschen Gesetzentwurfes (Ausrottung) ansieht und diesen mit der entsprechenden Formulierung in der Völkermord-Konvention vergleicht (physical destruction) – (Zerstörung) kann man leicht feststellen, dass die folgenden Untaten, die im Buch „Dokumente zur Austreibung der Sudeten-Deutschen" erscheinen, nicht mehr als strafbar angesehen werden können. Diese Handlungen sind: Verweigerung medizinischer Hilfe, Unterernährung, Überarbeitung, Entziehung von Beheizung, unzulängliche Bekleidung, erzwungene Ausweisung von Kranken aus Krankenhäusern, Unterbringung von Gesunden mit Kranken, unsanitäre Verhältnisse und auch Enteignung des Gesamtvermögens, da die letztere Maßnahme natürlicherweise zum Verhungern und physischer Zerstörung führt. [...]

DOKUMENT 5

Deutscher Bundestag. 16. Ausschuß.

Protokoll der 13. Sitzung des Ausschusses für Rechtswesen und Verfassungsrecht am 3. Mai 1954, 15.00 Uhr, Bonn, Bundeshaus

Vorsitz: Abg. Hoogen (CDU/CSU)

[ParlArch, Gesetzesdokumentation II/51 A, Dokument 11]

Zu Punkt 2 der Tagesordnung: Entwurf eines Gesetzes über den Beitritt der Bundesrepublik Deutschland zu der Konvention vom 9.12.1948 über die Verhütung und Bestrafung des Völkermordes – Drucksache 162 –

Abg. Seidl[606] (Dorfen) (CDU/CSU), Berichterstatter, führt [...] in die Materie ein. Im Verlaufe seiner Ausführungen behandelt der Berichterstatter insbesondere die Eingaben von Prof. Dr. Raphael Lemkin, New York, einem Mitarbeiter der UN, der als Mitverfasser der Konvention über besondere Sachkenntnisse verfügt und auf gewisse Probleme hingewiesen hat [...]. Prof. Lemkin trete daher für eine möglichst wörtliche Übernahme des ursprünglichen Textes der Konvention in das deutsche Gesetz ein. [...]

Von vornherein seien Zweifel darüber aufgetaucht, ob man die Bestimmung des § 220a StGB als „Völkermord" bezeichnen solle, denn die Verhinderung von Geburten oder die Verbringung von Kindern von einer Gruppe in die andere habe mit „Mord" nichts zu tun. Abg. Seidl ist der Ansicht, man könne, wenn schon in der Konvention das Wort „genocide" gebraucht werde, das im ganzen internationalen Recht üblich sei, den Begriff „Völkermord" auch ohne Bedenken ins deutsche Strafgesetzbuch einfügen. Der „Völkermord" könne dann eben durch verschiedene Handlungen begangen werden. Sprachlich richtiger wäre allerdings, wie Abg. Seidl zugibt, das Wort „Völkervernichtung" gewesen.

---

[606] Franz Seidl (CSU), von Beruf Notar, war Mitglied des Bundestages von 1953 bis 1965.

Der Berichterstatter legt dem Ausschuß eine Neufassung des § 220a vor, bei der das Bundesjustizministerium Formulierungshilfe geleistet habe. [...] Die Worte „als solche" seien wieder in den Paragraphen eingefügt worden; [...] Die Übersetzung des Wortes „ethnisch" durch „durch ihr Volkstum bestimmt" sei gewählt worden, da das Eigenschaftswort „völkisch" so sehr mißbraucht worden sei, daß es in einem solchen Gesetz nicht angewandt werden könne. [...] Daß das Wort „auszurotten", das in der ursprünglichen Formulierung gestanden habe, durch die Worte „ganz oder teilweise zu zerstören" ersetzt worden sei, entspreche den Wünschen des Herrn Professor Lemkin und damit auch den Intentionen der Konvention. Der hier vorgeschlagenen Formulierung stehe im Englischen der Begriff „to destroy" gegenüber. Zwischen Zerstörung und Vernichtung bzw. Ausrottung bestehe ein Unterschied. Wenn eine Sache zerstört sei, könne sie als solche noch bestehen, sei aber nicht mehr funktionsfähig. Eine vernichtete oder ausgerottete Sache dagegen sei, wenigstens in der Art, nicht mehr vorhanden. Auf die Bevölkerungsgruppe übertragen bedeute das: wenn man eine Bevölkerungsgruppe zerstört habe, könnten die Menschen physisch noch bestehen, ohne jedoch noch eine Bevölkerungsgruppe zu bilden. [...]

Abg. Dr. Arndt[607] (SPD) spricht sich grundsätzlich für die Ratifizierung der Konvention aus. [...] er regt weiter eine sachliche Erweiterung an. Die Konvention verpflichte lediglich dazu, den Völkermord zu bestrafen. Der Völkermord sei, wahrscheinlich in Anlehnung an internationale Beispiele, beschränkt auf Taten gegen Bevölkerungsgruppen, die durch ihre Nationalität, ihre Abstammung, ihren Glauben und ihr Volkstum bestimmt seien. Es [sic!] frage sich, ob man nicht aufgrund der Erfahrungen der vergangenen Zeit als fünftes Begriffsmerkmal die „politische Überzeugung" in diese Vorschrift aufnehmen solle; denn man könne auch politische Gruppen in dieser Weise vernichten und drangsalieren. Das sei eigentlich auch als Völkermord zu bezeichnen. [...]

Abg. Seidl [...hat] gegen die Aufnahme der durch ihre politische Überzeugung bestimmten Gruppen [...] persönlich nichts einzuwenden. Allerdings sei die Definition schwierig. Er weist darauf hin, daß in der Konvention zunächst auch die Unterdrückung in kultureller Beziehung habe unter Strafe gestellt werden sollen. Dafür habe sich aber keine Mehrheit gefunden. Er glaube aber nicht, daß die Bundesrepublik eine so weitgehende Möglichkeit der Änderung der Konvention habe, daß sie eine neue Gruppe mit der Wirkung hineinnehmen könne, daß entsprechende Straftaten auch in anderen Staaten bestraft würden, also auch dann, wenn sie nicht innerhalb Deutschlands begangen würden. [...]

Abg. Metzger[608] (SPD) [...] fragt weiter, weshalb die Worte „als solche" in dem § 220a StGB hinter „Gruppe" stünden. [...] MR Dr. Dreher (BMdJ) erklärt, durch diese Worte werde zum Ausdruck gebracht, daß das Leben der einzelnen Mitglieder nicht gefährdet zu werden brauche. Es genüge für die Verwirklichung des Tatbestandes, daß die Gruppe in ihrem Zusammenhang zerstört werde, die Mitglieder könnten am Leben bleiben. [...]

---

[607] Adolf Arndt (SPD), von Beruf Rechtsanwalt und Verwaltungsjurist, war von 1949 bis 1969 Mitglied des Bundestages.
[608] Ludwig Metzger (SPD), Rechtsanwalt und nach dem Weltkrieg Oberbürgermeister in Darmstadt, war von 1953 bis 1969 Mitglied des Bundestages.

DOKUMENT 6

Zweite und dritte Beratung des Entwurfs eines Gesetzes über den Beitritt der Bundesrepublik Deutschland zu der Konvention vom 9. Dezember 1948 über die Verhütung und Bestrafung des Völkermordes

[2. Deutscher Bundestag, 37. Sitzung am 8. Juli 1954, Stenographische Aufzeichnungen, S. 1766]

Altmaier[609] (SPD): Herr Präsident! Meine Damen und Herren! Im Auftrage der sozialdemokratischen Fraktion, die dem vorliegenden Gesetzentwurf zustimmt, habe ich die Ehre, zu erklären:

Der von der Generalversammlung der Vereinten Nationen am 9. Dezember 1948 einstimmig angenommenen Konvention zur Verhütung und Bestrafung des Völkermords beizutreten, kann und darf uns Deutschen nicht allein eine gesetzgeberische Maßnahme sein. Dieser internationalen Vereinbarung sich anzuschließen, muß uns allen nicht nur ein Akt des Verstandes, sondern auch ein Anliegen des Herzens sein. Wir haben erfahren müssen, daß die Fortschritte des menschlichen Geistes, insbesondere die technischen Eroberungen, die das naturwissenschaftliche Denken zunächst mit solchem Stolz erfüllten, zu unserem Leidwesen auch Fortschritte zu Gefahren sind. Den Großtaten menschlicher Erfindungsgabe haben sich Untaten beigesellt, Verbrechen, die auszudenken einst nicht möglich erschien. Eine Blutspur zieht sich durch unsere neuere und neueste Geschichte seit jenem Massaker, durch die im Vorderen Orient die Armenier als Volksgruppe niedergemetzelt wurden [sic!]. Damals waren es Deutsche, deren wir in dieser Stunde dankbar und ehrerbietig gedenken, weil sie die Aufmerksamkeit der gesitteten Welt auf jene unheilvollen Vorgänge lenkten. Ich nenne Johannes Lepsius, ich nenne meinen in der Emigration verstorbenen Freund Hellmuth von Gerlach und den aus Deutschland vertriebenen Dichter Franz Werfel, der die grausige Ausrottung der Armenier in seinem Buch über die 40 Tage des Musa Dagh als Mahnung dichterisch gestaltete.

Was wir zu beklagen haben, das ist, daß uns dieses Wirken eines Johannes Lepsius, eines Hellmut von Gerlach, eines Franz Werfel und anderer Deutscher leider doch nicht davor bewahren konnte, daß Menschen aus unserem Volke zu Frevlern und Menschen aus unserem Volke zu Opfern inmitten von Geschehnissen wurden, die als Völkermord in die Geschichte eingegangen sind. Unter Mißbrauch des deutschen Namens sind um ihrer Abstammung, ihrer Nationalität und um ihres religiösen Bekenntnisses willen nicht nur Volksgruppen, sondern eine immer noch unvorstellbare Zahl von Menschen ermordet worden. Unrecht hat weiteres Unrecht erzeugt. Die Austreibung der Deutschen aus ihrer eigenen, in mehr als tausendjähriger Kultur durch Werke des Friedens ausgestalteten und unverlierbar gebliebenen Heimat war ein Völkermord.

Wir schließen uns deshalb mit allen Menschen und Völkern zu dieser Konvention zusammen, denen, wie Fichte es ausdrückte, „die Freiheit und Gleichheit alles dessen, was Menschenantlitz trägt", das Leben erst lebenswert macht und die Mensch-

---
[609] Jakob Altmaier (SPD), von Beruf Journalist, war von 1949 bis 1963 Mitglied des Bundestages. Zu seiner Rolle 1954 vgl. vertiefend die Darstellung im Kapitel VII, S. 55 f..

werdung des Menschen vollendet. In dieser Stunde legen wir das Gelöbnis ab, mit allen Kräften der Wiederkehr solchen Unheils zu widerstehen und unseren Beitrag zu leisten, daß eine für jedermann verbindliche und allgemeine Regel des Völkerrechts solche Untaten von vornherein und für alle Zukunft als Unrecht brandmarkt und mit den schwersten Strafen bedroht, die ein Gericht zu verhängen in der Lage ist. [...]

DOKUMENT 7

Bundesgesetzblatt, Teil II, Ausgegeben zu Bonn am 12. August 1954, S. 729

Gesetz über den Beitritt
der Bundesrepublik Deutschland zu der Konvention vom 9. Dezember 1948
über die Verhütung und Bestrafung des Völkermordes
Vom 9. August 1954

[ParlArch, Gesetzesdokumentation II/51 A, Dokument 20]
[...]

Artikel 2

Nach § 220 des Strafgesetzbuchs wird folgende Vorschrift eingefügt:

„§ 220a

(1) Wer in der Absicht, eine nationale, rassische, religiöse oder durch ihr Volkstum bestimmte Gruppe als solche ganz oder teilweise zu zerstören, vorsätzlich

   1. Mitglieder der Gruppe tötet,
   2. Mitgliedern der Gruppe schwere körperliche Schäden, insbesondere der in § 224 bezeichneten Art, zufügt,
   3. Die Gruppe unter Lebensbedingungen stellt, die geeignet sind, deren körperliche Zerstörung ganz oder teilweise herbeizuführen,
   4. Maßregeln verhängt, die Geburten innerhalb der Gruppe verhindern sollen,
   5. Kinder der Gruppe in eine andere Gruppe gewaltsam überführt,

wird wegen Völkermordes mit lebenslangem Zuchthaus bestraft. [...]."

Das vorstehende Gesetz wird hiermit verkündet.
Bonn, den 9. August 1954.
Der Bundespräsident
Theodor Heuss [...]

Eckdaten zur Biographie Raphael Lemkins

24. Juni 1900: Geboren in dem kleinen Dorf Bezwodne (im Gouvernement Wilna, damals: Russisches Kaiserreich, nach dem Ersten Weltkrieg: Zweite Polnische Republik, heute: Belarus) als Sohn eines polnisch-jüdischen Landwirts

1920: Nach Teilnahme am polnisch-sowjetischen Krieg in einer Sanitätseinheit Aufnahme eines Studiums der Linguistik, später der Rechtswissenschaften an Universitäten in Polen und Deutschland. Motiv für den Wechsel des Studienfaches war der Berliner Prozess im Juni 1921 gegen den Attentäter Talaat Paschas, eines der Hauptverantwortlichen für den Völkermord des Osmanischen Reiches an den Armeniern.

1926: Promotion zum Dr. jur. in Lemberg

1927: Sekretär des obersten polnischen Appellationsgerichts

1929: Staatsanwalt in Warschau

1933: Im Herbst legt Lemkin, alarmiert von der NS-Machtübernahme in Deutschland, der Jahrestagung des vom Völkerbund geförderten Internationalen Büros für die Vereinheitlichung des Strafrechts in Madrid ein Papier vor. Es bezieht sich auf das Schicksal der Armenier 1915/16 und zielt auf eine Verpflichtung der Regierungen ab, die Zerstörung ethnischer, nationaler und religiöser Gruppen zu verhindern.

1934–1939: Nach Ausscheiden aus dem Staatsdienst fortan als Rechtsanwalt in Warschau tätig, engagiert sich Lemkin in den folgenden Jahren auf juristischen Tagungen in Europa und Afrika für sein Konzept zum Schutz nationaler Gruppen.

1939–1941: Nach dem Angriff des „Dritten Reiches" auf Polen Flucht über Riga und Schweden in die USA. Dort war Lemkin von der Duke University in Durham (North Carolina) eingeladen worden, internationales Recht zu lehren.

Ab 1942: Berater mehrerer US-Regierungsbehörden

1944: Publikation seines wichtigsten Buches *Axis Rule in Occupied Europe*, mit dem Lemkin den Begriff *genocide* prägt

1945/46: Berater des Hauptanklagevertreter der Vereinigten Staaten, Robert H. Jackson, im Nürnberger Prozess gegen die NS-Hauptkriegsverbrecher

1946–1948: Mitwirkung an Vorbereitungsarbeiten für eine UN-Genozidkonvention

1948: Lehrauftrag an der Yale University

Nach Verabschiedung und Inkrafttreten der UN-Vereinbarung (1948/1951) konzentriert sich Lemkin zunehmend auf sein ehrenamtliches Engagement als aktivster Werber für die sog. „Lemkin-Konvention" und ihre Ratifikation durch möglichst viele Staaten weltweit.

28. August 1959: Der Idealist Lemkin stirbt verarmt in New York.

Literaturverzeichnis

Abtahi, Hirad/*Webb*, Philippa, The Genocide Convention: The Travaux Préparatoires. 2 vols., Leiden 2008.

Ahrens, Wilfried, Verbrechen an Deutschen. Die Opfer im Osten, Huglfing 1975.

Ahrens, Wilfried, Verbrechen an Deutschen. Dokumente der Vertreibung, Rosenheim 1983.

Albrecht, Willy, Jeanette Wolf, Jakob Altmaier, Peter Blachstein. Die drei jüdischen Abgeordneten des Bundestages bis zum Beginn der sechziger Jahre, in: Julius H. Schoeps (Hg.), Leben im Land der Täter. Juden im Nachkriegsdeutschland (1945–1952), Berlin 2001, S. 236–253.

Ambos, Kai/*Wirth*, Steffen, Genocide and War Crimes in the Former Yugoslavia before German Criminal Courts (1994–2000), in: Horst Fischer/Claus Kreß/Sascha Rolf Lüder (Hg.), International and National Prosecution of Crimes Under International Law – Current Developments, Berlin 2001, S. 769–797.

Antikomplex (Autorenkollektiv, Hg.), Zmizelé Sudety – Das verschwundene Sudetenland, Domažlice (Taus) 2003.

Applebaum, Anne, Red Famine. Stalin's War on Ukraine, London 2017 (deutsche Ausgabe: Roter Hunger. Stalins Krieg gegen die Ukraine, München 2019).

Arendt, Hannah, Eichmann in Jerusalem. Ein Bericht von der Banalität des Bösen, München 1991.

Aschke, Manfred, Staatssouveränität, Völkermord und die Unantastbarkeit der Menschenwürde. Facetten eines globalen Lernprozesses. Vortrag, gehalten am 2. Dezember 2011 auf der vom Lepsiushaus Potsdam veranstalteten Konferenz „Vom Völkermord-Tribunal wider Willen zum internationalen Strafrecht" (Online-Fassung).

Barett, John Q., Raphael Lemkin and ‚Genocide' at Nuremberg, 1945–1946, in: Christoph Safferling/Eckhart Conze (Hg.), The Genocide Convention Sixty Years after its Adoption, The Hague 2010, S. 35–54.

Barth, Boris, Genozid. Völkermord im 20. Jahrhundert. Geschichte, Theorien, Kontroversen, München 2006.

Bartov, Omer, Genocide and the Holocaust. Arguments over History and Politics, in: Expanding Perspectives on the Holocaust in a Changing World, Evanton 2014, S. 5–21.

Bartov, Omer, Blind Spots of Genocide, in: Journal of Modern European History 19 (2021), S. 395–399.

Bartov, Omer, Blinde Flecke, FAZ, 13. Oktober 2021, Seite N 3.

Bauerkämper, Arnd, Das umstrittene Gedächtnis. Die Erinnerung an Nationalsozialismus, Faschismus und Krieg in Europa seit 1945, Paderborn 2012.

Becker, Manuel, Geschichtspolitik in der „Berliner Republik". Konzeptionen und Kontroversen, Wiesbaden 2013.

Beer, Mathias, Im Spannungsfeld von Politik und Zeitgeschichte. Das Großforschungsprojekt „Dokumentation der Vertreibung der Deutschen aus Ost-Mitteleuropa", in: VfZ 46 (1998), S. 345–389.

Beer, Mathias, „Flucht und Vertreibung" aus Jugoslawien in vergleichender Perspektive: zehn Thesen, in: Stiftung Flucht, Vertreibung, Versöhnung und Donauschwäbisches Zentralmuseum (Hg.), Vom „Verschwinden" der deutschsprachigen Minderheiten. Ein schwieriges Kapitel in der Geschichte Jugoslawiens 1941–1955, Berlin/Ulm 2016, S. 137–149.

Benz, Wolfgang, Dimension des Völkermords. Die Zahl der jüdischen Opfer des Nationalsozialismus, München 1991.

Benz, Wolfgang, Ausgrenzung – Vertreibung – Völkermord. Genozid im 20. Jahrhundert, München 2006.

Benz, Wolfgang, Die Vertreibung der Deutschen nach dem Zweiten Weltkrieg, in: Benz, Ausgrenzung, S. 125–148.

Bergius, David, Die offene Frage des Privateigentums der Vertriebenen im deutschpolnischen Verhältnis, Frankfurt/M. 2009.

Bieńczyk-Missala, Agnieszka/*Dębski*, Sławomir (Hg.), Rafał Lemkin: A Hero of Humankind, Warschau 2010.

Blumenwitz, Dieter, Rechtsgutachten über die Verbrechen an den Deutschen in Jugoslawien 1944–1948 (Sonderausgabe Juristische Studien), München 2002.

Bock, Albert, Linguizid am Bretonischen, in: Brennos/Studia Celtica Austriaca 1 (1996), S. 17–25.

Bohr, Felix, Die Kriegsverbrecherlobby. Bundesdeutsche Hilfe für im Ausland inhaftierte NS-Täter, Berlin 2018.

Bömelburg, Hans-Jürgen/*Musiał*, Bogdan, Die deutsche Besatzungspolitik in Polen 1939–1945, in: Włodzimierz Borodziej/Klaus Ziemer (Hg.), Deutsch-polnische Beziehungen 1939–1945. Eine Einführung, Osnabrück 2000, S. 43–112.

Borodziej, Włodzimierz/*Lemberg*, Hans, Die Deutschen östlich von Oder und Neiße 1945–1950. „Unsere Heimat ist uns ein fremdes Land geworden". Dokumente aus polnischen Archiven, Bd. 1, Marburg 2000.

Brandes, Detlef, Der Weg zur Vertreibung 1938 – 1945. Pläne und Entscheidungen zum „Transfer" der Deutschen aus der Tschechoslowakei und aus Polen, 2. Aufl. München 2005.

Brandes, Detlef/*Sundhausen*, Holm/*Troebst*, Stefan (Hg.), Lexikon der Vertreibungen. Deportation, Zwangsaussiedlung und ethnische Säuberung im Europa des 20. Jahrhunderts, Wien/Köln/Weimar 2010.

Brewing, Daniel/*Lehnstaedt*, Stephan, Begriffspolitik. Zur Wiederentdeckung von Lemkins Genozidkonzept in Polen, in: Zeitschrift für Genozidforschung 20 (2022), S. 85–106.

Brodersen, Per, Die Stadt im Westen. Wie Königsberg Kaliningrad wurde, Göttingen 2008.

Broszat, Martin, „Vertreibungsverbrechen". Ein mißverständlicher Begriff, in: ders., Nach Hitler, Der schwierige Umgang mit unserer Geschichte, München 1988, S. 242–245.

Brumlik, Micha, Wer Sturm sät. Die Vertreibung der Deutschen, Berlin 2005.

Bürger, Christiane, Deutsche Kolonialgeschichte(n). Der Genozid in Namibia und die Geschichtsschreibung der DDR und BRD, Bielefeld 2017.

Burrin, Philippe, Hitler und die Juden, Die Entscheidung für den Völkermord, Frankfurt/M. 1993.

Butcher, Thomas M., A ‚synchronized attack': On Raphael Lemkin's holistic conception of genocide, in: Genocide Research Journal 15 (2013), S. 253–271.

Campbell, Patrick Carroll, § 220a StGB. Der richtige Weg zur Verhütung und Bestrafung von Genozid?, Frankfurt a. M./New York 1986.

Carmichael, Cathie, Raphael Lemkin and Genocide before the Holocaust. Ethnic and Religious Minorities under Attack, in: Simone Gigliotti/Hilary Earl (Hg.), A Companion to the Holocaust, Hoboken, NJ, 2000.

Chalk, Frank/*Jonassohn*, Kurt, The History and Sociology of Genocide, New Haven (Connecticut) 1990.

Charny, Israel W., The Encyclopedia of Genocide, 2 Bde., Santa Barbara 1999.

Churchill, War, A Little Matter of Genocide: Holocaust and Denial in the Americas 1492 to the Present, *S*an Francisco 1998.

Conquest, Robert, Stalins Völkermord. Wolgadeutsche, Krimtataren, Kaukasier, Wien 1974.

Conquest, Robert, Ernte des Todes. Stalins Holocaust in der Ukraine 1929–1933, München 1988 (zuerst im englischen Original: The Harvest of Sorrow. Soviet Collectivization and the Terror-Famine, Edmonton 1987).

Cooper, John, Raphael Lemkin and the Struggle for the Genocide Convention, London 2008.

Czaja, Herbert, Ausgleich mit Osteuropa – Versuch einer europäischen Friedensordnung, Stuttgart 1969.

D'Addario, Ray/*Kastner*, Klaus, Der Nürnberger Prozeß. Das Verfahren gegen die Hauptkriegsverbrecher 1945/46, Nürnberg 1994.

Dam, Hendrik G. van, Die Unverjährbarkeit des Völkermordes. Die UNO-Konvention vom 27. November 1968 und das deutsche Recht, Mainz 1969.

Der Auswärtige Ausschuß des Deutschen Bundestages. Sitzungsprotokolle 1953–1957. Erster Halbband November 1953 bis Februar 1955, bearbeitet von Wolfgang Hölscher, Düsseldorf 2002.

Der Prozeß gegen die Hauptkriegsverbrecher vor dem Internationalen Militärgerichtshof Nürnberg, 42 Bde, München 1984 (Nachdruck).

Dokumentation der Vertreibung der Deutschen aus Ost-Mitteleuropa. In Verbindung mit Werner Conze (ab Bd. 3), Adolf Diestelkamp, Rudolf Laun, Peter Rassow und Hans Rothfels bearbeitet von Theodor Schieder. Hg. vom Bundesministerium für Vertriebene, Flüchtlinge und Kriegsgeschädigte, Bonn 1953–1962.

Dolot, Miron, Execution by Hunger. The Hidden Holocaust, New York u. a. 1987.

Douglas, Raymond M., „Ordnungsgemäße Überführung". Die Vertreibung der Deutschen nach dem Zweiten Weltkrieg, München 2012.

Drost, Pieter N., The Crime of State. Book II. Genocide. United Nations Legislation on International Criminal Law, Leyden 1959.

Dziurok, Adam/*Madajczyk*, Piotr/*Rosenbaum*, Sebastian (Hg.), Die deutsche Minderheit in Polen und die kommunistischen Behörden 1945–1989, Paderborn 2017.

Eibicht, Rolf-Josef, 50 Jahre Vertreibung. Der Völkermord an den Deutschen. Ostdeutschland und das Sudetenland. Rückgabe statt Verzicht, Tübingen 1995.

Eibicht, Rolf-Josef/*Hipp*, Anne, Der Vertreibungs-Holocaust. Politik zur Wiedergutmachung eines Jahrtausendverbrechens, Riesa 2000.

Elder, Tanya, What you see before your eyes: documenting Raphael Lemkin's life by exploring his archival papers, 1900–1959, in: Schaller/Zimmerer, The Origins of Genocide, S. 25–55.

Ermacora, Felix, Die sudetendeutschen Fragen. Rechtsgutachten, München 1992.

Fisch, Bernhard, Die Striche des Josef W. Stalin. Vom Anteil der Kommunisten an der Vertreibung der Deutschen aus Ostmitteleuropa, Berlin 2005.

François, Etienne/*Konczal*, Kornela/*Traba*, Georg/*Troebst*, Stefan (Hg.), Geschichtspolitik in Europa seit 1989. Deutschland, Frankreich und Polen im internationalen Vergleich, Göttingen 2013.

Frank, Matthew, Making Minorities History. Population Transfer in Twentieth-Century Europe, Oxford 2016.

Frieze, Donna Lee (Hg.), Totally Unofficial. The Autobiography of Raphael Lemkin, New Haven/London 2013.

Gaeta, Paola (Hg.), The UN Genocide Convention. A Commentary, Oxford 2009.

Ganzenmüller, Jörg, Stalins Völkermord? Zu den Grenzen des Genozidbegriffs und den Chancen eines historischen Vergleichs, in: Steinbacher, Holocaust und Völkermorde, S. 145–166.

Gauger, Jörg-Dieter/*Kittel*, Manfred (Hg.), Die Vertreibung der Deutschen aus dem Osten in der Erinnerungskultur, Sankt Augustin 2004.

Gehrke, Roland, Der polnische Westgedanke bis zur Wiedererrichtung des polnischen Staates nach Ende des Ersten Weltkrieges. Genese und Begründung polnischer Gebietsansprüche gegenüber Deutschland im Zeitalter des Nationalismus, Marburg 2001.

Gerwarth, Robert/*Malinowski*, Stefan, Der Holocaust als kolonialer Genozid? Europäische Kolonialgewalt und nationalsozialistischer Vernichtungskrieg, in: Geschichte und Gesellschaft 33 (2007), S. 439–466.

Gornig, Gilbert, Völkerrecht und Völkermord. Definition – Nachweis – Konsequenzen am Beispiel der Sudetendeutschen, Wien 2002.

Gornig, Gilbert/*Horn*, Hans-Detlef/*Murswiek*, Dietrich (Hg.), Eigentumsrecht und Enteignungsunrecht. Analysen und Beiträge zur Vergangenheitsbewältigung, Teil 1 und Teil 2, Berlin 2008 bzw. 2009.

Grosser, Alfred, Verbrechen und Erinnerung. Der Genozid im Gedächtnis der Völker, München/Wien 1990.

Habel, Fritz Peter, Dokumente zur Sudetenfrage. Unerledigte Geschichte, 5. Aufl. München 2003.

Hahn, Eva, Über die Holocaustisierung des Vertreibungsdiskurses, in: Jenseits von Steinbach. Zur Kontroverse um ein Vertreibungszentrum im Kontext des deutschen Opferdiskurses, hg. vom Arbeitskreis geschichtspolitische Interventionen, Berlin 2010, S. 11–13.

Hahn, Hans-Henning/*Hahn*, Eva, Die „Holocaustisierung des Flucht- und Vertreibungsdiskurses". Historischer Revisionismus oder alter Wein in neuen Schläuchen?, in: Deutsch-Tschechische Nachrichten, Dossier Nr. 8, 2008.

Hahn, Hans-Henning/*Hahn*, Eva, Die Vertreibung im deutschen Erinnern. Legenden, Mythos, Geschichte, Paderborn 2010.

Harff, Barbara/*Gurr*, Ted R., Toward Empirical Theory of Genocides and Politicides: Identification and Measurement of Cases since 1945, in: International Studies Quarterly, September 1988, S. 359–71.

Heimatkreis Saaz (Hg.), Genozid. Der Postelberger Massenmord 1945 im Spiegel tschechischer Regierungsakten. Eine Dokumentation 60 Jahre danach. Sonderausgabe des Heimatbriefes Saazerland 2005.

Heinsohn, Gunnar, Lexikon der Völkermorde, 2. Aufl. Reinbek bei Hamburg 1999.

Helbig, Louis Ferdinand, Der ungeheure Verlust. Flucht und Vertreibung in der deutschsprachigen Belletristik der Nachkriegszeit, 2. Aufl. Wiesbaden 1989.

Herdegen, Matthias, Völkerrecht, 16. Aufl. München 2017.

Heuß, Alfred, Versagen und Verhängnis. Vom Ruin deutscher Geschichte und ihres Verständnisses, Berlin 1984.

Heydecker, Joe J./*Leeb*, Johannes, Der Nünberger Prozeß. Bilanz der tausend Jahre, Köln/Berlin 1958.

Hilpold, Peter, Minderheitenschutz im Völkerbundsystem, in: Christoph Pan/Beate Sibylle Pfeil (Hg.), Zur Entstehung des modernen Minderheitenschutzes in Europa. Handbuch der europäischen Volksgruppen, Bd. 3, Wien/New York, S. 156–189.

Hochschild, Adam, King Leopold's Ghost: A Story of Greed, Terror, and Heroism in Colonial Africa, Boston 1998 (deutsche Übersetzung unter dem Titel: Schatten über dem Kongo. Die Geschichte eines der großen, fast vergessenen Menschheitsverbrechen, Stutttgart 2000).

Hoffmann, Eva, Im Schtetl. Die Welt der polnischen Juden, Wien 2000.

Holmes, Stephen, The Matador's Cape. America's Reckless Response to Terror, Cambridge 2007.

Hool, Catherine, Die chinesische Tibetpolitik, Bern 1989.

Hübner, Jan, Das Verbrechen des Völkermordes im internationalen und nationalen Recht, Frankfurt/M. u. a. 2004.

Imbusch, Peter, Deutsche Geschichte, der Holocaust an den Juden und die Besonderheiten der bundesrepublikanischen Genozidforschung. Acht Thesen, in: Hartwig Hummel (Hg.), Völkermord – friedenswissenschaftliche Annäherungen, Baden-Baden 2001, S. 123–124.

Irvin-Ericson, Douglas, Genocide, the ‚Family of Mind' and the Romantic Signature of Raphael Lemkin, in: Journal of Genocide Research 15 (2013), S. 273–296.

Irvin-Erickson, Douglas, Raphaël Lemkin and the Concept of Genocide, Philadelphia 2017.

Isajiw, Wsevolod W. (Hg.), Famine-Genocide in Ukraine, 1932–1933. Western Archives, Testimonies and New Research, Toronto 2003.

Janjetović, Zoran, Feinde der Nation. Ausweisungen aus Serbien am Ende des Zweiten Weltkrieges, in: Mathias Beer (Hg.), Krieg und Zwangsmigration in Südosteuropa 1940–1950. Pläne, Umsetzung, Folgen, Stuttgart 2019, S. 187–205.

Janjetović, Zoran, Massengewalt in Serbien und in der Vojvodina 1941 – 1948, in: Meinolf Ahrens/Martina Bitunjac (Hg.), Massengewalt in Südosteuropa im 19. und 20. Jahrhundert: Motive, Abläufe und Auswirkungen, Berlin 2021.

Jarząbek, Wanda, Genocide or Exceptionally Cruel Regime. How to Define the German Occupation Policy against the Polish nation during the World War II, in: Piotr Madajczyk u. a. (Hg.), Social Engineering in Central and South-East Europe in the Twentieth Century Reconsidered, Warschau 2017, S. 79–118.

Jeschek, Hans-Heinrich, Die internationale Genocidium-Konvention vom 9. Dezember 1948 und die Lehre vom Völkerstrafrecht, in: Zeitschrift für die gesamte Strafrechtswissenschaft 66 (1954), Nr. 2, S. 193–217.

Jeßberger, Florian/*Maecker*, Swantje, Der Prozess gegen Nikola Jorgić, Deutschland 1997–1999, in: Kurt Groenewold/Alexander Ignor/Arnd Koch (Hg.), Lexikon der Politischen Strafprozesse (https://www.lexikon-der-politischen-strafprozesse.de/glossar/jorgic-nikola, letzter Zugriff am 12. Januar 2022).

Jones, Adam (Hg.), Genocide, War Crimes and the West. History and Complicity, London/New York 2004 (in deutscher Übersetzung als: Völkermord, Kriegsverbrechen und der Westen, Berlin 2004).

Jones, Adam, Genocide. A comprehensive introduction, London/New York 2006.

Junker, Detlef, Die Amerikanisierung des Holocaust. Über die Möglichkeit, das Böse zu externalisieren und die eigene Mission fortwährend zu erneuern, in: FAZ, 9. September 2000.

Katz, Steven T., The „Unique" Intentionality of the Holocaust, in: ders., Post-Holocaust-Dialogues. Critical Studies in Modern Jewish Thought, New York 1985, S. 287–317.

Katz, Steven T., The Holocaust in Historical Context. Vol. 1: The Holocaust and Mass Death before the Modern Age, New York 1994.

Kimminich, Otto, Der Beitrag der Sudetendeutschen zum internationalen Volksgruppenrecht (Heft 2 der Schriftenreihe der Sudetendeutschen Stiftung), München 1978.

Kindler, Robert, Stalins Nomaden. Herrschaft und Hunger in Kasachstan, Hamburg 2014.

Kittel, Manfred, Nach Nürnberg und Tokio. „Vergangenheitsbewältigung" in Japan und Westdeutschland 1945 bis 1968, München 2004.

Kittel, Manfred, Vertreibung der Vertriebenen? Der historische deutsche Osten in der Erinnerungskultur der Bundesrepublik (1961–1982), München 2007.

Kittel, Manfred, Die Vertreibung der Deutschen aus Ostmitteleuropa am Ende des Zweiten Weltkriegs, in: Frank-Lothar Kroll/Hendrik Thoß, Europas verlorene und wiedergewonnene Mitte. Das Ende des Alten Reiches und die Entstehung des Nationalitätenproblems im östlichen Mitteleuropa, Berlin 2011, S. 197–231.

Kittel, Manfred, Zur Einführung: Rückblick auf die „Startphase" der Stiftung 2009 bis 2012, in: Bundesstiftung Flucht, Vertreibung, Versöhnung (Hg.), Jahresbericht 2009–2012, Berlin 2012, S. 5–8.

Kittel, Lebendiges Letzeburgisch – sterbendes Elsässisch. Regionale Identitäten, NS-Besatzungszeit und Sprachpolitik nach 1945, in Europäisches Journal für Minderheitenfragen, Heft ¾, Oktober 2018, S. 281–309.

Kittel, Manfred, Das erste und letzte Jahrhundert der Vertreibungen?, in: Kulturstiftung der deutschen Vertriebenen (Hg.), 70 Jahre Wiesbadener Abkommen. Von Vertreibung zu Verständigung, Bonn 2020, S. 18–30.

Kittel, Manfred, Stiefkinder des Wirtschaftswunders? Die deutschen Ostvertriebenen und die Politik des Lastenausgleichs (1952–1975), Düsseldorf 2020.

Kittel, Manfred/*Möller*, Horst, Die Beneš-Dekrete und die Vertreibung der Deutschen im europäischen Vergleich, in: VfZ 54 (2006), S. 541–581.

Korey, William, An Epitaph for Raphael Lemkin, New York 2001.

Korey, William, Lemkin's Passion: Origin and Fulfillment, in: Bieńczyk-Missala/Dębski, Rafał Lemkin, S. 75–98.

Kornat, Marek, Rafał Lemkin's Formative Years and the Beginning of International Career in Inter-war Poland (1918–1939), in: Bieńczyk-Missala/Dębski, Rafał Lemkin, S. 59–73.

Koschyk, Hartmut, Der neue Stellenwert von Flucht und Vertreibung in der Erinnerungskultur, in: Gauger/Kittel, Die Vertreibung der Deutschen aus dem Osten, S. 139–144.

Kößler, Reinhart/*Melber*, Henning, Völkermord und Gedenken. Der Genozid an den Herero und Nama in Deutsch-Südwestafrika 1904–1908, in: Irmtrud Wojak/Susanne Meinl (Hg. im Auftrag des Fritz Bauer Instituts), Völkermord und Kriegsverbrechen in der ersten Hälfte des 20. Jahrhunderts, Frankfurt a. M./New York 2004, S. 37–75.

Kraft, Claudia, Völkermorde im 20. Jahrhundert. Rafał Lemkin und die Ahndung des Genozids durch das internationale Strafrecht, in: Finis Mundi. Endzeiten und

Weltenden im östlichen Europa. Festschrift für Hans Lemberg, für die Schülerinnen und Schüler hrsg. v. Joachim Hösler und Wolfgang Kessler, Stuttgart 1998, S. 91–110.

Kraft, Claudia, Völkermord als *delictum iuris gentium* – Raphael Lemkins Vorarbeiten für eine Genozidkonvention, in: Jahrbuch des Simon-Dubnow-Instituts IV (2005), S. 79–98.

Kraft, Claudia, Raphael Lemkin and the Debates about the Genocide Convention in Early Post-War Germany, in: Bieńczyk-Missala/Dębski, Rafał Lemkin, S. 165–178.

Kreienbaum, Jonas, „Ein trauriges Fiasko". Koloniale Konzentrationslager im südlichen Afrika 1900–1908, Hamburg 2015.

Kreutzmann, Thomas/*Sonne*, Werner, Schuld und Leid. Das Trauma von Flucht und Vertreibung 1945–2022, Hamburg 2022.

Kühne, Thomas, Colonialism and the Holocaust: Continuities, Causations and Complexities, in: Journal of Genocide Research 15 (2013), S. 339–363.

Kuklik, Jan, Deutschland und die Personen deutscher Nationalität in der tschechoslowakischen Gesetzgebung (1940–1948), in: Manfred Kittel/Horst Möller/Jiři Pešek/Oldřich Tůma, Deutschsprachige Minderheiten 1945. Ein europäischer Vergleich, München 2007, S. 1–56.

Kulturrat der Deutschen aus Rußland (Hg.), Volk auf dem Weg. Deutsche in Rußland und in der GUS 1763–1993, Stuttgart 1993.

Kulturstiftung der deutschen Vertriebenen (Hg.), Vertreibung und Vertreibungsverbrechen 1945–1948. Bericht des Bundesarchivs vom 28. Mai 1974. Archivalien und ausgewählte Erlebnisberichte, Bonn 1989.

Kundrus, Birthe, Von den Herero zum Holocaust? Einige Bemerkungen zur aktuellen Debatte, in: Mittelweg 36, 14 (2005), S. 82–89.

Kuper, Leo, Genocide: Its Political Use in the Twentieth Century, Yale 1981.

Kuper, Leo, The Prevention of Genocide, Yale 1985.

Kuper, Leo, The United States ratifies the Genocide Convention, in: Chalk/Jonassohn, The History and Sociology of Genocide, S. 422–425.

Lange, Simon, Der Erinnerungsdiskurs um Flucht und Vertreibung in Deutschland seit 1989/90. Vertriebenenverbände, Öffentlichkeit und die Suche nach einer ‚normalen' Identität für die ‚Berliner Republik', Köln 2015 (Diss. Heidelberg 2013/14).

Laun, Rudolf, Das Recht auf die Heimat, Hannover 1951.

LeBlanc, Lawrence J., The United States and the Genocide Convention, Durham/London 1991.

Leggewie, Klaus, „Ein Ort, an den man gerne geht". Das Holocaust-Mahnmal und die deutsche Geschichtspolitik nach 1989, München 2005.

Lehmler, Lutz, Die Strafbarkeit von Vertreibungen aus ethnischen Gründen im bewaffneten nicht-internationalen Konflikt. Zugleich ein Beitrag zur neueren Entwicklung des Völkerstrafrechts, Baden-Baden 1999.

Lemkin, Raphael, Axis Rule in Occupied Europe. Laws of Occupation – Analysis of Gouvernment-Proposals for Redress, New York 1973 (zuerst 1944).

Lemkin, Raphael, Genocide as a Crime under International Law, American Journal of International Law 41 (1947), S. 145–151.

Lingen, Kerstin von, Crimes against Humanity. Eine Ideengeschichte der Zivilisierung von Kriegsgewalt 1864–1945, Paderborn 2018.

Loeffler, James, Becoming Cleopatra: The Forgotten Jewish Politics of Raphael Lemkin, in: Journal of Genocide Research 19 (2017), S. 340–360.

Loeffler, James, Rooted Cosmopolitans: Jews and Human Rights in the Twentieth Century, Yale 2018.

Loeffler, James, The Law of Strangers: Jewish Lawyers and International Law in the Twentieth Century, Cambridge 2019.

Madajczyk, Piotr, The Second World War and the Warsaw Uprising. Finding the proper terminology, in: Eryk Habowski (Hg.), Wola 1944. Nierozliczona zbrodnia a pojęcie ludobójstwa = Wola 1944 (An impunished crime and the notice of Genocide), Warschau 2019, S. 213–233.

Madajczyk, Piotr, Raphael Lemkin and West Germany's Accession to the Convention on the Prevention and Punishment of the Crime of Genocide, in: Rocznik Polsko-Niemiecki/Deutsch-Polnisches Jahrbuch 2020, S. 47–60.

Maier, Charles S., Leviathan 2.0. Die Erfindung moderner Staatlichkeit, in: Emily S. Rosenberg (Hg.), Geschichte der Welt, Bd. 5: 1870–1945. Weltmärkte und Weltkriege. München 2012, S. 33–286.

Malinowska, Anna, Komendant. Życie Salomona Morela, Warschau 2020.

Mann, Michael, Die dunkle Seite der Demokratie. Eine Theorie der ethnischen Säuberung, Hamburg 2007.

Mark, Rudolf A./*Simon*, Gerhard/*Sapper*, Manfred/*Weichsel*, Volker/*Gebert*, Agathe (Hg.), Vernichtung durch Hunger. Der Holodomor in der Ukraine und der UdSSR, Berlin 2004.

Märthesheimer, Peter/*Frenzel*, Ivo (Hg.), Im Kreuzfeuer: Der Fernsehfilm Holocaust. Eine Nation ist betroffen, Frankfurt/M. 1979.

McDonnell, Michael A./*Moses*, A. Dirk, Raphael Lemkin as historian of genocide in the Americas, in: Schaller/Zimmerer, The Origins of Genocide, S. 57–85.

Meyer, Kristina, Die SPD und die NS-Vergangenheit 1945–1990, Göttingen 2015.

Mick, Christoph, Kriegserfahrungen in einer multiethnischen Stadt. Lemberg 1914–1947, Wiesbaden 2010.

Miquel, Marc von, Ahnden oder amnestieren? Westdeutsche Justiz und Vergangenheitspolitik in den sechziger Jahren, Göttingen 2004.

Möller, Horst, Deutsche Geschichte – die letzten hundert Jahre. Von Krieg und Diktatur zu Frieden und Demokratie, München 2022.

Moses, A. Dirk, Raphael Lemkin, Culture, and the Concept of Genocide, in: Donald Bloxham/A. Dirk Moses, The Oxford Handbook of Genocide Studies, Oxford 2010 (Chapter One), S. 19–41.

Moses, A. Dirk, Weltgeschichte und Holocaust. Ein Blick in Raphael Lemkins unveröffentlichte Schriften, in: Steinbacher, Holocaust und Völkermorde, S. 195–213.

Moses, A. Dirk, The Problems of Genocide. Permanent Security and the Language of Transgression, Cambridge 2021.

Moses, A. Dirk, Der Katechismus der Deutschen, Online-Portal „Geschichte der Gegenwart", 23. Mai 2021.

Moß, Christoph, Jakob Altmaier. Ein jüdischer Sozialdemokrat in Deutschland (1889–1963), Köln u. a. 2013.

Naimark, Norman M., Fires of Hatred, Harvard 2002 (dt. unter dem Titel: Flammender Hass, München 2004).

Naimark, Norman M., Strategische Argumente. Die Vertreibung von etwa 15 Millionen Deutschen […], in: FAZ, 21. Januar 2004.

Naimark, Norman M., Stalin und der Genozid, Frankfurt/M. 2010.

Naimark, Norman M., Genozid. Menschheitsverbrechen in der Geschichte, Darmstadt 2018.

Nawratil, Heinz, Vertreibungsverbrechen an Deutschen. Tatbestand, Motive, Bewältigung, München 1982.

Nawratil, Heinz, Schwarzbuch der Vertreibung 1945 – 1948. Das letzte Kapitel unbewältigter Vergangenheit. Mit einem Vorwort von Erika Steinbach, 14. Aufl. München 2007.

Nelhiebel, Kurt, Vertreibung und die Rhetorik des Völkermords, in: Blätter für deutsche und internationale Politik, 7/2006 (Online), S. 791–795.

Nimni, Ephraim J., Marxism and Nationalism. Theoretical origins of a political crisis, London 1994.

Nowak, Edmund, Schatten von Łambinowice. Versuch einer Rekonstruktion der Geschichte des Arbeitslagers in Łambinowice in den Jahren 1945–1946, Oppeln/Opole 1994.

Nuhn, Walter, Sturm über Südwest. Der Hereroaufstand von 1904 – ein düsteres Kapitel der deutschen kolonialen Vergangenheit Namibias, Stuttgart 1989.

Oliveira Santos, Claudia Susann de, Der Bedeutungsgehalt der Wendung „intent to destroy, in whole or in part, a national, ethnical, racial or religious group, as such" in Art. 2 der Convention on the Prevention and Punishment of the Crime of Genocide, Berlin 2018 (Online-Fassung).

Paul, Angela, Kritische Analyse und Reformvorschlag zu Art. II Genozidkonvention, Heidelberg 2008.

Pehle, Walter H. (Hg.), Der Judenpogrom 1938. Von der Reichskristallnacht zum Völkermord, Frankfurt/M. 1988.

Pfeiffer, Thomas, Medien einer neuen sozialen Bewegung von rechts, Bochum 2000.

Pick, Dominik, Brücken nach Osten. Helmut Schmidt und Polen, Bremen 2011.

Portnov, Andrii, Der Holodomor als Genozid. Historiographische und juristische Diskussionen, in: Osteuropa, 1–2/2020, S. 31–50.

Power, Samantha, „A Problem From Hell". America and the Age of Genocide, New York 2002.

Prehn, Ulrich, Max Hildebert Boehm. Radikales Ordnungsdenken vom Ersten Weltkrieg bis in die Bundesrepublik, Göttingen 2013.

Quigley, John, The Genocide Convention. An International Law Analysis, Aldershot/Burlington 2006.

Rabinbach, Anson, Begriffe aus dem Kalten Krieg: Totalitarismus, Antifaschismus, Genozid, Göttingen 2009.

Regente, Vincent, Flucht und Vertreibung in europäischen Museen. Deutsche, polnische und tschechische Perspektiven im Vergleich, Bielefeld 2020.

Reichel, Peter, Politik mit der Erinnerung. Gedächtnisorte im Streit um die nationalsozialistische Vergangenheit, München 1995.

Reichel, Peter, Vergangenheitsbewältigung in Deutschland. Die Auseinandersetzung mit der NS-Diktatur von 1945 bis heute, München 2001.

Reichel, Peter/*Schmidt*, Harald/*Steinbach*, Peter (Hg.), Der Nationalsozialismus – Die zweite Geschichte. Überwindung – Deutung – Erinnerung, München 2009.

Reitlinger, Gerald, Die Endlösung. Hitlers Versuch der Ausrottung der Juden Europas 1939–1945, Berlin 1956.

Robel, Yvonne, Verhandlungssache Genozid. Zur Dynamik geschichtspolitischer Deutungskämpfe, München u. a. 2013.

Robinson, Nehemiah, The Genocide Convention: A Commentary, New York 1960.

Röger, Maren, Flucht, Vertreibung und Umsiedlung: Mediale Erinnerungen und Debatten in Deutschland und Polen seit 1989, Marburg 2011.

Rothberg, Michael, Multidirektionale Erinnerung, Holocaustgedenken im Zeitalter der Dekolonisierung, Berlin 2021.

Rubinstein, William D., Genocide: A History, Harlow u. a. 2004.

Ruchniewicz, Krzysztof, Die verspätete Rechnung. Zur polnischen Diskussion über Reparationszahlungen aus Deutschland, in: Zeitgeschichte-online, Oktober 2017, URL: https://zeitgeschichte-online.de/kommentar/die-verspaetete-rechnung.

Rummel, Rudolph, Death by Government. Genocide and Mass Murder in the Twentieth Century, New Brunswick 1994 (in deutscher Übersetzung als Taschenbuch: Demozid – der befohlene Tod. Massenmorde im 20. Jahrhundert, Berlin 2006; zuerst: Münster 1998).

Rummel, Rudolph, Statistic of Democide. Ethnic Cleansing, Genocide and Mass Murder since 1900, Münster 1998.

Salzborn, Samuel, Ethnisierung der Politik. Theorie und Geschichte des Volksgruppenrechts in Europa, Frankfurt/M. 2005.

Sands, Philippe, East West Street. On the Origins of Genocide and Crimes against Humanity, London 2016 (in deutscher Übersetzung: Rückkehr nach Lemberg. Über die Ursprünge von Genozid und Verbrechen gegen die Menschlichkeit, Frankfurt/M. 2018).

Sarkin, Jeremey, Germany's genocide of the Herero: Kaiser Wilhelm II, his general, his settlers, his soldiers, New York 2011.

Sasse, Gwendolyn, Der Krieg gegen die Ukraine. Hintergründe, Ereignisse, Folgen, München 2022.

Schabas, William A., Der Genozid im Völkerrecht. Hamburg 2003.

Schaller, Dominik J., Raphael Lemkin's view of European colonial rule in Africa: between condemnation and admiration, in: Schaller/Zimmerer, The Origins of Genocide, S. 87–94.

Schaller, Dominik J./*Zimmerer*, Jürgen, Raphael Lemkin: The „Founder of the United Nation's Genocide Convention" as a Historian of Mass Violence (Sondernummer des Journal of Genocide Research 7 (2005), Nr. 4).

Schaller, Dominik J./*Zimmerer*, Jürgen (Hg.), The Origins of Genocide. Raphael Lemkin as a historian of mass violence, London/New York 2009.

Scheuermann, Martin, Minderheitenschutz contra Konfliktverhütung. Die Minderheitenpolitik des Völkerbundes in den zwanziger Jahren, Marburg 2000.

Schlögel, Karl, Die Europäisierung des „Vertreibungskomplexes", in: Gauger/Kittel, Die Vertreibung, S. 123–138.

Schmidt, Harald (Hg.), Geschichtspolitik und kollektives Gedächtnis. Erinnerungskulturen in Theorie und Praxis, Göttingen 2009.

Schmidt, Harald, Vom publizistischen Kampfbegriff zum Forschungskonzept. Zur Historisierung der Kategorie „Geschichtspolitik", in: Ders. (Hg.), Geschichtspolitik und kollektives Gedächtnis, S. 53–75.

Schramm, Edward, Internationales Strafrecht. Strafanwendungsrecht – Völkerstrafrecht – Europäisches Strafrecht, München 2011.

Schuller, Konrad, Der letzte Tag von Borów. Polnische Bauern, deutsche Soldaten und ein unvergangener Krieg. Freiburg i. Br. 2009.

Schulze-Wessel, Martin, Zeitgeistgetriebene Erinnerung. Der Genozidforscher Dirk Moses attestiert den Deutschen eine Fixierung auf die Schoah, die von den Kolonialverbrechen ablenke. Das ruft falsche Alternativen auf – eine Erwiderung, in: FAZ, 9. November 2021, S. 9.

Segesser, Daniel Marc/*Gessler*, Myriam, Raphael Lemkin and the international debate on the punishment of warcrimes (1919–1948), in: Journal of Genocide Research 7 (2005), S. 453–468.

Selm, Joanne van u. a. (Hg.), The Refugee Convention at Fifty: A View from Forced Migration Studies, Lexington 2003.

Sémelin, Jacques, Purifier et détruire, Usages politiques des massacres et génocides. Paris 2005 (deutsche Übersetzung: Säubern und vernichten. Die politische Dimension von Massakern und Völkermorden, Hamburg 2007).

Shaw, Martin, Marxism versus Sociology: A Guide to Reading, London 1974.

Shaw, Martin, What is Genocide?, Cambridge 2007.

Shelton, Dinah (Hg.), Encyclopedia of Genocide and Crimes Against Humanity, 3 Bde., Detroit 2005.

Singleterry, Douglas, „Ethnic Cleansing" and Genocidal Intent: A Failure of Judicial Interpretation?, Genocide Studies and Prevention, vol. 5, number 1 (spring 2010), S. 39–67.

Smith, Bradley F., Der Jahrhundertprozess. Die Motive der Richter von Nürnberg. Anatomie einer Urteilsfindung, Frankfurt/M. 1977.

Snyder, Timothy, Bloodlands. Europe between Hitler and Stalin, 2. Taschenbuchauflage New York 2022, zuerst 2010 (in deutscher Übersetzung unter dem Titel „Bloodlands. Europa zwischen Hitler und Stalin", München 2011).

Snyder, Timothy, Anmerkungen zu den deutschen Kritikern meines Buches Black Earth. Der Holocaust und warum er sich wiederholen kann, in: Einsicht 16. Bulletin des Fritz Bauer Instituts (8. Jahrgang, Herbstausgabe 2016), S. 48–57.

Spraul, Gunter, Der Völkermord an den Herero, in: GWU 39 (1988), S. 713–739.

Stannard, David, American Holocaust: The Conquest of the New World, Oxford 1992.

Steinbach, Peter, Die publizistischen Kontroversen einer Vergangenheit, die nicht vergeht, in: Reichel/Schmidt/Steinbach, Der Nationalsozialismus, S. 127–174.

Steinbacher, Sybille (Hg. im Auftrag des Fritz Bauer Instituts), Holocaust und Völkermorde. Die Reichweite des Vergleichs, Frankfurt/New York 2012.

Steinert, Johannes-Dieter, Vertriebenenverbände in Nordrhein-Westfalen 1945–1954, Düsseldorf 1986.

Stone, Dan, Raphael Lemkin on the Holocaust, in: Schaller/Zimmerer, The Origins of Genocide. S. 95–106.

Sudholt, Gert, Die deutsche Eingeborenenpolitik in Südwestafrika. Von den Anfängen bis 1904, Hildesheim/New York 1974.

Szawłowski, Ryszard, Raphael Lemkin's Life Journey, in: Bieńczyk-Missala/Dębski: Rafał Lemkin, S. 31–55.

Szawłowski, Ryszard, Rafał Lemkin. Polski prawnik, twórca pojęcia „genocyd" (ludobójstwo) oraz inicjator i główny architekt konwencji ONZ o genocydzie z 9 grudnia 1948. Biografia intelektualna, Warschau 2020.

Sznaider, Natan, Fluchtpunkte der Erinnerung. Über die Gegenwart von Holocaust und Kolonialismus, München 2022.

Taylor, Telford, Die Nürnberger Prozesse, München 1994.

Ternon, Yves, Der verbrecherische Staat. Völkermord im 20. Jahrhundert, Hamburg 1996.

Ther, Philipp, Die dunkle Seite der Nationalstaaten. Ethnische Säuberungen im modernen Europa, Bonn 2012 (Lizenzausgabe der Bundeszentrale für politische Bildung).

Ther, Philipp, Differenzierung versus Universalisierung. „Ethnische Säuberungen" und die Genocide Studies, in: Steinbacher, Holocaust und Völkermorde, S. 169–193.

Tomuschat, Christian, Die Vertreibung der Sudetendeutschen. Zur Frage des Bestehens von Rechtsansprüchen nach Völkerrecht und deutschem Recht, in: Zeitschrift für ausländisches öffentliches und Völkerrecht 56 (1996), Heft 1/2, S. 1–69.

Totten, Samuel/*Theriault*, Henry, The United Nations Genocide Convention. An Introduction, Toronto/Buffalo/London 2020.

Turnwald, Wilhelm Karl (Hg. für die Arbeitsgemeinschaft zur Wahrung Sudetendeutscher Interessen), Dokumente zur Austreibung der Sudetendeutschen, München 1951.

UNHCR (Hg.), Zur Lage der Flüchtlinge in der Welt. UNHCR-Report 2000/2001. 50 Jahre humanitärer Einsatz, Bonn 2000.

Urban, Thomas, Deutsche in Polen. Geschichte und Gegenwart einer Minderheit. München 1993.

Van den Herik, Larissa, The Meaning of the Word „Destroy" and its Implications for the Wider Understanding of the Concept of Genocide, in: Harmen G. van der Wilt u. a. (Hg.), The Genocide Convention: The Legacy of 60 Years, S. 51–58, E-Book 2012.

Veiter, Theodor, Nationalitätenkonflikt und Volksgruppenrecht, Bd. 1, Entwicklungen, Probleme, Schlußfolgerungen (hg. von der Bayerischen Landeszentrale für politische Bildungsarbeit), München 1977.

Weinke, Annette, Die Nürnberger Prozesse, München 2006.

Weinke, Annette, Gewalt, Geschichte, Gerechtigkeit. Transnationale Debatten über deutsche Staatsverbrechen im 20. Jahrhundert, Göttingen 2016.

Weiss-Wendt, Anton, Hostage of Politics: Raphael Lemkin on „Soviet Genocide", in: Schaller/Zimmerer, The Origins of Genocide, S.107–115.

Weiss-Wendt, Anton, The Soviet Union and the Genocide Convention, in: Bieńczyk-Missala/Dębski, Rafał Lemkin, S. 179–193.

Weiss-Wendt, Anton (Hg.), Documents on the Genocide Convention from the American, British and Russian Archives: The politics of international humanitarian law, 1933–1948, Bde. 1 u. 2, London 2018.

Weitz, Eric D., A Century of Genocide. Utopias of Race and Nation, Princeton 2003.

Werle, Gerhard/*Jeßberger*, Florian, Völkerstrafrecht, 5. Aufl. Tübingen 2020.

Werle, Gerhard/*Wandres*, Thomas, Auschwitz vor Gericht. Völkermord und bundesdeutsche Strafjustiz, München 1995.

Wildmann, Georg (mit Hans Sonnleitner, Karl Weber u. a. hg. für den Arbeitskreis Dokumentation der Donauschwäbischen Kulturstiftung), Verbrechen an den Deutschen in Jugoslawien 1944–1948. Die Stationen eines Völkermords, München 2000.

Wildt, Michael, Permanente Paranoia, in: Journal of Modern European History 19 (2021), S. 400–404.

Wolfrum, Edgar, Geschichtspolitik in der Bundesrepublik Deutschland. Der Weg zur bundesrepublikanischen Erinnerung 1948–1990, Darmstadt 1999.

Wolfrum, Edgar, Der 8. Mai 1945 – ein Schlüsseldatum im historischen Bewußtsein der Westdeutschen, in: Rudolf von Thadden/Steffen Kaudelka (Hg.), Erinnerung und Geschichte. 60 Jahre nach dem 8. Mai 1945, Göttingen 2006, S. 25–32.

Zayas, Alfred M. de, Nemesis at Potsdam. The Anglo-Americans and the Expulsion of the Germans. Background, executions, consequences, London 1977 (deutsch unter dem Titel: Die Anglo-Amerikaner und die Vertreibung der Deutschen. Vorgeschichte, Verlauf, Folgen, München 1977).

Zayas, Alfred M. de, Heimatrecht ist Menschenrecht. Der mühsame Weg zu Anerkennung und Verwirklichung, München 2001.

Zimmerer, Jürgen, Von Windhuk nach Auschwitz. Beiträge zum Verhältnis von Kolonialismus und Holocaust, Berlin u. a. 2011.

Zimmermann, Andreas u. a. (Hg.), The 1951 Convention Relating to the Status of Refugees and its 1967 Protocol: A Commentary, Oxford 2011.

Zlepko, Dmytro (Hg.), Der ukrainische Hunger-Holocaust. Stalins verschwiegener Völkermord 1932/33 an 7 Millionen ukrainischen Bauern im Spiegel geheim gehaltener Akten des deutschen Auswärtigen Amtes. Eine Dokumentation, Sonnenbühl 1988.

Personenregister

Adenauer, Konrad 45, 73
Altmaier, Jakob 55, 161
Aly, Götz 109
Ambos, Kai 102
Aranha, Oswaldo 27
Arciszewski, Tomasz 118
Arndt, Adolf 53, 160
Applebaum, Anne 99, 134
Arendt, Hannah 27
Augstein, Rudolf 67, 153

Baberowski, Jörg 138
Bachmann, Klaus 141 f.
Barth, Boris 112
Bartov, Omer 109
Bauer, Otto 32
Bauer, Yehuda 79
Becher, Walter 71, 84
Beck, Józef 36
Beck, Marieluise 140
Bell-Fialkof, Andrew 91
Benda, Ernst 63
Beneš, Edvard 47, 87, 116 f., 158 f.
Benz, Wolfgang 87
Biddle, Francis 26
Biden, Joseph („Joe") Robinette 138
Blumenwitz, Dieter 100
Böhm, Johann 88
Brandt, Willy 63 f.
Brewing, Daniel 129
Broszat, Martin 72
Broz, Josip („Tito") 77
Brumlik, Micha 89 f., 122
Brunner, Manfred 84
Bülow, Bernhard von 112 f.

Chalk, Frank 75 f.
Chamberlain, Sir Austen 31

Champetier de Ribes, Auguste 28
Charny, Israel W. 76
Chrobog, Jürgen 83
Chruschtschow, Nikita 134
Churchill, Ward 107
Churchill, Winston 130
Conrad-Martius, Hedwig 81
Conquest, Robert 73
Curzon, Lord George 120, 130
Czaja, Herbert 68 f., 85, 147

Dabag, Mihran 80
Dessalines, Jean-Jacques 126
De With, Hans 69
Dmowski, Roman 31
Dohnanyi, Klaus von 70
Dregger, Alfred 84
Dubnow, Simon 33

Ehlers, Hermann 49
Eibicht, Rolf-Josef 84 f., 91
Eichmann, Adolf 22
El-Farra, Muhammad H. 52
Erler, Gernot 152
Ermacora, Felix 81 f., 118, 124 f.
Evat, Herbert Vere 27

Fabritius, Bernd 12
Fichte, Johann Gottlieb 161
Finucane, James 43
Fisher, Adrian 26

Geißler, Heiner 82
Gerlach, Hellmuth von 161
Gerstenmaier, Eugen 49
Gierek, Edward 69
Gomułka, Władysław 59, 119

Gottberg, Wilhelm von 85
Grass, Günter 58
Grosser, Alfred 74

Haider, Jörg 84
Hallstein, Walter 48
Hamm-Brücher, Hildegard 70
Heinsohn, Gunnar 80
Helbig, Louis F. 151
Herder, Johann Gottfried 30, 34
Heuß, Alfred 146
Heuss, Theodor 162
Hilberg, Raul 95
Hitler, Adolf 11, 35, 50, 77, 98 f.
Hochschild, Adam 107
Höfler, Heinrich 54
Hoogen, Matthias 45, 159
Hrneček, Vaclav 60
Hupka, Herbert 83

Ikramullah, Begum 41
Ilk, Herta 54 f.
Ingr, Sergěj 116

Jackson, Robert H. 27
Jaeger, Richard 63, 68
Jarząbek, Wanda 128
Jaspers, Karl 67
Jeßberger, Florian 105
Jonassohn, Kurt 75 f.
Jones, Adam 75, 126
Jorgić, Nikola 102 f.
Jowitt, William Viscount 26

Kaczyński, Jarosław 129
Kather, Linus 56 f.
Katz, Steven T. 82
Khan, Zafrullah 23, 42
Kinkel, Klaus 101
Kleitman, Zina Kaley 136
Kohl, Helmut 12
Kohr, Hans alias Leopold 35
Krstić, Radislav 93, 104
Krüger, Hans 66

Kuper, Leo 74 f., 126
Kutzer, Klaus 102

Lang, Berel 23
Laun, Rudolf 66
Leggewie, Klaus 87
Lehnstaedt, Stephan 129
Lemkin, Raphael 11 f., 15, 18 f., 21, 23, 26–40, 42, 45–57, 66, 88 f., 92–99, 117, 123, 125, 128 ff., 132 ff., 140, 143 f., 147–152, 155 f., 158 f., 163
Lepsius, Johannes 56, 161
Loeffler, James 39
Luchterhandt, Otto 140

Maas, Heiko 11, 109
Madajczyk, Piotr 15, 128 f., 132
Mann, Michael 92
Mao, Zedong 77
Maxwell Fyfe, Sir David 28
Mbembe, Achille 110
McDonnel, Michael A. 37
Mende, Erich 49
Metzger, Ludwig 160
Meyer, Kurt 45
Mikołajczyk, Stanisław 118, 131
Minc, Hilary 119
Morgenthau, Henry 51
Moses, A. Dirk 37–39, 97, 108, 150
Müller, Alexander 138
Münch, Franz 68

Nadig, Frieda 53
Naimark, Norman M. 90–94, 97
Nawratil, Heinz 71, 85, 91
Nelhiebel, Kurt 88 f.
Neumann, Clemens J. 66
Neumayer, Fritz 54, 157
Neurath, Konstantin von 28
Newsorow, Alexander 126
Nice, Sir Geoffrey 152

Ofner, Harald 84 f.
Osóbka-Morawski, Edward 120

Palyi, Melchior 43
Paul, Angela 101
Pehle, Walter 74
Pella, Vespasian 19
Petljura, Symon 39
Pilecki, Witold 128
Piłsudski, Józef 31
Platt, Kristin 141
Polenz, Ruprecht 83
Poliakov, Léon 80
Posselt, Bernd 88, 152 f.
Putin, Wladimir 14, 126, 138–142

Quigley, John B. 22, 98 f.

Reagan, Ronald 58
Reece, Brazilla Carroll 43
Rehs, Reinhold 68, 147
Renan, Ernest 34
Renner, Karl 32 f.
Röhm, Ernst 77
Roosevelt, Franklin D. 40
Rosenberg, Alfred 89
Roth, Michael 136
Rubinstein, William D. 79
Rückerl, Adalbert 64
Rummel, Rudolf 77–80, 97
Russel, Bertrand 42, 97

Schabas, William A. 21 ff., 41 f.
Schieder, Theodor 14, 60, 72
Schindler, Oskar 92
Schlieffen, Alfred von 111 f.
Schlögel, Karl 151
Schmid, Carlo 49, 54
Schmidt, Helmut 69
Schnurpfeil, Paul 60
Schulze-Wessel, Martin 88 ff.
Schuster, Josef 109
Schwartz, Michael 95 f.
Schwartzbard, Scholom 39
Seidl, Franz 23, 53, 55, 159 f.
Sémelin, Jacques 92 f.
Sergeizew, Timofei 142

Shahabuddeen, Mohamed 105
Shaw, Martin 93, 97 ff.
Shawcross, Sir Hartley 26, 28
Shelton, Dinah 76
Silvester, Paul 60
Simon, David 141
Snyder, Timothy 99, 139, 141
Stalin, Josef Wissarionowitsch 52, 77, 99 f., 120 f., 127, 127, 130, 133 f., 136, 148 f.
Stannard, David 107
Stauffenberg, Franz Luwig Schenk Graf von 65
Steinbach, Erika 72
Steinmeier, Frank-Walter 137
Stingl, Josef 63
Straus, Scott 97
Sudholt, Gert 112
Szawłowski, Ryszard 36
Sznaider, Natan 110

Ternon, Yves 76
Ther, Philipp 94 f.
Theriault, Henry 100
Tomuschat, Christian 122, 140
Totten, Samuel 100
Trotha, Lothar von 111 ff., 146

Vabres, Henri Donnedieu de 19, 29
Van den Herik, Larissa 105

Wahl, Eduard 48 f., 51
Wandres, Thomas 74
Weisskirchen, Gert 83
Weizsäcker, Richard von 84
Werfel, Franz 161
Werle, Gerhard 74, 105
Wilhelm II. (Deutscher Kaiser und König von Preußen) 113, 146
Wirth, Steffen 102

Zeman, Miloš 148
Zimmerer, Jürgen 108
Zuroff, Efraim 136

Olaf Glöckner / Roy Knocke (Hrsg.)

Das Zeitalter der Genozide

Ursprünge, Formen und Folgen politischer Gewalt im 20. Jahrhundert

Das Buch bietet einen transdisziplinären Überblick über Genozide im 20. Jahrhundert. Dabei stehen die Genese, der Verlauf und die Folgen vernichtender politischer Gewalt im Mittelpunkt. Anhand unterschiedlicher Fallstudien zur Schoah, zu den Völkermorden in Armenien und Ruanda, im ehemaligen Jugoslawien, in Kambodscha und in den Subsahara-Staaten werden Gemeinsamkeiten und Unterschiede beschrieben, kollektive Dynamiken und Radikalisierungen untersucht, Täterprofile in Augenschein genommen und internationale Reaktionen betrachtet. Zudem gehen die Autoren auf juristische Handlungsspielräume in Vergangenheit und Gegenwart, aber auch auf Möglichkeiten zeithistorischer und pädagogischer Aufklärung ein. Ebenso wird die Frage aufgeworfen, welche literarischen und künstlerisch-darstellerischen Möglichkeiten bisher gefunden wurden, um der Erinnerung an das unvorstellbare Grauen und an die vielen Millionen Genozid-Opfer am Ende doch eine erkennbare Gestalt zu geben.

Gewaltpolitik und Menschenrechte, Band 1
1 Tab., Abb., 348 Seiten, 2017
ISBN 978-3-428-15299-5, € 49,90
Titel auch als E-Book erhältlich.

www.duncker-humblot.de